工程保证担保业务实践与指南

深圳市高新投集团有限公司　编

中国建筑工业出版社

图书在版编目（CIP）数据

工程保证担保业务实践与指南 / 深圳市高新投集团
有限公司编 . —北京：中国建筑工业出版社，2022.11（2023.8重印）
ISBN 978-7-112-28048-3

Ⅰ．①工…　Ⅱ．①深…　Ⅲ．①建筑工程－担保－中国
－指南　Ⅳ．① F426.9-62

中国版本图书馆 CIP 数据核字（2022）第 178069 号

责任编辑：杨　允
责任校对：张惠雯

工程保证担保业务实践与指南

深圳市高新投集团有限公司　编

＊

中国建筑工业出版社出版、发行（北京海淀三里河路9号）
各地新华书店、建筑书店经销
北京建筑工业印刷厂制版
建工社（河北）印刷有限公司印刷

＊

开本：787毫米×1092毫米　1/16　印张：$15\frac{3}{4}$　字数：233千字
2022年12月第一版　2023年8月第三次印刷
定价：**68.00**元
ISBN 978-7-112-28048-3
（39995）

《工程保证担保业务实践与指南》
编 委 会

前　言

金融助基建 保函抵万金

一部改革开放史也是一部基建工程发展史，持续落地的基建工程项目为国民经济发展奠定了坚实的物质基础，数千万基建工程从业者鞠躬尽瘁、前赴后继，为民族复兴伟业贡献了无数汗水和心血。

1983 年，两万基建工程兵在深圳集体转制，职业军人华丽转身为和平年代的建设精英，也揭开了南方小渔村变身国际大都市的深圳奇迹画卷。

1994 年，三峡大坝开工，高峡出平湖，中山先生的百年蓝图开始落地，整个长江流域的水电、防洪、航运局面因此焕然一新。

2006 年，青藏铁路贯通，天堑变通途，数千年来深受交通出行影响制约的藏区人民与世界的联系从未如此紧密。

2018 年，港珠澳大桥通车，长虹卧波，三地相连，粤港澳大湾区开启互动融合新起点。

2021 年，"十四五"开局，新基建提速，5G、特高压、新能源等新型基础设施如雨后春笋般遍布神州大地，助力数字转型、智能升级、融合创新。

基建是现代经济的基础，金融是现代经济的血脉。2017 年的党中央金融工作会议明确了"金融服务实体经济"的基本方针，如何以专业和高效的金融服务响应基建工程需要、支持基建工程企业发展、推动基建工程行业的健康繁荣，是我们这个时代意义重大的现实议题。而以保函取代保证金为突出优势的工程保证担保，正是一项代表性金融创新的举措。

工程保证担保，是指在工程建设活动中由担保人为被担保人向受益人提供的担保，当被担保人未能按照合同约定履行合同义务时，受益人有权按照保函约定要求担保人承担保证责任，赔偿受益人损失。工程保证担保通过引入担保人作为第三方提供的履约监督服务并承担相应责任，促使参与各方守信履约，是市场经济条件下发展起来的一种风险分担管理机制。此机制能够有效降低交易成本，促使交易达成，保障工程建设的顺利完成。其在国外建筑市场运行多年，行之有效。具有代表性的产品种类有工程履约保函、预付款保函、投标保函和支付保函等。

随着市场经济机制的推行和金融服务的改进，近年来，在国内建筑施工项目中，以工程保函取代工程保证金反馈良好，受到建筑施工单位的赞誉和欢迎，其市场应用越来越广泛。来自不同渠道的数据均显示，凭借每年20多万亿的建筑行业增加值，国内已经发展形成数万亿担保额、数百亿产值的工程担保市场，其中在国内各建筑部门备案的专业工程保证担保公司也有数万家，市场供需两旺态势明显。

以保函取代保证金可以切实缓解建筑施工企业资金压力、有效降低建筑企业经营负担，越来越受到党和政府高度重视，政策层面支持力度持续加强——《国务院办公厅关于清理规范工程建设领域保证金的通知》（国办发〔2016〕49号）、《国务院办公厅关于促进建筑业持续健康发展的意见》（国办发〔2017〕19号）、《国务院办公厅关于进一步优化营商环境更好服务市场主体的实施意见》（国办发〔2020〕24号）等政策文件多次强调要以保函替代保证金，切实减轻企业现金流压力。

值得一提的是，保函的广泛使用有利于建筑业供给侧结构性改革推进和行业的健康规范发展。自2015年以来，宏观经济"供给侧结构性改革"是热门词汇，国民经济各板块正持续从数量型增长向质量型增长转型。实事求是地说，虽然我国已成为建筑大国，但是离建筑强国仍有差距，行业整体盈利能力、管理水平与世界一流水平仍差距明显，行业良莠不齐和结构性过剩问题仍然突出，建筑工程领域的供给侧结构性改革仍需持续推进。以第三方独立担保信用背书为特点的保函产品，通过信用筛查、尽调排查、价格筛选、重大信用污点一票否决等机制，尤其是借助互联互通的信用信息系统，可以在工程行业内有效推动奖励守信、惩罚失信、封杀劣信的择优去劣机制，体现市场无形之手的自我净化功能，是行政监管力量的重要补充，有利于行业的规范发展和健康成长。

感谢建筑企业、金融同业的认可支持，深圳市高新投集团有限公司（简称深圳高新投）作为工程保证担保的首批实践探索者，汇聚了中国工程保证担保领域的第一代"保函人"，他们急客户所急、想客户所想，与施工企业共同栉风沐雨，助力众多建筑企业的成长壮大，亲历了成千上万重点工程的开工竣工，也推动高新投成为中国工程保证担保行业的重要见证者、建设者和受益者。

本次，我们将这些光荣而可爱"保函人"的实践经验和心得体会汇编成书。虽有草莽风沙或难登大雅之堂的诚惶诚恐，但怀着近水知鱼性、近山识鸟音的乐观精神，我们仍然和盘托出。通过本书，希望能留下行业亲历者的感悟记录，为行业后来者提供系统性梳理引导，为行业的规范性建设贡献思考探索。若能抛砖引玉，引起行业内外人士重视，共同携手推动促进行业健康发展的顶层制度设计，则更是善莫大焉。自然，我们学识有限，对行业发展规律的认识理解还在持续更新，本书对特定问题的研讨难免有不足之处，可能还存在一些偏颇甚至谬误之处，恳请读者海涵，也诚挚欢迎提出宝贵意见，共同推动行业的规范建设和健康发展。

在我国，工程保证担保的理论研讨和实践创新还在持续探索与推进，深圳高新投愿在行业监管部门的指导下，与工程界、金融界各位同仁一起，持续开展金融服务基建工程、支持工程企业可持续健康发展的创新探索。所以，本书的出版既是一段经验的阶段性总结，更是一张开放合作、协同创新的诚挚邀请函。

深圳市高新投集团有限公司董事长　刘苏华

2022 年 7 月于深圳

目　录

下篇 工程保证担保实务

工程保证担保概述

第1章　工程保证担保概念及起源

1.1　工程保证担保概念

建筑业是支柱型产业，该产业通过大规模的固定资产投资活动为各行各业提供持续健康发展的物质基础，并具有较强的连锁效应，带动了其他行业的生产和发展，同时吸纳了大量的就业人员，促进经济和社会向良性循环方向发展，直接影响国民经济的增长和社会的就业状况，在经济发展中起到了重要作用。建筑工程项目通常具有投资金额大、工期时间长、资金回收慢、涉及专业人员多和产业链长等特点，另外，建筑业在快速发展过程中存在履约意识不足、管理水平较低、风险管理和法律合规意识欠缺等问题，使得工程项目建设相关各方以及过程中的各个环节可能存在各种各样的风险。经过政府机构、建筑业的不断探索，工程保证担保作为一种第三方信用工具应运而生，在有效保障合同履行的同时，减少工程履约的风险。

担保，代表着"负责、保证做到或者保证不出问题"的意思。担保方式包括保证、抵押、质押、留置和定金等。其中，保证是由第三方担保人提供的一种担保形式，抵押、质押等都属于物的担保。工程保证担保指在工程建设活动中，由第三方（如银行、担保公司、保险公司）作为担保人为被担保人向受益人提供的担保，当被担保人无法完成其与受益人签订的合同内容，使受益人遭受损失时，由担保人在一定时间内提供赔偿[1]。

以工程保证担保中最常见的履约担保为例，保函的受益人通常是基础交易合同的甲方，也就是工程的发包人；被担保人通常是乙方，为工程项目的承

3

包人；双方签订的合同是整个担保链条的基础合同，承包人要向发包人履行基础合同中约定的具体内容，而发包人要向承包人支付相应的工程款。为了保证承包人能按合同要求履约，发包人会要求承包人向其提供履约担保，当承包人选择以保函方式提供担保时，会引入第三方担保人，承包人作为被担保人与担保人签订开立保函协议／委托担保协议，签订协议后发包人会收到担保人开立的履约保函，一旦承包人不能有效履约或双方发生纠纷争议，发包人可以根据履约保函的约定向担保人发起索赔，在索赔条件成立的情况下担保人向发包人提供赔偿。在发包人获得赔偿后，担保人可根据担保合同约定的内容向承包人追偿。担保人、被担保人和受益人常见的关系如图 1-1 所示。

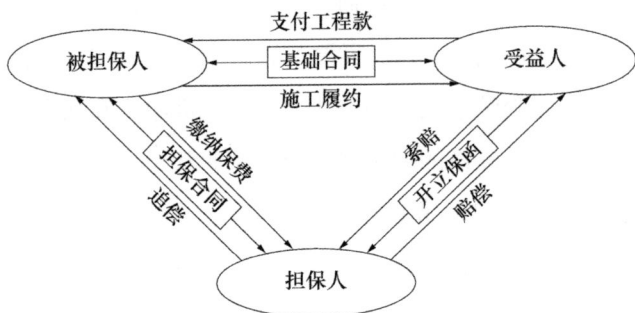

图 1-1　担保人、被担保人和受益人三者的关系

担保机制是以经济责任链条建立起担保人与建设市场主体之间的责任关系，通过对建设工程中一系列合同履行的监督，促使工程建设各参与方履约守信。这种采用市场经济手段的风险管理机制能有效保障工程建设的顺利完成，有利于维护建设市场秩序[2]。总体来说，当被担保人发生违约情况时，担保人可以起到以下具体作用：

保障债权的实现：在被担保人不能履约的情况下，担保人可通过代偿或代为履约的方式来保护受益人免于损失或减少损失。

保障合同履约：一旦担保人代偿或代为履约后，就可以向被担保人追索其代偿或代为履约所遭受的损失。如果被担保人不信守承诺、不认真履约，最终承担损失的还是自己。因此，保证担保具有把信用风险转移回风险源本身的机制，通过增强被担保人主观履约意识来减少违约事件的发生。

在现实中，工程建设甲乙双方信息不会充分对称，对彼此的履约能力和意愿缺乏足够的信心，需要具备强大资本实力和代偿能力的担保人提供担保支撑，像美国的一些保险公司，在承包人不能履约时会亲自接管工程，以代为履约的方式承担承包人的角色。而担保人之所以敢于承担风险对被担保人给予担保，主要是基于对被担保人的履约能力有深入的了解。由此可以看出，保证担保是一种增信手段，是交易双方的一种信用桥梁，它使市场交易得以顺利进行。从经济学角度来说，保证担保就是一种信用工具，其对完善建筑市场信用机制、修正建筑市场的信息不对称状态、规避道德风险起到重要作用，为价格机制对市场进行自动调节创造了必要条件。

1.2 工程保证担保起源[3, 4]

工程保证担保概念最早出现在两千多年前，地中海地区史学家赫多图斯曾提出在合同文本中加入保证条款的概念，这是保证担保的起源。随着社会的不断发展，以个人身份向受益人提供保证的事例逐渐增多，但个人担保容易因一些个人原因而无法实现担保承诺，给受益人造成损失。因此，在 19 世纪末期以后，该担保模式逐渐被弃用。

从 18 世纪末开始，工程保证担保行业从美国萌芽，在之后很长一段时间，该行业都是由美国主导发展，先后出现了"1791 年施工留置权"、"1894年《赫德法案》"和"1935 年《米勒法案》"等标志性事件，如图 1-2 所示。

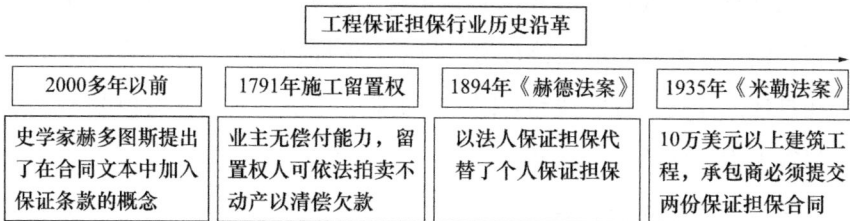

工程保证担保行业历史沿革			
2000多年以前	1791年施工留置权	1894年《赫德法案》	1935年《米勒法案》
史学家赫多图斯提出了在合同文本中加入保证条款的概念	业主无偿付能力，留置权人可依法拍卖不动产以清偿欠款	以法人保证担保代替了个人保证担保	10万美元以上建筑工程，承包商必须提交两份保证担保合同

图 1-2 工程保证担保行业历史重要事件

1791年，美国马里兰州议会颁布了关于工程"留置权"的相关法律条例，把修建的建筑物作为支付担保，以对抗拖欠工程款的业主，开创了现代工程保证担保历史的先河。1894年，美国国会又颁布了《赫德法案》，规定承接联邦政府工程的承包商须提供履约担保，并以法人担保代替个人担保。1935年，美国国会以《米勒法案》替代了《赫德法案》，此法案在《赫德法案》基础上增加了承包人付款担保。2002年，美国国会颁布了《新米勒法案》，新法案将《米勒法案》的法律关系进一步理顺，使之更加现代化，增加了可读性和严谨性。1791年至今的200多年来，美国工程保证担保制度日趋完善，业界称之为"美式担保"。基于建筑业巨大的市场需求，工程保证担保在美国担保行业中的地位举足轻重，美国担保业中约有2/3收入来自工程保证担保领域。

1. 1791年施工留置权

美国1791年提出的施工留置权，主要是政府当时修建一条投资巨大的道路，为了鼓励人们参与建设而设置了施工留置权。该施工留置权不同于动产留置，不动产施工留置权采用登记制，除了承包人，与业主有间接合同关系的工人、供应商、分包人也有留置权。债权到期后，债权人可在不动产登记机构登记留置权，直至付款或赔偿解决为止。如果债务人无偿付能力，享有留置权的债权人可依法拍卖不动产以清偿欠款。

2. 1894年《赫德法案》

在19世纪末，美国建筑业进入了高速发展的黄金时期。然而，很多建筑公司有名无实，建设工程质量低下。当时，建筑市场的担保方以个人为主，个人保证担保是指在具体的建筑工程实践和合同中，个人作为担保人，承担相应建筑工程责任的法律行为。与个人保证担保所对应的法人保证担保是指在具体的建筑工程实践和合同中，企业、组织和机构作为担保人，承担相应建筑工程责任的法律行为。

为了规范建筑市场，降低工程违约风险，美国国会于1894年颁布《赫德法案》。此法案规定，承接联邦政府工程的承包人必须提交履约保证担保，并要求以法人保证担保代替了个人保证担保。以专业担保机构为代表的法人保证担保具有更强的担保能力，解决了个人担保存在履约能力不足的弊端，由此工程保证担保制度得到美国联邦政府的正式确认，在当时挽救了较为混乱的建筑市场。

3. 1935 年《米勒法案》

第一次世界大战后，美国经济和基础设施建设高速发展。由于工程承包层次越来越多，承包关系越来越复杂，工程款在各层次之间流动时经常遇到较多障碍，使得工程款、劳务款和材料款等不能按时支付，从而导致大量留置索赔。承包人和分包人亏损、破产等情况也越来越多。为最大限度地保护公共利益，美国国会于 1935 年出台了《米勒法案》，即在《赫德法案》的基础上增加了承包商付款保证担保。该法案最初要求超过 10 万美元以上（目前要求为 15 万美元以上）的公共建筑或公共工程的施工、改造、维修，承包商必须提交两份保证担保，即履约担保和付款担保。1942 年，美国各州议会基本上都通过了类似法案，要求凡是州政府投资兴建的公共工程项目均需事先提供工程保证担保，该法案也被称为《小米勒法案》。《小米勒法案》的出台对工程保证担保制度在美国广泛施行有着重要的推动作用。

第 2 章　国外工程保证担保发展情况

2.1　国外工程保证担保立法和监管 [5,6,7]

国外的经验表明，在工程建设领域，如果想大力推行工程保证担保制度，需要各国根据自身的基本国情对工程保证担保进行立法，比如美国、德国、日本等国家均有对政府投资项目实行强制性的保证担保立法。

1. 美国

美国在政府投资项目保证担保制度的立法方面，起步最早也做得最为充分。如前文所述，美国国会于 1984 年顺利通过了《赫德法案》。规定以法人担保替代个人担保，解决了个人担保存在的局限性。1935 年，美国以同样的方式顺利通过了《米勒法案》。规定美国联邦政府 10 万美元以上任何建筑工程或公共工程的施工、改造、维修，承包商在签约前要提交履约担保和付款担保。1942 年，《米勒法案》在美国各个州得以通过，之后工程保证担保制度被广泛应用。2002 年，美国国会又颁布了《新米勒法案》，新法案是对《米勒法案》法律关系的进一步修订。

美国法律严格规定在境内的工程保证担保公司，只有经过美国财政部的审核评估后才可以从事担保业务，且审核通过的公司每年都要进行复核和验收。美国在工程保证担保立法方面相对比较充分，出台的法案从多个方面对工程保证担保做出相关规定，并设定了具体的标准。

美国从事工程保证担保业务的公司主要有两种类型：一种是专业的担保公司，另一种是保险公司。这两类公司的侧重点不同，前者主要经营工程建设的合同担保，并具有较多的经验；后者在保险公司中设置了工程保证担保业务相关的担保部门从事此类业务。在美国境内从事保证担保业务的公司必须经美国财政部评估、批准，且每年都要进行复核验收，并公布名单，美国业内称之为 T 名单。在各个州从事担保业务也必须要获得所在州的批准。美国各州负责审批担保机构的执照、担保代理人执照、担保公司的费率标准，对担保公司的业务和财务状况也要进行定期检查。此外，担保机构的行为还要受到各自内部行业协会的约束，比如美国保证和忠诚保证协会（SFAA）等。值得一提的是，美国法律禁止银行承担保证担保业务，这一点与其他国家有所不同。

2. 英国

英国政府开展监管的原则是避免一切可能的风险，并尽可能提高运转效率。因此英国将商业性担保业务连同经营主体商业银行、保险公司和互保协会统一纳入金融服务局监管，扩大了该监管部门的日常监管范围。此外，银行、保险公司以及互保协会的行业自律组织在规范担保行业上也起了重要作用。

3. 日本

日本《建筑业法》等法律制度文件对工程保证担保做出法律规定。当承包人和业主签订合同时，业主可选择部分或全部以预付款的形式向承包人支付工程款，但无论业主使用哪种方式支付工程款，都需要在业主支付工程款之前由承包人找到担保人为其提供担保，如果没有担保人提供担保，那么业主有权利拒绝支付工程款。

4. 加拿大

加拿大工程保证担保行业的监管内容主要包括三个部分：第一，监管控制工程保证担保公司可能遇到的风险，并引导消除风险；第二，加强监督正在经营的工程保证担保公司，对该公司的业务类型进行充分的了解，以便出现问题后可以更好地解决；第三，杜绝担保市场中的信息泄漏，不能因为某些关系或某些利益而放弃原则对外泄漏信息。

此外，在采用标准合同文件的工程建设项目中采用保证担保制度已经是一种国际惯例，例如《世界银行贷款项目招标文件范本》、国际咨询工程师联合会 FIDIC《土木工程施工合同条件》，德国的《建筑工程合同管理条例》，英国 ICE 的《新工程合同条件》等文件，均详细阐述了工程保证担保。

2.2 国外工程保证担保业务模式

在国际上，工程保证担保大致有四种基本模式，即高保额有条件担保模式、低保额无条件担保模式、信托基金模式和同业担保模式[8]。随着工程保证担保制度的不断发展和完善，各国也形成了适合本国国情的工程保证担保业务模式，下面重点介绍美国、欧洲和日本的工程保证担保业务模式。

1. 美国工程保证担保情况[5,9]

美国担保市场组织结构一般可分为核心层和外围层。核心层主要包括业主、承包人、担保机构、担保代理和理赔咨询机构，该层级涉及的部门主要是工程保证担保业务的参与方；在核心层面，投保人在首次投保时，通常先向担保代理人咨询，担保代理人为其选择合适的担保人，在通过担保人的审核之后通常要与承包人签订一揽子赔偿协议才能获得担保协议。一旦承包人发生违约，业主可以选择通过理赔顾问索赔或直接向担保机构索赔。担保机构可采取的应对方式主要包括现金赔付、代为履约、安排新的承包人继续履约等。

外围层包括担保行业相关组织，该层级主要是工程保证担保行业的协会和评价组织，例如 SFAA（美国保证和忠诚保证协会），NASBP（国家担保经销人协会），SIO（担保信息办公室），AIA（美国建筑师协会），CPA（注册会计师），穆迪、A.M.Best（贝氏评级）等社会评价机构和政府机构。

其中，SFAA 主要为会员提供行业信息交流的平台，承担组织行业发展论坛的工作，发布行业费率，统计并发布行业数据、风险类别和损失数据，分析行业的平均运营成本和风险，向会员和非会员公司提供保证合同文本，代表行业利益向政府和社会进行宣传和游说等；NASBP 对担保行业从业人员进行组织和管理，必须具有一定的行业水准才可加入该组织。此外，NASBP 还与 SFAA 紧密合作，向社会公众提供担保信息。CPA 协会为承包人出具标准财务报表以便担保机构对其财务进行判别。穆迪、A.M.Best 等社会评价机构对担保机构进行评价。政府方面主要负责担保相关法律的制定，并负责对担保市场主体的监管和对中小企业的担保援助等方面的工作。

美国的工程保证担保品种主要包括投标保函、履约保函和付款保函，工程保证担保的业务模式为高保额有条件从属模式，一般情况下认为担保合同属于从属类型的合同，其法律效力来自甲乙双方签订的基础合同，基础合同效力一定程度上决定了担保合同的效力。高保额即为担保的额度占合同额的比例通常大于 30%，而美国的高保额一般为 100% 合同额担保。在这一模式下，以高保额担保覆盖一个项目承发包合同的全部责任，就无需对一个承发包合同不同阶段或不同部分的履约责任分别提供担保。

经查询公开网站信息，美国工程保证担保收费一般以担保总额的百分比计算。在大多数情况下，履约担保和支付担保的担保费比例设定在担保总额的 0.5%～3% 之间。具体比例取决于被担保人的财务水平、信用记录、企业能力和其他因素。

2. 欧洲工程保证担保情况 [10, 11]

欧洲各国多使用银行保函或信用证，以银行业为主从事工程保证担保业务，保险公司或专业担保公司的工程保证担保仅占整个市场的 10%，担保额仅为施工合同价的 10%～20%。

英国的政府工程，投资超过一定金额的项目一般要求使用保函，保函种类主要为履约保函、预付款保函、保留金保函。政府工程中要求的履约担保须是有条件保函；在民间项目中，采用 ICE（英国土木工程师学会）合同时一般需提交 10% 的履约保函，以无条件保函为主。

英国的工程保证担保行业中，有一种信托基金模式，即业主将一笔信托基金交受托人保存，并签订信托合同。信托基金的受益人为承包商及其下属的分包商和供应商，若业主因公司破产等原因无力支付工程款，则受益人可以向受托人提出赔偿要求，受托人可自行向受益人支付一笔信托款项以弥补受益人损失。

在德国，长期以来保函品种以履约保函为主，金额比例通常为合同额的5%。但近些年来，1%～5%的投标保函、5%～20%的预付款保函和履约保函及2%～5%维修保函也越来越多地应用到大型项目及政府投资项目中。

欧洲担保公司的担保规模有限，其原因在于担保金额占合同总额比例较低以及同银行业的竞争，这些因素阻碍了欧洲工程保证担保市场规模的发展。近年来，欧洲的保证担保模式有向美国高保额保证模式发展的趋势。

3. 日本工程保证担保情况[9]

日本的工程保证担保模式主要分为五种：混合模式、银行担保模式、建筑担保公司提供担保、财产保险公司担保和同业担保。

日本的工程保证担保市场的第一种业务模式为混合模式。1996年，日本引入履约保证制度，履约保证制度原则上遵守地方自治法缴纳合同保证金的规定，但是可以引用免除或代替合同保证金。可免除保证金的担保措施主要有：履约保证保险和公共工程履约保函；可代替保证金的担保措施有：提供有价证券、银行等金融机构提供的担保。

日本的第二种业务模式为银行担保模式，银行主要通过银行保证担保来代替合同保证金。但日本的银行对工程保证担保并不重视，并将工程保证担保纳入企业的"债务保证"中，这会占用承包人的信用额度，只有为数不多的几家银行积极对待工程履约保证担保业务。

日本的第三种业务模式为建筑担保公司提供担保模式，建筑担保公司主要是经建设大臣许可从事预付款保证担保经营的企业。建筑担保公司对工程保证担保业务非常积极，逐步将预付款担保从中央推到地方，并促使将工程预付款比例从30%提高到40%。

日本的第四种业务模式为财产保险公司提供担保模式，财产保险公司于1951 年推出了投标保证保险和履约保证保险，用以弥补被担保人违约带给受益人的损失。另外，财产保险公司于 1974 年得到了经营保函的许可，在废除完工保证人并引入履约保函制度后，财产保险公司也可提供履约保函。

日本的第五种业务模式为同业担保模式。日本建筑业的发展，很大程度上依靠行业内各公司之间长期信赖的关系来维系，这种关系建立在各方相互信任和长期合作的基础之上。除了在外资项目中必须采用符合国际惯例的工程保证担保模式外，日本国内工程通常采用同业担保模式，即由另一个具有同等资质或更高质的建筑企业为中标人提供担保。若中标人不能履行合同，则由担保人代为履行。

综上所述，发达国家工程保证担保制度，经历了漫长时间的发展，在各国相关法律、行业监管和市场信用发展的基础上不断发展成熟。美国是最早推行工程保证担保制度的国家，该行业在美国已经高度专业化和制度化，多采用高保额有条件从属模式；欧洲和日本也较早地引入工程保证担保制度，担保人包括银行、担保公司和财险公司等，该制度在欧洲和日本都得到大力推行。

从目前情况看，美国是提供高额工程保证担保保函的主要国家，保函的保额比例一般为基础合同价的 100%；欧洲各国提供的主要是低保额担保保函，例如投标担保的保额一般为投标价的 5%，履约担保的保额一般为基础合同价 5%～10%；日本和韩国要求提供的担保金额居中，例如履约担保的金额一般为基础合同价的 30%～40%。各主要国家工程保证担保模式见表 2-1。

国外工程保证担保模式^[8，10]

国外工程保证担保模式[8，10]　　　　　　　　　　表 2-1

国家	担保模式
美国	对公共投资项目实行强制性保证担保，保函为高额有条件担保。其中，投标担保联邦政府为 20% 或最高 300 万美金、州政府为 5% ～ 10%，履约担保 100%，付款担保 100%。保函一般由经批准可从事担保业务的保险公司和专业担保公司出具

第 2 章　国外工程保证担保发展情况

国家	担保模式
墨西哥	与美国的担保制度相似，实行有条件保函和对担保业务的特别监管。担保品种包括：投标担保 1%～10%、预付款担保 25%～100%、履约担保 10%～20%、维修担保 10%～20%
加拿大	与美国的担保制度相似，但履约担保金额仅为 50%
英国	在政府工程中，投资超过一定金额的项目要使用保函。保函品种主要有履约担保、预付款担保、保留金担保等，其中履约担保必须是有条件保函。在采用 ICE 合同的民间项目中，一般需要提交 10% 的无条件履约保函，保证人主要是银行，其次是专业保证担保公司和保险公司
法国	无投标担保，5% 的履约保函，一般由银行开具
德国	无投标担保，5% 的履约保函但有免除条款。但近年来 1%～5% 的投标保函、5%～20% 的预付款保函和履约保函、2%～5% 的维修保函越来越多地应用在大型项目和政府项目中。银行主要承保无条件保函（90% 市场份额），保险公司主要承保有条件保函（10% 市场份额）
西班牙	对公共投资项目实行强制保证担保。2% 的投标担保、4%～10% 的履约担保，保函为有条件方式。在私人投资项目中类似
荷兰	没有强制担保要求，但是在合同中普遍要求担保。担保品种有投标担保、履约担保、维修担保、预付款担保，一般为无条件保函，保额为 5%～20% 不等，由合同双方自行确定。银行为主要承保人，其次是保险公司
澳大利亚	以私人投资项目为主要的担保市场。5%～10% 的见索即付履约保函是主要担保品种，此外还有预付款保函、保留金保函等，市场正在接受 100% 的美式有条件保函
日本	5% 的投保保证金，但如果提交了投保担保保险合同或投标人已经通过资格预审，可不用支付投标保证金；30%～40% 的预付款担保（公共投资项目）；履约保证金担保，可以是现金、等额的有价证券、履约保函或者保证保险等，比例为合同金额的 30%～40%
韩国	对公共投资项目要求提供担保，5% 的投标担保、罚没性保函 20% 的履约担保或者 10%＋的替补承包商或 30% 以上的有条件保函。另外还有预付款担保、维修担保等。担保人主要是会员制的建筑业联合基金（KCFC）
新加坡	新加坡建筑师协会颁发新加坡建筑承发包标准合同，对担保有所要求。一般要求 5%～10% 的履约担保，一般是按年承保，到期续保，直至保期结束。保函一般由银行或者保险公司承保。目前，无条件保函是新加坡市场主流，业主也不再分阶段索取保函，而是 10% 的保函担保建设的全过程及保修期甚至更长

4. 国际商会出版物所规范的三种典型保函模式[12, 13]

国际商会（ICC）是国际民间经济组织，是联合国在商贸方面的最高咨询机构。ICC 的统一规范是在充分考虑了各国法律制度差异性的基础上对商业活动的国际惯例总结。目前 ICC 有关工程保证担保的出版物主要有四份，即 1978 年发布的《国际商会第 325 号出版物》、1992 年发布的《国际商会第 458 号出版物》及其在 2020 年修订后发布的——《国际商会第 758 号出版物》、1993 年发布的《国际商会第 524 号出版物》。

（1）第 325 号出版物

第 325 号出版物，主要用来规范严格的有条件担保模式。受益人的索赔要求必须经被担保人的书面同意，或按照仲裁或法院判决执行。这种模式的特点是赔付必须基于违约责任，担保人无需介入对违约责任的认定。这种模式对银行比较友好，因为银行不愿意也不擅长介入合同争议。这种模式的缺点是受益人在遭受损失后很难立即得到赔付，诉讼程序繁琐且时间漫长，因此受益人一般不喜欢此类保函（保函文本的采纳与否通常是由受益人决定）。

（2）第 458 号出版物和第 758 号出版物

国际商业交易中广泛采用的国际商会《见索即付保函统一规则》（The ICC Uniform Rules for Demand Guarantees）（以下简称 URDG）包括第 458 号出版物和第 758 号出版物发布的规则。目前，现行版本为第 758 号出版物（简称 URDG758）。

第 758 号出版物在第 458 号出版物基础了做了一定的修改，明晰和扩充了相关定义和概念，扩大了使用范围，强化了保函的独立性、单据性和不可撤销性。第 758 号出版物，顺应了国际上独立保函的发展趋势。该类保函无需受益人证明被担保人违约，而只需提交的资料与保函上所载明的单据表面相符就可以要求担保人付款，具有明显的金融票据属性。担保人以担保总额为限承担经济责任，但并不承担代为履行基础合同的责任。

实践中，比较常见的无条件见索即付独立保函（以下简称"无条件保函"）即是这类保函的典型代表。无条件保函的流行主要是因为建筑业的高度竞争性使业主在合同关系中往往处于优势地位，可以很容易地迫使承包人接受一些苛刻的条件，极大地保护了受益人的利益。这种模式比较受银行的欢迎，世界银行作为银行业的一个代表性机构，就曾明确主张在 FIDIC 条款中删除采用有条件履约保函的要求，因为银行通常不善于经营该类风险，缺乏专业的工程理赔经验，也不愿意卷入工程合同纠纷。

但无条件保函导致了保函欺诈性索赔的增加，被担保人即使及时发现欺诈性索赔，也很难阻止担保人的赔付，只能事后通过漫长的诉讼程序向受益人追回损失，并且追回损失的难度较大。

（3）第 524 号出版物

第 524 号出版物，是基于美国高保额有条件保函的模式制定的规则。美式有条件保函鼓励担保人介入工程管理，并有如下特点：一是当承包人违约后，担保人将代为履行承包人尚未履行的全部合同责任和合同权利；二是担保人有权自行选择代为履行合同的方式，比如提供技术、经济等方面的支持，也可选择引入新的承包人。担保人具有履约审查责任和法定完工责任。

以上出版物所代表的正是工程保证担保在国际上惯用的三种主要模式，即：传统有条件模式、无条件模式和美式有条件模式。前两者模式的共同特征就是担保人不介入对违约责任的认定，只是在收到索赔要求并达到赔付条件后，以货币赔付形式来履行担保责任。而美式有条件担保模式需要担保人介入对违约责任的认定，除了货币赔付，还可自行代为履约以履行担保责任。

第3章　我国工程保证担保发展情况

我国工程保证担保起步较晚，伴随着国家的改革开放，才逐步与国际接轨。20世纪80年代，一些建筑企业走出国门，承接了一些世界银行、亚洲银行贷款的项目和在海外承包的国际工程项目，同时中外合资企业和外资企业作为甲方在国内开始投资建设工程项目，在这一过程中产生了工程保证担保的需求，才慢慢接触到"工程保函"，当时国内只有少数银行有条件出具保函来满足此类需求，在此阶段业界对工程保证担保的认识还非常模糊，对相关制度及发展方向缺乏系统性思考。

20世纪90年代，由于建筑行业中出现了很多"豆腐渣"工程以及拖欠农民工工资的现象，我国建筑行业市场信用机制缺失的弊端凸显。1996年开始，建设部针对工程项目担保组织了一系列的国际考察。在我国建筑业发展过程中，先后经历了缴纳工程保证金、工程保证担保试点、全面实行工程保证担保等阶段，在业界的呼吁下，工程保证担保相关制度陆续出台，引导建筑行业良性发展。2016年被誉为工程保函市场变革之年，国务院出台《关于清理规范工程建设领域保证金的通知》。近几年来，在国家政策的持续引导和推进下，工程保函作为我国存在的主要工程保证担保形式已经广泛应用于建筑施工行业，市场容量逐年增加。

3.1 我国建筑行业情况

1. 行业基本情况

建筑业是最古老的行业之一，关系到民众最基本物质需求的满足，不可或缺，一直贯穿人类文明发展历程。伴随着经济建设的持续快速发展和社会固定资产投资的持续增长，建筑产业对经济发展和国民经济总值增长的贡献日益突出，建筑业的发展与国民经济总值的增长存在着十分密切的互动关系。一方面，国民经济投入总量的增加和工业化进程的快速推进，推动了城镇化的快速发展，导致基础设施建设规模的扩大和居住类建筑建造总量的增加；另一方面，城镇化后对公共设施宜居性、环保性、舒适性等方面要求的提高，不仅使建设工程数量增加，种类也更加丰富，功能更加齐全，产品更加智慧化、人性化，质量不断提高。建筑业的发展也带动了其他国民经济部门的发展，带动了金属产品制造、机械产品制造、机电产品制造、原材料生产、非金属矿物等行业的产值增加。同时，建筑业是典型的劳动密集型行业，是对就业贡献最大的行业之一，大多数岗位以体力劳动者为主，吸纳了大量劳动者。

改革开放 40 多年来，随着我国经济建设的大规模进行，建筑业迅速发展，建筑业在国民经济中的比重不断提高，其支柱产业地位逐步确定。1978年，我国建筑业完成增加值 138.9 亿元，占国内生产总值的比重仅为 3.78%。2021 年，我国建筑业增加值已达 80138 亿元，是 1978 年的 577 倍，建筑业增加值占国内生产总值的比重达到 7.01%，比 1978 年的占比提高了 3.23 个百分比（图 3-1）。

2021 年，我国建筑业总产值已达到 29.3 万亿，近年来也基本保持在5%～10% 的增长水平。作为我国国民经济的支柱产业，建筑业作为劳动密集型行业为社会提供了大量的就业岗位，为"稳就业"做出了突出贡献。在推动我国城镇化进程、提高城镇化率的同时，也解决了大量进城务工人员的

18

就业问题。1980 年，建筑业从业人数为 648 万人，建筑业从业人员占全国就业人员的比重为 1.53%；2020 年建筑业从业人数达到 5367 万人，比 1980 年增加 4719 万人，建筑业从业人员占全社会就业人员的比重达到 7.2%，较 1980 年提高了 5.67 个百分点。在大部分年份，建筑业从业人数增速都高于全社会就业人员增速。

图 3-1　我国建筑行业增加值（单位：万亿）

经过几十年的快速发展，我国建筑业企业不断做大做强，建筑企业的总体数量也在不断增加，但值得注意的是，我国国有、集体企业数量 2017—2019 年连续三年逐年减少，2020 年略有增加，而民营企业数量近几年一直保持较快速度的增加（表 3-1）。2020 年民营建筑企业占全国建筑企业总数的 94.56%，其总产值占比约 84.65%（表 3-2），民营建筑企业在我国建筑市场中扮演着重要角色，是工程保证担保的市场需求主体，也是工程保证担保业务发展的基础。

从地区分布来看，经济发达地区的建筑业产值相对较高。2020 年江苏、浙江、广东、湖北和四川五省的建筑业产值占全国建筑业产值的 40.3%（表 3-3）。从我国工程保证担保的市场推广效果来看，经济发达地区对工程保证担保的接受程度更高，市场反应更为积极，工程保证担保推行助力建筑业的发展，形成了一个良性循环。

2017—2020 年建筑业企业数量（单位：个）　　　表 3-1

年份	国有、集体	国内民企	外资企业	总计	国内民企占比（%）
2017	6326	81196	552	88074	92.19
2018	5904	90171	469	96544	93.40
2019	5633	97737	435	103805	94.15
2020	5926	110378	418	116722	94.56

数据来源：中国统计年鉴。

2017—2020 年按建筑企业性质分建筑业产值统计表（单位：亿元）　　　表 3-2

年份	国有、集体	国内民企	外资企业	总计	国内民企占比（%）
2017	30732.3	181864.6	1346.66	213943.56	85.01
2018	31888.59	192545.49	1382.78	225816.86	85.27
2019	34353.29	212745.29	1344.69	248443.27	85.63
2020	38339.43	223434.16	2173.8	263947.39	84.65

数据来源：中国统计年鉴。

建筑业产值排名前五省统计（以 2020 年数据排名）（单位：亿元）　　　表 3-3

地区	2020 年	2019 年	2018 年	2017 年
全国总计	263947.39	248443.27	225816.86	213943.56
江苏省	35251.64	33099.18	30954.69	27956.71
浙江省	20938.61	20390.20	20670.95	27235.83
广东省	18429.71	16633.41	13862.66	11372.05
湖北省	16136.11	16979.67	15175.75	13390.73
四川省	15612.70	14668.15	13668.03	11400.34
五省合计	106368.76	101770.61	94332.08	91355.66
五省占比（%）	40.30	40.96	41.78	42.70

数据来源：中国统计年鉴。

2. 行业竞争情况

目前，国内建筑企业按照属性可划分为五类，包括大型央企、地方性国企、大型民营企业、众多中小建筑公司以及外资企业。大型央企在经过大规

20

模整合后，具备了较高的技术水平和雄厚的资金实力，资质全且等级高，在高端项目、大型项目以及在其所处的细分建筑领域中形成了较高的壁垒。地方性国企一般在地方政府的支持下，通过深耕所在区域市场并依靠良好的管理水平也可取得较好收益，有一定的竞争力。大型民营企业管理机制灵活，成本控制能力强，近几年在资质方面也在不断提升，取得了较快的发展，但也面临着更加激烈的竞争环境。

当前，建筑市场供大于求，同质化竞争激烈，国有建筑企业数量减少，而民营建筑企业逐年增加。国家统计局数据显示，2020年底，全国共有建筑业企业116722家，比上年增加12917家；2011年，全国共有建筑业企业72280家，近10年内建筑企业增加了44442家，平均每年增加4000多家建筑企业。企业数量的大幅增加主要是民营建筑企业数量连年增长，2020年国有建筑企业数量为3746家，民营建筑企业为110378家，而2011年国有建筑企业数量为4642家，民营建筑企业为62095家。近10年来，国有企业数量减少了19%，而民营企业数量增加了78%，民营建筑企业的增多是市场竞争加剧的另一重要因素。在激烈的竞争环境下，行业利润率自2016年以后持续下行，如图3-2所示。

在行业竞争加剧的同时，大小企业之间的发展差距进一步扩大，市场集中度进一步提升。当前，工程总承包模式在行业内被迅速推广，尤其在政府项目投资领域，建设单位对设计施工一体化服务能力、大型项目管理能力和运作能力有着较高要求。在这种背景下，大型建筑企业更具备竞争优势。持有高等级资质的国有大型企业承接了铁路、水利水电、大型桥梁、大型骨干公路网、港口与码头等大部分主体工程，而一些资质较弱的企业只能承接一些中小型工程、附属工程或分包工程。此外，建筑企业普遍资金周转较慢、负债率较高，股东背景和公司规模就成为融资信用评级的重要参考因素，而在这方面大型国有企业具有明显的优势。从图3-3中可以看出，近三年来中央企业签订合同额增速均高于地方企业，侧面反映了行业产值逐渐向国有大型企业集中。

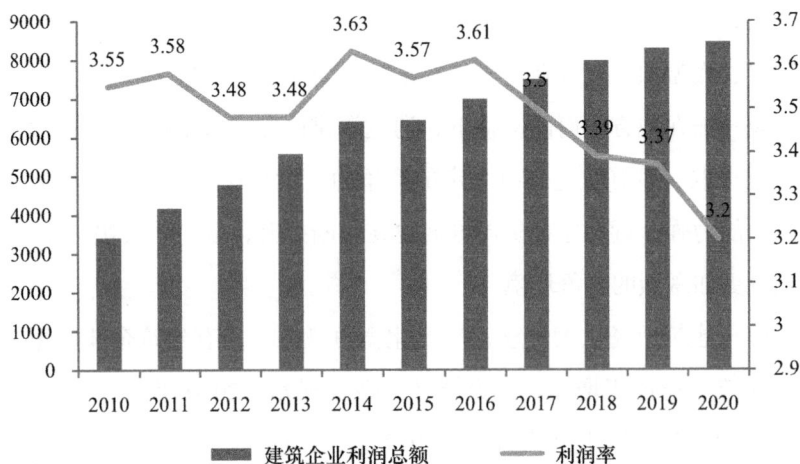

图3-2 我国建筑企业利润情况（单位：亿元）

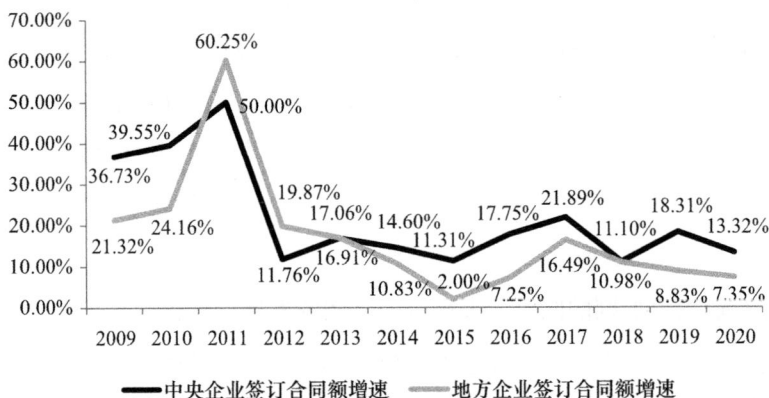

图3-3 中央企业与地方企业签订合同额增速情况

3. 行业面临的问题

虽然建筑行业是我国的支柱产业，地位举足轻重，行业规模平稳向上发展，但伴随着政策、宏观经济和行业情况的变化，建筑行业也面临一些严峻的问题。

（1）建筑行业发展增速放缓，行业内竞争激烈，企业利润不断下降。建筑业的发展主要依靠固定资产投资的拉动，外延型增长的特性尤为突出。客观地说，建筑业的快速发展，最根本的原因是国民经济高速发展的带动效应。2013年之前，全国建筑业固定资产投资增速超过20%，此后全国建筑业固定资产投资增速呈下降趋势（图3-4）。一方面，建筑行业受国家政策影响较大，在国家对房地产行业调控的大趋势下，地产开发商大举拿地开发的能力及意愿降低，地方基建投资受城投债务政策的管控也呈收敛态势；另一方面，在降负债降杠杆的大趋势下，主流金融机构对建筑企业放款的要求更高，企业融资渠道和空间收窄。两方面因素叠加，使行业的投资意愿和投资能力明显降低。

图3-4　我国建筑业固定资产投资额（单位：亿元）

投资增速下降，意味着建筑行业的黄金时期已过，建筑行业进入存量竞争时代，过去十年建筑行业的年产值利润率均不到4%，2021年仅为2.92%。企业如果固守老观念，沿袭老策略，片面追求合同额，盲目扩张，粗放式增长，忽视管理能力的提升和技术的创新，加之融资环境逐渐严苛，或将面临现金流枯竭、诉讼缠身的不利局面，举步维艰，这样的企业将逐渐被市场淘汰。

（2）建筑企业负债率较高，行业内垫资、工程款拖欠等现象较为普遍。工程建设具有资金投入大、占用时间长等特点，如果再发生缴纳各类保证金、工程垫款、进度款支付滞后等情况，则会导致建筑企业的高负债经营。一些中小建筑企业如果融资渠道不畅，则会通过企业互保甚至民间借贷的形式借款，存在一定规模的隐性负债。近年来高负债运营模式下的建筑企业受到较大的挑战，互保链条的"暴雷"、诉讼和应收账款坏账的增加，增加了建筑行业发展的不稳定性。

（3）建筑行业内部供需矛盾突出。一方面，行业内产能过剩，供大于需，竞争激烈；另一方面，专业管理人员和专业技术人才短缺，建筑工人流动性大、供应不足、老龄化趋势严重。行业内普遍存在"专业技术人才不专业"的情况：受制于目前的资质和资格管理要求，建筑企业存在挂证现象，常常出现执业资格和职称的人不专业，甚至长期不在岗的情况，增加了企业的运营管理成本，为工程项目的责任归属和安全生产埋下隐患。此外，我国建筑业劳动密集度高，近几年受就业观念和疫情的影响，行业用工方面的供需矛盾突出，建筑工人尤其年轻的建筑工人短缺，人工成本上升明显。两种矛盾的相互作用，加之建筑材料成本的持续上涨，进一步挤压了建筑企业的利润。

（4）建筑行业整体信用质量不高，企业失信行为频繁发生。根据《中国工程建设行业发展报告》（2020）调查披露的情况，2013—2019 年，中国施工企业管理协会会员企业中共有失信企业 1967 家，约占全部会员企业数量的 50%，覆盖全国各地 31 个省级行政区域，失信行为总数累计 13694 起，失信企业和失信行为记录数量皆呈逐年升高的趋势[15]。

一方面，基于以上提到建筑业存在的诸多问题，如低价中标、过度和不正当的市场竞争、合规意识不足、行业监管不到位等建筑行业内部的原因，导致建筑行业近几年来诉讼规模的持续增加；另一方面，随着国家信用建设的不断升级，对行业和从业企业提出的要求也越来越高，对企业信用问题的容忍度降低。对于失信的记录种类和记录方式也越来越多样，比如，未履行生效司法判决的失信、行政处罚的失信和农民工工资拖欠的失信行为等。

随着社会普遍对信用的重视和监管的加强，建筑行业的信用意识也在不断提升。但由于内外部环境短期内很难得到快速、有效的改善，行业信用问题的解决也尚需时日。

3.2 工程保证担保的作用和意义

随着建筑行业发展，建设规模不断增大，工程复杂程度不断增加，质量问题和工伤事故时有发生，这些因素都导致了这一行业的高风险性。所以建筑行业中各主体，无论是直接参与主体还是间接参与主体必须具有高度的社会责任感。仅靠政府行政管理手段很难从根本上解决问题，因此完善、发展、创新工程保证担保制度，以市场经济手段来解决建筑行业中存在的一些问题则十分必要。国外在采用工程保证担保制度规范建筑行业发展方面已经取得了显著成效。随着工程保证担保进入我国并经历 20 多年探索，已经与建筑行业相互依存、相互促进、相互发展，工程保证担保已经成为建筑行业健康发展必不可少的市场化工具，为整个行业发展做出了突出贡献。从整个建筑行业发展角度讲，工程保证担保对整个行业发展有以下几方面重要作用。

1. 降低交易成本，助力企业不断发展

我国建筑企业承接项目时，资金参与成本较高。在工程保证担保制度推广应用之前，建设工程领域普遍采用保证金担保方式，主要包括投标保证金、履约保证金、农民工工资支付保证金、工程质量保证金，号称"四大保证金"。而工程保证担保的模式则不需要企业提供保证金，为企业极大地减轻了资金负担，释放了企业现金流压力，这点对于财务状况要求较高的建筑企业来说尤为重要。工程保证担保的介入降低了企业资金占用成本，增强了企业的资金周转能力。此外，工程保证担保的低成本和时效性使企业不会因受到保证金限制而失去公平竞争的机会，尤其是有一定技术实力的中小企业有机会获得低成本担保，从而获得更多公平竞争的机会，使得不同规模、实力优势不同的企业均可参与市场竞争，优化社会资源配置。

同时在企业发展过程中，担保机构又可扮演财务顾问和项目咨询的角色，除了对整个项目进行过程控制外，还会对企业成长给予协助与指导。对很多建筑企业来说，会计账目匮乏甚至缺失，账目不明，存在较多的不确定性。专业担保机构通过保函与企业建立关联，帮助企业理清账目，节约资金，实现高速成长，让小企业变大，让大企业变强。因此，随着社会分工的精细化，担保机构不仅能够帮助企业规划整个项目的实施管理，还能做企业顾问提供相关咨询服务，从而和企业一起成长。

2. 维护建筑行业市场秩序，提高准入门槛

从建筑行业质量责任事故不断发生的原因可见，建筑业的门槛太低，造成建筑行业内的恶性竞争。此外，建筑行业内的违法转包、挂靠等现象多有存在。无施工资质或施工资质较低的企业、个人对工程的非法转包、分包、挂靠等现象给整个市场带来了隐患，并导致履约风险的发生。我国建筑行业相对缺乏一定的对企业信用评价和失信惩罚机制，而工程保证担保正是一种有效的信用评价手段和惩罚手段。信用评价手段体现在，银行、专业担保公司等担保机构为了保护自身经济利益，会对被担保人严格审核，这个审核过程等于为每一个相关主体建立了信用档案，记录企业以往业绩、技术管理能力、信用、不良记录等，档案记录良好的企业更容易获得担保，从而有利于参与市场竞争，在担保收费上也更容易有话语权，这无形之中建起了一道市场准入门槛。惩罚手段体现在，当被担保人发生违约时，担保机构在赔付后会向被担保人追偿，最终风险会转移给被担保人。信用评价手段和惩罚手段两只抓手共同作用的结果就是担保机构为建筑市场提供了合格的参与主体，形成了有效的过滤机制，有利于排除不具备履约能力的参与方，市场中各参与主体会更加注重履约和注重诚信，从而带来了整个行业的良性循环。

3. 保障建设工程合同履行，维护发包方利益

如上所述，担保机构对被担保人的担保审查，从源头上就排除了一部分履约能力较弱的参与方，客观上降低了违约发生的概率。

此外，在工程项目进入建设期后，担保机构会深入工程项目实地调研，切实有效地评估工程担保风险。当发现履约隐患时，会积极寻找保障合同顺利履行的有效措施。比如，当承包人因某些原因无法继续工程项目时，经调查后承包人有履约意愿和能力，担保机构可有针对性地向承包人提供资金、技术和管理等一些必要的帮助。一旦被承包人出现违约，有实力的担保机构能够及时赔付，不仅保函受益人能够获得赔偿减少损失，也可保证工程项目后续得以顺利进行。

4. 促进市场信用机制健全，降低政府监督管理成本

工程保证担保虽然是一种市场工具，但除了风险损失补偿、信用评价和失信惩罚的作用外，还可发挥一定的政府职能，即监督审查。担保机构作为独立的经济利益主体，一方面是对被担保人的综合评审，另一方面是担保机构在自身风险规避的驱动下会对工程项目实施情况和工程项目质量进行监督管理。可以说，这是一种以经济手段实现政府职能管理，是对部分政府职能社会化，不仅可以将政府部门从微观监督中解脱出来，还可减轻财政负担和压力，但其并不会削弱政府职能，而是对政府监督管理职能的有效补充和协同，政府只需要制定行业规则和法律法规，做好引导市场的工作。同时，各类工程保证金的减少，也降低了建设单位资金管理成本及工程保证金被挪用的风险，减少工程建设领域腐败的发生，进一步降低了政府的监督和管理成本。

5. 扮演着与国际担保市场接轨的中坚力量

随着国内建筑市场的日趋饱和，中国建筑企业向国际市场发展是大势所趋。银行、担保公司、保险公司等从事工程保证担保业务的担保机构有助于我国建筑业与国际建筑工程市场接轨，工程保证担保机制是参与国际工程交易中的一个重要条件。

我国建立工程保证担保制度以来，从保函品种到制度都在不断与国际接轨，如若建立有效的行业自律规则，能进一步与工程保证担保市场进行类比，建立数据的规整化，帮助完善工程保证担保市场有效费率计算方式和健全工程担保数据，成为国际工程保证担保市场的参与者和有效补充者，最终形成具有中国特色的工程保证担保制度，成为引领者。随着共建"丝绸之路经济带"和"21世纪海上丝绸之路"的倡议提出，越来越多的建筑企业从中国走向世界。工程保证担保制度是国际惯例，没有工程保证担保，也就失去了通往海外建筑市场的通行证。在"一带一路"背景下，我国建筑企业在面临机会的同时也面临极大挑战。一方面，建筑企业面临着国外建筑行业相关制度和模式接轨的问题，其中也包括了工程保证担保制度和模式；另一方面，海外项目风险众多，包含了政治风险、政策风险、信用风险、法律风险、技术风险等，在众多风险因素中如何生存且获得利润回报也是企业需要面对的重要问题。面临这些挑战，工程保证担保的推进和发展对助力中国建筑企业"走出去"有着至关重要的作用，也是中国建筑企业顺利实现"走出去"的基本前提。

3.3　我国工程保证担保制度的推行

我国工程保证担保制度是在政策的持续推动下逐步发展起来的，国家政策先行、地方政策配套跟进，两种政策共同推进了我国工程保证担保业务的发展。

1. 国家层面的政策推广

我国工程保证担保制度在国家层面上的政策推广，按照时间梯度大致可以分为以下几个重要发展阶段：

（1）首次接触阶段

我国的建设工程保证担保制度相对西方国家较晚，直到1991年天津市参与世界银行项目招标时，才首次接触到工程保证担保制度。1996年，美国佛罗里达州立大学张维麟教授向我国建设部提议引进工程保证担保制度。之后，我国建设部委托同济大学丁士昭教授开展对工程保证担保制度的研究。1997年，建设部组织了对美国工程保证担保制度的考察。

1998年5月，建设部发布文件《关于1998年建设事业体制改革工作要点》（建法〔1998〕101号），首次明确提出"逐步建立健全工程索赔制度和担保制度"。

（2）初步探索阶段

1999年，建设部颁布《关于深化建设市场改革的若干意见》，提出建立以工程保证担保为主要内容的风险管理制度，并作为我国今后改革政府监督管理建设活动的重要方式，该制度是以经济手段强化工程质量管理的重要措施。

2000 年，全国建设工作会议把实行工程保证担保制度作为"十五"期间的一项重点工作，要求在"十五"期间取得重大进展。

2001 年，建设部颁布的《房屋建筑和市政基础设施工程施工招标投标管理办法》第二十六条规定："招标人可以在招标文件中要求投标人提交投标担保。投标担保可以采用投标保函或者投标保证金的方式"；第四十七条规定："招标文件要求中标人提交履约担保的，中标人应当提交。招标人应当同时向中标人提供工程支付担保"。

在此阶段，从政策文件可以看出国家政府对于工程保证担保制度的重视，但该阶段更侧重于强调保函与保证金的平等地位及相互可替代的作用，提供了可以选择工程保证担保的机会，但缺少具体的操作指引。在实际应用中保函使用率较低，仍以保证金为主。

（3）担保试点阶段

2004 年 8 月，建设部发布了《关于在房地产开发项目中推行工程建设合同担保的若干规定》，提出工程建设合同造价在 1000 万元以上的房地产开发项目要实行工程建设合同担保，并规定"保证人提供的保证方式为一般保证或连带责任保证"。该规定第一次明确了四种担保品种（投标担保、业主工程款支付担保、承包商履约担保和承包商付款担保）的具体要求，并规定了"工程建设合同担保的保证人应是中华人民共和国境内注册的有资格的银行业金融机构、专业担保公司"。

2005 年 1 月，建设部和财政部联合出台了《建设工程质量保证金管理暂行办法》，明确以保证担保方式替代质保金。同年 3 月，建筑业市场管理司发布《关于印发〈建设部建筑市场管理司 2005 年工作要点〉的通知》，明确提出"加快推进建设领域信用体系建设，大力推行工程担保制度"，此后连续多年成为建筑市场管理司的年度工作重点。2005 年 10 月，建设部出台了《关于选择深圳、厦门等市作为推行工程担保试点城市的意见》（建市招函〔2005〕73 号）（以下简称《试点意见》），明确选择深圳、厦门、青岛、成都、杭州和常州六座城市作为推行工程保证担保试点城市，此后又补充天津加入试点城市。

该《试点意见》要求，各省、自治区、直辖市也应参照建设部做法，选择并确定本地区的试点城市，加大工程保证担保推行力度，加强指导，总结经验，推动工程保证担保工作的全面开展。

2005 年 5 月，建设部印发了《工程担保合同示范文本（试行）》（建市〔2005〕74 号）。示范文本包含 5 个委托保证合同和 5 个保函格式文本，成为我国工程保证担保业务的首批示范试用文本。

2006 年 3 月，建设部在印发的《建设事业"十一五"规划纲要》中提到，要"深化各界对工程担保制度的认识，扩大试点范围，增强防范和化解工程风险的能力。"同年 12 月，建设部为进一步推进工程保证担保制度，印发了《关于在建设工程项目中进一步推行工程保证担保制度的意见》（建市〔2006〕326 号）的通知，要求积极稳妥推进工程担保试点工作，并要求"各省、自治区、直辖市建设行政主管部门应在 2007 年 3 月底前确定本地区的工程担保试点城市或试点项目。"该意见将从事工程担保机构的类型范围进一步拓宽，提到"提供工程担保的保证人可以是在中华人民共和国境内注册的有资格的银行、专业担保公司、保险公司"，首次将保险公司纳入工程保证担保机构的范围中。

2007 年 10 月，五部门联合发布《关于开展建设工程交易中心招标投标工作普查调研的通知》，提出"在加强合同管理、推进信用体系建设和工程担保制度所采取的措施"，工程保证担保制度成为普查调研的重点内容。

在担保试点阶段，建设部对试行的工程领域和城市都做出了要求，提供了担保合同和保函格式范本，对从业机构类型作出了明确要求，并对担保机构提出了指标化的量化需求，增强了工程保证担保制度的可行性和实操性。在各试点城市和试点项目的工程建设领域，工程保证担保开始真正地落地生根，工程保证担保制度开始在各大城市推广。

（4）加速推广和快速发展阶段

2009 年 1 月，住房和城乡建设部发布《关于进一步加强建筑市场监管与服务保障扩大内需投资建设项目质量和效益的通知》（建市〔2009〕6号），文件提出"加快推行工程担保制度。各地要加大工程款支付担保和承包商履约担保工作力度，积极培育工程担保市场，加强对担保机构的资信管理，健全担保机构备案、保函保管等制度，有效防止虚假担保等问题。"工程保证担保制度进入加速推广阶段，工程保证担保业务开始了新的发展局面。

2011年9月，财政部出台了《关于开展政府采购信用担保试点工作方案》，首次明确在政府采购中推行信用担保试点，担保品种包括投标担保、履约担保和融资担保。该方案的实行，极大地推动了工程保证担保制度在我国政府工程中的应用。

2014年7月，住房和城乡建设部发布的《关于推进建筑业发展和改革的若干意见》（建市〔2014〕92号）进一步提出："全面清理涉及工程建设企业的各类保证金、押金等，对于没有法律法规依据的一律取消，积极推行银行保函和诚信担保""探索从主要依靠资质管理等行政手段实施市场准入，逐步转变为充分发挥社会信用、工程保证担保、保险等市场机制的作用，实现市场优胜劣汰"。文件提出了"全面清理"各类保证金和押金的要求，除了新增工程建设项目，对存量保证金的保函替代做出了进一步的要求，工程保证担保业务在"新增"市场和"存量"市场上获得了快速发展，业务规模急速增加。

2016年6月，国务院办公厅发布《关于清理规范工程建设领域保证金的通知》，对保证金的清理和落实提出具体的时间要求："对取消的保证金，各地要于2016年底前退还相关企业"，"并于2017年1月底前将落实情况报送住房城乡建设、财政部"。

2018年7月，住房和城乡建设部在《关于加快推进实施工程保证担保制度的指导意见（征求意见稿）》中对实施工程保证担保制度重点提出以下工作目标：

① 在依法必须招标的工程项目和民间投资的住宅工程中推行工程履约担保；

② 在房地产开发项目中推行工程款支付担保；

③ 全面推行工程质量保证和农民工工资支付担保；

④ 到 2020 年，各类保证金的保函替代率提升 30%；

⑤ 采用最低价中标的工程实行高额履约担保；

⑥ 农民工工资支付保函全部采用见索即付保函；

该文件将工程保证担保制度推广的工作目标进行了量化，进一步提高了推广和执行效率，尤其质量保函和农民工工资支付保函，在这个阶段获得了快速的推广普及和实践应用。

2019 年 1 月，住房和城乡建设部在《关于支持民营建筑企业发展的通知》中明确指出将推行银行保函替代保证金，除投标保证金、履约保证金、工程质量保证金和农民工工资保证金外，严禁向民营建筑业企业收取其他保证金。同年 6 月，六部委联合印发《住房和城乡建设部等部门关于加快推进房屋建筑和市政基础设施工程实行工程担保制度的指导意见》，文件要求要加快推行投标担保、履约担保、工程质量保证担保和农民工工资支付担保。提出推行工程保函替代保证金，到 2020 年各类保证金的保函替代率明显提升。支持银行业金融机构、工程担保公司、保险机构作为工程担保保证人开展工程担保业务。

2021 年 1 月，住房和城乡建设部发出 "关于印发《工程保函示范文本》的通知"（建市〔2021〕11 号），要求自 2021 年 3 月 1 日起执行《工程保函示范文本》，原《工程担保合同示范文本（试行）》（建市〔2005〕74 号）同时废止。新的示范文本根据当前工程保证担保业务的实际应用情况，把投标保函、履约保函、预付款保函和支付保函以 "独立" "非独立" 性质作为区分，明确了 8 种保函格式。

2022 年 1 月，住房和城乡建设部发布《"十四五" 建筑业发展规划》提出，"加快推行投标担保、履约担保、工程质量保证担保和农民工工资支付担保，提升各类保证金的保函替代率。加快推行银行保函制度，探索工程担保公司保函和工程保证保险。落实建设单位工程款支付担保制度。大力推行电子保函，研究制定保函示范文本和电子保函数据标准，加大保函信息公开力度。"该规划在新形势下，对工程保证担保的产品形式提出了新要求，并明确提出大力推行"电子保函"，我国工程保证担保进入了数字化时代。

2. 地方政策的推广

在国家积极推广工程保证担保的大背景下，各省市结合自身区域发展情况，陆续配套出台了相应的推广政策，致力于减轻施工企业压力，促进行业信用机制的完善和工程保证担保市场的发展。表3-4中摘选了全国主要省市支持推广工程保证担保制度的重要政策文件。

全国主要省市关于工程保证担保的支持政策　　　　表 3-4

	文件	政策法规
1	四川省住房和城乡建设厅《关于进一步促进民营建筑企业健康发展》的通知（川建建发〔2020〕265 号）	全面推行工程担保制度，落实建筑业企业可以银行保函、专业担保公司担保函、保证保险等方式替代现金形式缴纳保证金政策，降低保证金成本，缓解民营企业资金压力
2	云南省人民政府办公厅《关于促进建筑业持续健康发展的实施意见》（云政办发〔2017〕85 号）	推行采用银行保函或第三方保险机构承保保函方式，逐步取代缴纳现金、预留工程款形式的各类保证金。加快建立和推广建筑市场主体信用担保制度，推行工程款支付担保、预付款担保、履约担保、维修金担保等制度
3	贵州省住房和城乡建设厅《关于加快推进房屋建筑和市政基础设施工程实行工程担保制度的实施意见》（黔建建通〔2020〕19 号）	加快推行投标担保、履约担保、工程质量保证担保和农民工工资支付担保。支持银行业金融机构、依法设立的工程担保机构、保险机构作为工程担保保证人开展工程担保业务
4	浙江省住房和城乡建设厅等《关于进一步推进房屋建筑和市政基础设施项目工程总承包发展的实施意见》（浙建〔2021〕2 号）；浙江省人民政府《浙江省人民政府关于进一步加强工程建设项目招标投标领域依法治理的意见》（浙政发〔2021〕5 号）	鼓励建设单位和工程总承包单位运用保险手段增强防范风险能力。全面推行以工程保函方式缴纳投标保证金、履约保证金和工程质量保证金。大力推进工程银行保函、保证保险替代现金保证金，加快工程担保信息平台建设，推广保证金电子化
5	上海市住房和城乡建设管理委员会《关于进一步优化本市建设工程招标投标领域营商环境更好服务市场主体的通知》（沪建建管〔2021〕269 号）	投标保证金和履约保证金推行银行电子保函制度

	文件	政策法规
6	江苏省住房与城乡建设厅等《关于推进房屋建筑和市政基础设施工程实行担保制度的指导意见》（苏建规字〔2020〕4号）	工程担保的方式包括投标担保、承包人履约担保、发包人工程款支付担保、工程质量保修担保和农民工工资支付担保5种。为减少企业资金周转成本、减轻企业负担，指导意见鼓励各类工程项目采用银行保函、保险公司保险单等替代现金方式的担保
7	河南省住房和城乡建设厅关于印发《工程保证保函基本要求（试行）》的通知（豫建行规〔2019〕2号）	农民工工资支付保证的保证金额为不超过主合同工程造价的2%。投标保证的保证金额为不超过投标总价的2%，最高不得超过80万元。承包商履约保证的保证金额为主合同工程造价的10%。业主工程款支付履约保证的保证金额为主合同工程造价的10%。工程质量保证金保证的保证金额不得高于工程价款结算总额的3%
9	湖北省住房和城乡建设厅关于转发《加快推进房屋建筑和市政基础设施工程实行工程担保保险制度的意见》的通知（鄂建文〔2020〕9号）	提升工程保函替代率、全面实施投标电子保函、着力规范履约担保、强化工程质量保函应用和完善农民工工资支付担保应用
10	安徽省住房和城乡建设厅关于印发《安徽省房屋建筑和市政基础设施工程全面推行工程担保实施细则》的通知（建市函〔2021〕620号）	安徽在政府投资的房屋建筑和市政基础设施工程、勘察、设计、施工、监理等建筑业企业推行工程保函
11	广东省发展和改革委员会等《关于开展建设工程保证保险有关工作》的通知（粤建规范〔2018〕2号）	广东省积极推进在工程建设领域的商业保险制度
12	海南省住房和城乡建设厅等关于印发《海南省工程建设领域施工过程结算管理暂行办法》的通知（琼建规〔2021〕9号）	明确工程款支付担保制度的实施范围、实施金额、动用条件。要求实施对象的项目合同额必须达到1000万元以上，小项目不要求实施；担保金额为不超过承包合同价款（扣除建设单位提供保证前已支付的工程款）的10%，且应与履约担保金额对等；对建设单位违反规定导致农民工工资拖欠的，可以动用工程款支付担保支付农民工工资
13	福建省住房和城乡建设厅《关于调整闽建筑〔2015〕29号文件部分条款的通知》（闽建筑〔2021〕16号）	采用工程担保保函作为保证形式的，建筑市场主体按照法律法规的规定以及双方约定，选择具有相应担保能力的工程担保公司，切实保障受益人的合法权益。鼓励建筑市场主体选择具备融资担保业务经营许可证的融资担保公司

	文件	政策法规
14	江西省住房和城乡建设厅《关于加快推进房屋建筑和市政基础设施工程实行工程担保制度的实施意见》（赣建字〔2019〕6号）；江西省住房和城乡建设厅《关于加强房屋建筑和市政工程领域工程款支付担保管理工作》的通知（赣建字〔2021〕2号）	1.对于投标保证金、履约保证金、工程质量保证金、农民工工资保证金，建筑企业可以保函的方式缴纳，建设单位和有关部门不得拒绝。将拖欠工程款、拒不承认保函、违规设立收取保证金、违规挪用保证金、不及时退还保证金等不良市场行为纳入诚信管理。2.推进工程款支付担保对降低工程风险，减轻企业负担，遏制工程款、农民工工资拖欠，保障各方合法权益具有重要意义。我省行政区域内的房屋建筑和市政工程项目，均应实行工程款支付担保。综合考虑工程合同价款、工程工期及保障农民工工资足额发放等因素，我省房屋建筑和市政工程领域工程款支付担保金额不得低于工程合同总价款（扣除暂列金额、建设方代付材料款、质量保证金等）的10%。由政府投资的工程建设项目，凭财政等有关部门出具的项目资金落实证明，可以替代工程款支付担保函件
15	湖南省人民政府办公厅印发《关于完善质量保障体系提升建筑工程品质的若干措施》的通知（湘政办发〔2020〕36号）	加快推进银行保函、工程担保公司保函和工程保证保险制度，扩大工程保证保险试点范围，鼓励保险公司根据实际情况开发新的险种，推行工程款支付担保。开展工程质量保险试点，完善工程质量保证和保修机制。对采用最低价中标的探索实行高保额履约担保。开展国家、省关于"推行承诺制"的政策宣贯工作，确保招标投标担保和履约担保管理暂行办法等政策文件全面落实
16	江苏省住房和城乡建设厅《关于推进房屋建筑和市政基础设施工程实行担保制度的指导意见》（苏建规字〔2020〕4号）	工程担保的方式包括投标担保、承包人履约担保、发包人工程款支付担保、工程质量保修担保和农民工工资支付担保5种。为减少企业资金周转成本、减轻企业负担，指导意见鼓励各类工程项目采用银行保函、保险公司保险单等替代现金方式的担保
17	辽宁省人民政府办公厅《关于促进建筑业持续健康发展的实施意见》（辽政办发〔2017〕89号）	支持参建各方以银行保函或担保公司保函的方式降低运营成本，相关单位不得拒绝企业以保函、担保方式代替各类保证金
18	黑龙江省住房和城乡建设厅等《关于清理规范工程建设领域保证金的工作方案》（黑建建〔2016〕7号）	对建筑业企业在工程建设中需缴纳的保证金，除依法依规设立的投标保证金、履约保证金、工程质量保证金、农民工工资保证金外，其他保证金一律取消。对保留的投标保证金、履约保证金、工程质量保证金、农民工工资保证金，推行银行保函制度，建筑业企业可以银行保函方式缴纳。任何建设单位不得以任何理由拒绝建筑企业以保函形式提交的保证金；实行农民工工资保证金差异化缴存办法

	文件	政策法规
19	北京市住房和城乡建设委员会等关于印发《北京市清理工程建设领域保证金工作方案》的通知（京建发〔2016〕286号）	全面清查我市工程建设领域各类保证金，坚决取消除依法依规设立的投标保证金、履约保证金、工程质量保证金、农民工工资保证金以外的其他保证金，督促收取单位按时返还应取消的保证金和未按规定或合同约定返还的保证金，完善保证金管理制度，积极推行银行保函制度，与工程建设领域信用体系建设相结合，充分运用市场化手段，切实减轻建筑业企业负担，规范建筑市场秩序
20	内蒙古自治区人民政府办公厅《关于促进建筑业持续健康发展的实施意见》（内政办发〔2017〕173号）	全面推行保函和诚信担保，投标保证金、履约保证金、质量保证金全面推行银行保函、担保公司保函和保险保函
21	新疆维吾尔自治区人民政府办公厅《关于做好清理规范工程建设领域保证金工作的通知》（新政办发〔2016〕126号）	各地要抓紧对现行的保证金管理规定进行清理，对应该取消的保证金，排出工作时间表，于2016年底前完成相关规定的修订或废止工作。对于需要保留的保证金，要在2016年底前完成相关管理制度的完善，规范费用的收取、使用、返还等行为。各地要积极推行银行保函制度，建筑业企业可以银行保函方式缴纳，任何单位不得以任何理由拒绝收取
22	山西省住房和城乡建设厅《关于支持民营建筑业企业发展的实施意见》（晋建市字〔2018〕347号）	加大工程担保的推广力度，企业可以银行保函和担保公司保证等形式缴纳各类保证金，任何单位不得以任何理由拒绝企业以上述形式缴纳保证金。从2019年起，除政府投资的特殊工程项目采取一事一议的原则外，其他工程建设项目要全面实现各类保函替代保证金，着力减少企业资金沉淀，减轻企业负担
23	陕西省住房和城乡建设厅关于印发《推进和完善陕西省工程担保制度加强工程担保管理的实施方案》的通知（陕建发〔2019〕1262号）	相关主体单位可根据工程建设项目实际，自主选择银行业金融机构及工程担保公司出具保函或保险机构出具工程保证保险保单的形式进行各类建设工程担保。银行业金融机构保函、担保公司保函、工程保证保险保单与现行的现金保证具有同等效力，各担保受益人不得拒绝或限制使用
24	甘肃省住房和城乡建设厅《关于支持民营建筑企业发展的实施意见》（甘建建〔2019〕121号）	除投标保证金、履约保证金、工程质量保证金和农民工工资保证金外，严禁向民营建筑企业收取其他保证金。对于保留的上述4类保证金，应推行银行保函制度，民营建筑企业能够以银行保函方式缴纳的，不得要求以其他方式缴纳

3. 我国工程保证担保制度推广和发展的特点

经过 20 多年的发展，我国的工程保证担保制度已以多种不同的形式渗透到全国各个区域和各类工程建设项目中，工程保证担保业务规模也快速增加。从区域发展和市场发展两个维度来看，我国工程保证担保的发展呈现以下特点。

从区域发展角度来看，具有两个特点：第一个特点是"发达地区先行，欠发达地区跟进"。比如，在 2005 年建设部选择的 7 个工程保证担保制度的试点城市，基本都是经济发展和建筑工程行业相对发达的地区。因其工程行业市场环境成熟度较高、市场规模较大、工程数量较多，所以工程保证担保制度在发达城市先行先试，然后在发展过程中逐渐推广至欠发达地区。第二个特点是"省会城市先行，地级及以下城市跟进"。在工程保证担保行业的推广过程中，通常先推行至省会城市，再逐步递推至其他城市。同第一个特点类似，由于省会城市建筑行业一般较为发达，建筑企业数量和建筑业产值规模较大，利于作为试点；政策在省会城市推行成功后，再根据省内情况统筹制定相关的工程保证担保实行办法，便于其他地级城市借鉴。

从市场发展角度来看，也形成了两个特点：第一个特点是"政府公共工程先行，民用建筑市场跟进"。政府公共工程包括铁路、公路、港口、机场等大型基础设施建设，成为工程保证担保制度先行先试的领域，然后再逐步推行至民用建筑市场。第二个特点是"部分保函品种先行，其他品种跟进"。工程保证担保市场中应用较早、具有代表性的有投标保函、履约保函、预付款保函等，其他保函品种如农民工工资支付保函、质量保函等陆续跟进推广应用。

在国家政策的大力推广和持续增加的市场需求下，工程保证担保的应用得到了快速发展，参与工程保证担保业务的担保机构越来越多，担保规模和担保品种不断增加，工程保证担保业务产品的实现形式也在不断创新，促进了我国建筑行业的健康稳定发展。

3.4　我国工程保证担保机构分类及特点

工程保证担保是担保人作为第三方以自身信用保障受益人利益的一种担保方式，受益人的保障能否实现与担保人的信用水平和担保实力息息相关。从国际范围来看，从事工程保证担保业务的担保机构主要是银行、担保公司、保险公司。银行作为担保人开具的银行保函在世界范围内广泛使用，在美国主要是由保险公司作为担保人开具保证书。目前我国从事工程保证担保业务的担保机构有三类：

（1）银行；

（2）担保公司；

（3）经银保监会批准可以从事保证保险业务的保险公司。

1. 银行

在我国，同其他从事工程保证担保业务的担保机构相比，银行的信用水平最高，目前也是我国工程保证担保市场最主要的担保人，银行作为担保人开具的保函也最为市场所接受。

这里提到的银行工程保证担保模式，是指被担保人直接向银行申请开立的保函。当被担保人违约并达到赔付要求时，银行将承担对受益人赔付的责任。目前市场中常规常见的银行保函（下称"常规银行保函"），只涉及三方，即被担保人、担保人和受益人，一般被担保人和受益人之间事先有基础合同，是合同甲乙方关系。其中被担保人也是保函申请人，被担保人向担保人申请担保，担保人作为保函开立人向受益人开具保函，常规银行保函模式见图3-5。银行对被担保人的审核一般更多地侧重于财务状况、股东背景和抵押保证措施等方面。

由于银行审慎稳健的经营特点，在承担担保业务时会将自身风险降到最低，银行针对不同客户有不同操作模式：

在银行拥有较高信用评级的企业，有可能获得银行的敞口保函额度，甚至在限定额度金额内免保证金开具保函。目前，各大银行常用的做法是，针对优质客户，给予贷款额度的同时，配套一定比例的敞口保函额度。但能得到银行全敞口保函额度的企业数量较少，大部分获得保函额度的企业，仍然要提交一定比例的保证金作为反担保措施，对企业来说仍然会产生资金沉淀。

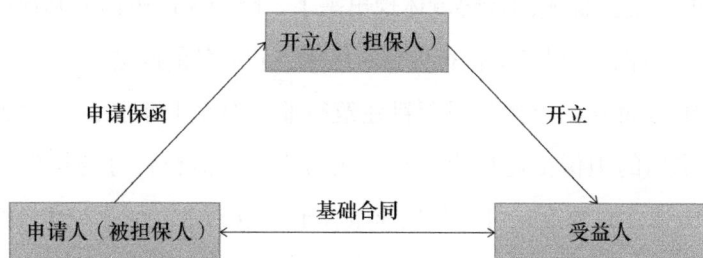

图 3-5　常规银行保函

对于在银行无保函额度授信的企业，银行一般会要求申请人在银行预存100%保证金开具保函，会极大地占用企业流动资金，增加资金成本。

2. 担保公司

担保公司的业务范围主要有两种：一种是公司自营保函业务，即担保公司作为担保人的角色向受益人开出保函；另一种是担保公司与银行合作，最终向受益人开具银行保函的业务模式，这种银担合作的业务模式目前使用得十分广泛。

银担合作模式的广泛使用主要有以下原因：对于大中型建筑企业来说，自身以资产做抵押或者其他保证方式在银行获取额度，在授信额度项下开具银行保函十分便捷，但是额度往往满足不了企业的需求；而对于没有授信额度或者授信额度不足的中小型建筑企业，向银行申请开具保函更是困难。建筑企业项目投资较大，很多项目需要垫资进场，如果开具银行保函需要占用企业的流动资金，一旦银行保函的需求增多，则成为企业难以解决的问题。针对这些问题，一些有专业背景、资本实力较强的担保公司迅速介入。目前，银行与担保公司合作主要有两种模式：一种是承包人作为保函的被担保人，委托担保公司向银行申请办理保函，保函占用担保公司在银行的授信额度，这种模式把保函申请人和保函被担保人分离开来，也称"分离式保函"；另一种是承包人作为保函申请人向银行申请办理保函，担保公司向银行提供反担保，这种情况一般称为"非分离式保函"。由于银行内部管理规定，一些授信业务不能跨区域受理，或者是一个企业授信业务不能在多个支行或网点受理，这时分离式保函的优势就体现出来了，因为保函申请人和保函被担保人不是同一主体，可以解决银行内部跨区域经营业务的问题。

相对银行而言，担保公司深耕建筑行业，对企业审核的角度更多、范围更广，采用的担保措施也更灵活。实力雄厚、信誉良好的担保公司，一般会在全国设立服务点，可充分快速服务于当地的建筑企业，其风控管理水平较高，能通过担保前的风险判断、事中跟踪和风险预警较好地管理和控制风险。当被担保人发生违约时，专业担保公司的风险化解能力较强，能够及时、有效维护各方的利益，促进工程项目顺利进行，同时也具备较强的代偿能力。

3. 保险公司

保险公司也是我国担保市场的担保机构之一，主要开具保证保险。保证保险是指当投保人行为使被保险人受到经济损失时，保险人承担赔偿责任的保险形式，主体包括投保人、被保险人和保险人。

美国工程保险经过两个世纪的发展，已经形成了较为完善的制度法规和运行体系。保证保险在我国出现得较晚，目前我国还没有关于保证保险的具体法律法规，所以法院在审理保证保险案件中会出现分歧，裁判依据不统一，审判结果也将难以预料。不同于工程保证担保主要受《民法典》担保制度约束，保证保险在适用法律上一直存在争议。在理论界中，一些学者认为保证保险适用于《民法典》担保制度，一些学者认为适用于《保险法》，也有一些学者认为保证保险在法律适用问题上可以同时适用两者，目前在具体案件裁决中尚无定论，有待实践检验。

对于保证保险，保险公司开具的文本有多种形式。当其开具的保证保险条款中载明无条件赔偿时，其作用更像是独立保函，暂且称之为"独立式保证保险"；另一种则是条款中载明符合保险合同相应约定时保险人予以赔付，这种则更像是保单而非保函，暂且称之为"保单式保证保险"。对于保单式保证保险，保险公司的保险合同中约定的赔偿条件较为严苛。以中国某保险股份有限公司《建设工程施工合同履约保证保险（B款）条款》为例（以下简称《保险条款》），其中第九条规定，出现下列任一情形时，保险人不承担赔偿保险金的责任：

A. 投保人与被保险人订立的《建设工程施工合同》或交易基础不成立、不生效、无效、被撤销、被解除的；

B. 被保险人明知或应该知道投保人违反《建设工程施工合同》约定或法律法规的规定进行转包或违法分包的；

C. 投保人或其雇员与被保险人或其雇员采用欺诈、恶意串通、贿赂或变相贿赂等手段串通投标、订立《建设工程施工合同》的；

D. 投保人或其雇员与被保险人或其雇员恶意串通违反《建设工程施工合同》的约定，损害保险人利益的；

E. 被保险人未履行《建设工程招标文件》或《建设工程施工合同》条款规定义务的；

F. 投保人与被保险人变更《建设工程施工合同》、被保险人变更《建设工程招标文件》，未经保险人书面同意确认的。

如果被保险人采用保证保险这种担保产品，一定要注意保证保险是独立式保证保险，还是保单式保证保险。如果是保单式保证保险，一定要仔细阅读和斟酌保险合同条款，注意免责条款和其他附加要求，以免后期在索赔时发生纠纷。

如果保险公司赔付，也可以根据具体合同要求，有权向投保人进行追偿。同样以《保险条款》为例，其中第二十五条则约定"发生保险事故且保险人赔付后，保险人有权在投保人缴纳的保证金中先行扣除并有权处置投保人提供的反担保，同时对不足清偿保险人赔款的部分，有权根据本保险合同第三十七条继续向投保人或者担保人（如有）进行追偿。"

表 3-5 从业务特点、时效性、担保成本、赔付能力、赔付效率方面对各担保机构进行对比分析。

各担保机构对比 表 3-5

	银行	担保公司	保险公司
业务特点	类似贷款授信业务	对申请企业和具体项目进行尽调评估决策，通过识别风险来规避风险	主要依靠规模效应，收益覆盖风险
时效性	开具保函时，对于有授信额度企业较快	办理速度较快	办理速度快
担保成本	申请企业需要资产抵押等反担保措施获取授信额度，额度项下可能还需存缴一定比例保证金，成本较高	一般采用信用担保，成本较低	成本低
赔付能力	强	一般，赔付能力依担保公司实力而定	较强
赔付效率	快	一般，视担保公司实力而定	一般为保单式保证保险，免责条款多，理赔速度较慢

3.5 我国工程保证担保行业监管

目前，全国性的工程保证担保相关政策，多是对工程保证担保制度的推广，而对于从事工程保证担保业务的担保机构未提出统一具体的、规范性要求。银行和保险公司主要是受银保监会的监管，融资担保公司受当地金融监管局的监管，而非融资担保公司，暂无具体的监管部门。有些地方政府提出一些规范与管理办法，大多要求从事工程担保业务的担保公司在当地备案，即在当地行政主管部门或行业协会备案后才能在当地开展业务；对担保公司的管理办法主要体现在对注册资本金准入的要求、担保金额的限制（担保余额放大倍数、单笔保函最高限额）、信用评级等方面的要求，以下列举了几个城市的管理办法，见表 3-6。

地方政府对担保公司监管相关规定 表 3-6

城市	审核备案	注册资金	担保金额要求	其他要求
北京	区县招标投标监管部门		担保余额不超过其净资产 10 倍。单笔承包履约担保金额不得超过净资产的 50%，单笔工程款支付工程保证担保金额不得超过其净资产的 20%	
天津	市建设工程合同管理部门	不少于 1 亿元	担保余额不得超过净资产的 10 倍。单笔担保金额不得超过该担保公司净资产的 50%	1. 专业资信评估公司出具资信评估报告，评级结果不低于 BBB； 2. 取得银行的授信； 3. 配备从事工程保证担保业务的管理人员； 4. 近两年会计报表中已经提取了符合财政部门相关规定的未到期责任准备金和风险准备金
厦门				第三方信用评级机构对企业信用评级为 AA 级（不含 AA-）以上的担保机构。第三方信用评级机构应当符合担保监管部门的要求
杭州	市担保协会办理登记备案手续	专业担保公司注册资金应不少于 5000 万元（含 5000 万元），注册资本中以现金形式注册的资本应当占 70% 以上	担保余额不得超过净资产的 10 倍。单笔担保金额不得超过该担保公司净资产的 50%	
佛山	担保协会申办资格认证及登记备案手续	注册资本不少于 1 亿元，其中注册资本为实缴货币资本	担保余额不得超过净资产的 10 倍。单笔担保金额不得超过该担保公司净资产的 30%	1. 具有与当地行政区域内银行签订的合作协议，必须取得银行一定的授信额度，或根据中国银行业监督管理委员会的规定，具备与银行开展授信业务的条件； 2. 拥有具备相应专业知识的高素质人员或取得信用担保行业从业资格证书 5 人以上的专业人员； 3. 专业资信评估公司出具的资信评估报告，评级结果不低于 BBB 级 4. 从事担保业务两年以上，累计担保额 2 亿元及以上

城市	审核备案	注册资金	担保金额要求	其他要求
东莞	市建设行政主管部门进行备案		担保公司承保的单笔担保金额不得超过其净资产的50%，其承保的总担保金额不得超过其注册资金的5倍	

资料来源：

1.《关于工程建设工程保证担保的若干规定》（京建法〔2006〕938号）；

2. 关于印发《关于进一步规范房地产开发项目工程保证担保的办法》的通知（京建法〔2017〕23号）；

3.《市建委关于印发天津市建设工程担保管理办法的通知》（津建招标〔2017〕481号）；

4.《厦门市建设工程担保管理实施办法（2018年修改）》；

5.《佛山市人民政府办公室关于印发佛山市工程建设担保管理办法（试行）的通知》（佛府办〔2012〕73号）；

6.《东莞市建设工程保证担保制度暂行办法》（东府〔2005〕57号发文）。

近年来，越来越多的地方政府发布工程保证担保公司的相关管理办法，但因缺少明确具体实施监管的单位、行业信息数据可获得性差等多方面的原因，即便是已经颁发了管理办法的地区，也未起到实质的监管作用。

政策上缺少监管单位和制度的约束，行业内未形成信用评估体系，进入门槛低、无退出机制，工程保证担保公司缺乏辨识度、公信力不高，因此市场对于公司保函的接受程度远不如银行保函。市场上出现的工程保证担保相关的保函，大多是各大银行出具的银行保函，担保公司以反担保的形式隐身其后承担担保责任。

2021年，深圳市银保监局和市地方金融监督管理局，根据《中国银监会办公厅关于防范外部风险传染的通知》（银监办发〔2013〕131号）第四条要求（"银行业金融机构应根据信用评级情况，实行分级授信，对信用等级较高的机构可根据法规上限给予较高的授信额度，随着信用等级降低，授信额度逐级递减。严禁向典当行和非融资性担保机构提供授信。"），从银行端入手进行督查，间接地限制了非融资担保公司的担保业务规模。深圳市融资担保协会也就上述要求对深圳当地从事工程保证担保业务的担保公司展开调研，共商进一步的监管政策。

为了行业的健康持久发展，需尽快出台监管政策，落实监管部门职责，建立合规门槛，加强担保机构的运营管控，建立行业统一的信用评估体系。深圳市作为工程保证担保公司最大的集聚地，当地的监管办法和政策的尝试将具有重大代表意义。

第 4 章　工程保证担保的分类

　　随着近几十年工程保证担保在我国的实践和发展，工程担保市场发展出了多种担保方式，包括工程保证金、工程保函等。同时，为了满足建筑市场的各主体需求，在市场中也衍生出了多种工程保证担保的产品。本章按照工程保证担保产品的用途和性质分类，阐述其特点。

4.1　按用途分类

　　工程建设领域的项目建设是一项系统性工程，建设工程招标按照标的内容可分为工程勘察设计招标、建设工程项目管理招标、建设工程监理招标、建设项目总承包招标、工程建设施工招标以及建设项目供货招标等。以工程建设施工招标的项目为例，整个项目分为多个阶段，一般分为招标投标阶段、施工阶段、质量保修阶段等。为保证建设工程合同的顺利履行，工程保证担保覆盖项目全生命周期，根据项目各阶段的不同特点分别设有不同的担保产品，按产品用途分类，主要有投标保函、履约保函、预付款保函、农民工工资支付保函、质量保函和支付保函等，见图 4-1。

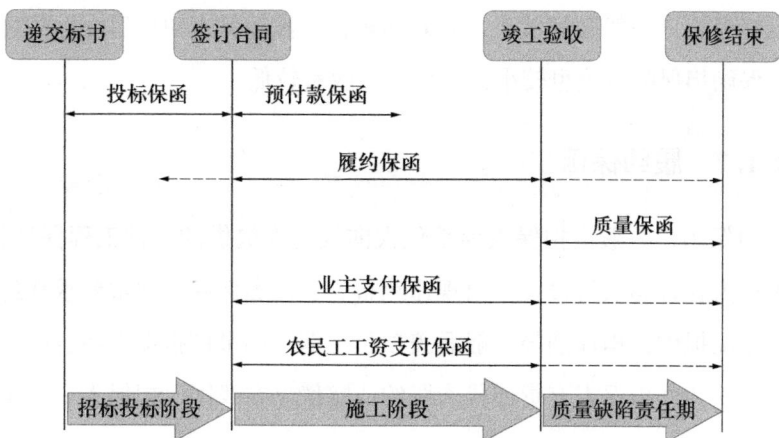

图 4-1 工程项目不同阶段对应的主要保函产品

4.1.1 投标保函

投标保函，是由担保人为投标人向招标人提供的一种工程保证担保。保证的主要内容为投标人能按照招标文件要求参加招标，并在中标后与业主签订合同以及提交履约保证等。一般要求在投标截止日之前提供，保函担保的期限通常覆盖投标有效期。如果投标人不履行招标投标阶段的义务，如围标、串标、中途撤标，或中标后不能如期签约以及提供履约保证，在保函有效期内，受益人有权要求担保机构按照保函的约定履行担保责任。

投标保证担保的作用体现在几方面：担保人通过对投标人审查为市场提供了合格投标人，限制了不合格的投标人参加投标活动，能够促使投标人认真对待投标，不轻易违约；当发生不利情况时可以保护招标人利益；减少投标人投标的资金成本，避免收取、退回保证金等繁琐流程，提高了工作效率。

投标保函的金额较小，根据住房和城乡建设部担保制度征求意见稿，其金额不得超过招标项目估算价的2%，最高不超过80万元。但是实际操作中，招标人为了提高违约成本和投标门槛等原因，也有投标担保金额高于80万元的情况出现。投标担保有效期的截止时间一般为投标有效期后的30～180

天。投标保函，一般金额较小、有效期短，且被担保人中标后弃标的可能性较小，保函担保的风险也较小，一般担保收费较低。

4.1.2 履约保函

履约保函，一般由担保人为承包人向发包人提供的一种工程保证担保，防止中标人在合同执行过程中出现违约行为。该类保函，通常要求在施工合同签订之前提供，担保期限一般涵盖项目工期。如果被担保人在合同履行过程中出现违约，担保人有责任代为履约或赔偿。在我国，担保人一般承担赔偿责任。

履约保函是我国工程保证担保中最常见的担保品种，细分的品种也最多，担保的范围最广，累计担保金额也是所有担保产品中最大的一种保函。在普通履约保函的基础上，又衍生细分出诸如低价风险履约保函和差额履约保函等多种品种，同一项目下可能同时存在多笔类型不同的履约保函。建筑业市场上常见的履约保函金额多为中标价或合同额的5%~10%，一般称为低额履约担保；而低价风险履约保函、差额履约保函和高额履约保函等保函金额则没有固定的比例，但通常占合同额的比例较高，主要是为了防止投标人恶意低价中标给项目履约带来风险，增加承包人的违约成本。

1. 低额履约保函

目前，我国应用最广泛的保函即为低额履约保函，一般情况下保函金额为工程建设合同额（中标价）的2%~10%不等。具体的金额比例因不同的发包人要求或各地政府政策不同而不同，比如深圳规定履约担保金额不得低于工程承包合同价的10%，但采用经评审的最低投标价法中标的招标工程，履约担保金额不得低于工程承包合同价的15%；而安徽地区，履约担保金额比例从原来的10%降低为2%。

2. 差额履约保函

差额履约保函是指承包人在低价中标时，承包人需向发包人（受益人）提供中标价与最高限价差额部分的一种履约保函。当因低价中标而出现相关损失时，发包人可以向担保人索赔，针对差额部分获得补偿。该担保品种主要是为了防止投标人恶意低价中标给项目的履约带来一定的风险。

3. 高额履约保函

在国际建设领域，高额履约担保应用已久。一般认为，金额比例为合同额 30% 以上的保函，即为高额保函。以美国为例，其《政府采购法》规定投标人在中标之后需提供合同额 100% 的履约担保，是比较典型的高额履约担保。

重庆地区近年在建设领域施行低价中标政策，要求提供"低价风险履约保函"，保函的金额占合同额比例较大，是我国高额履约保函的代表。重庆低价风险履约保函金额的设定有别于美国的合同额 100% 的履约担保金额，自有一套算法，通常为（最高限价 ×85%－中标价）×3，且最高不超过最高限价的 85%。若中标价下浮比例较高，低价风险保函金额有可能超过中标价或合同额。例如，某项目工程最高限价为 2969.831863 万元，中标价为 1615.588524 万元，项目下浮比例为 45.6%；根据以上公式计算，（最高限价 ×85%－中标价）×3 = 2726.305679 万元，但最高限价 ×85% = 2524.357084 万元，最终低价履约保函金额为 2524.357084 万元。同一项目下，普通的低额履约保函金额为中标价的 10%，即 161.558852 万元，这样两种履约保函合计金额为 2685.915936 万元，保函金额远远超过了项目的中标价，而且相关文件一般明确约定，低价风险担保保函必须为不可撤销、见索即付的独立保函，该类项目对应的担保风险明显大于普通项目。

高额履约保函的存在有一定的现实意义。一方面，增加了施工单位的违约成本，提高了建筑企业竞争门槛，排除一部分实力不足、履约经历和施工管理能力欠缺的企业；另一方面，提高了担保人的担保风险，对担保人的专业能力和规模实力等提出了更高的要求。

4.1.3 预付款保函

建设工程的预付款，一般在项目进场前后由发包人预先支付一定数额的工程款供承包人周转使用，通常是为了推动项目的进行，减轻承包人的资金压力。为防止工程承包人挪作他用或携款而逃，发包人通常要求承包人提供等额的预付款保函。当承包人出现上述违约情况时，发包人可以向担保人索赔，弥补自己的损失。

预付款主要有两种，包括动员预付款和材料预付款，用于动工准备和购置材料设备等。动员预付款一般在项目正式进场前予以支付，材料预付款则可能出现在项目进展的多个时间节点上。动员预付款保函的金额多为合同额的 10%～30%，材料预付款的金额比例则可能更多样，但一般不超过 30%。保函金额一般等同于预付款金额，通常约定保证责任随基础合同约定预付款的抵扣而逐步减少，担保风险也随之降低。

预付款保函带有一定的融资性质，提交保函即可获得同等金额的预付款。预付款金额较大时，应关注预付款设置的监管条件，一般设置了三方有效监管的预付款，对应保函的风险也随之降低。

4.1.4　质量保函

质量保函是指由担保人为承包人向发包人提供的，保证承包人按照工程合同的约定，在工程建设期及保修期间出现质量缺陷时及时进行纠正和维修的保证担保。质量保函的有效期应覆盖工程缺陷责任期，质量保函本质上是履约保函的一种延续，有效期一般为工程缺陷责任期 2 年。质量保函通常在完工或竣工验收后提供，作为此前扣留的质量保证金的置换，保函金额和质量保证金的金额相同，通常为合同价的 3%～5%。

近年来，随着工程保证担保相关政策的逐步推广，质量保函开具的时间有提前的趋势，要求在合同签订后或建设期内就提供，此后每期进度款支付时不再扣留或少扣留质量保证金。竣工验收后出具的质量保函，通常可以看做发包人已经对工程质量作出了基本的认可，对应的保函风险小于建设期内开具的质量保函。

4.1.5 农民工工资支付保函

农民工工资支付保函，是为了防止拖欠农民工工资而向发包人或政府行政部门等提供的一种工程保证担保。

农民工工资支付问题事关广大农民工切身利益，关系到社会公平正义和社会和谐稳定，我国政府对农民工工资支付问题非常重视。农民工工资支付担保，是在政府和市场不断磨合、积极探索下形成的有益尝试。近年来，各地密集出台政策推广农民工工资支付保函，农民工工资支付担保在政策的指导下，得到了广泛应用。

农民工工资支付保函的金额，因不同地区的政策要求而不同。有些地区规定农民工工资支付保函金额为合同额或中标价的一定比例，一般比例约定为 2%~5%；有些地区规定了保函的具体金额，一般根据合同额或中标价设定区间，不同区间适用不同的保函金额。

为了保障工程建设领域农民工工资的支付，近年来陆续出台了相关配套政策。根据 2017 年《关于进一步完善工程建设领域农民工工资保证金制度的意见》（征求意见稿）和 2018 年《关于加快推进实施工程担保制度的指导意见》（征求意见稿）文件中规定，缴存前 2 年内未发生过拖欠工资行为的，工资保证金缴存比例/农民工工资保函保额适当降低，甚至直接免缴；对缴存前 2 年内发生过拖欠工资行为的，工资保证金缴存比例/农民工工资保函保额适当提高；对因欠薪被纳入失信黑名单的，其提高比例后的缴存金额不受上限限制。

农民工工资支付保函，不同于前述四种保函：第一，前述四种保函的被担保人，一般为基础交易合同的乙方，也即工程项目的承包人，受益人一般为发包人或建设单位；而农民工工资支付保函的被担保人既有可能是承包人，也有可能是发包人，受益人一般为工程当地的政府行政管理部门。第二，前述四种保函的约定，一般都在招标文件或基础交易合同中做明确约定；而农民工工资支付担保的相关约定，多见于当地行政管理部门发布的政策文件。

4.1.6 业主支付保函

业主支付保函是指为保证业主按照合同约定的条件，按时、足额的支付工程款，由担保人向承包人出具的保证业主支付工程款的担保。

早在 2001 年，建设部颁布的《房屋建筑和市政基础设施工程施工招标投标管理办法》第四十七条规定："招标文件要求中标人提交履约担保的，中标人应当提交。招标人应当同时向中标人提供工程支付担保"。2005 年，《关于选择深圳、厦门等市作为推行工程担保试点城市的意见》提到"（一）工程担保的重点是业主支付担保，要重点掌握业主支付担保的实施情况"。此后政府出台的各类指导意见文件，基本都对业主支付担保做出了规定。业主支付保函的金额一般同承包人提供的履约保函金额相等，通常为承包合同价的 5%~10%。

虽然各政策文件就业主支付担保做出了要求，但因招标人和投标人在基础交易中所处的地位，在推广和实际执行过程中，业主支付保函使用的较少。

在国家政策的大力推广下，工程建设领域越来越多的保证金担保被保函代替，保函品种和实现形式也越来越多样化，使用范围越来越广。除了上述六种常见的保函品种，其他如预售资金监管保函、资金保障保函、运营保函等也有一定的市场需求，但对于此类保函，各担保机构多持谨慎受理的态度。

4.2. 按保函格式的性质分类

4.2.1 独立保函

独立保函即独立于基础交易，保函效力不受基础交易合同影响，是否赔付亦不牵涉基础交易合同纠纷，适用的法律规定是2016年12月1日执行《最高人民法院关于审理独立保函纠纷案件若干问题的规定》（以下简称"《独立保函司法解释》"）。

《独立保函司法解释》第一条对独立保函作出了定义："本规定所称的独立保函，是指银行或非银行金融机构作为开立人，以书面形式向受益人出具的，同意在受益人请求付款并提交符合保函要求的单据时，向其支付特定款项或在保函最高金额内付款的承诺。"明确指出，独立保函是开立人出具的附单据条件的付款承诺。

除《独立保函司法解释》外，独立保函还在某些情况下适用《见索即付保函统一规则》等独立保函交易示范规则，一是保函载明适用；二是开立人和受益人在一审法庭辩论终结前一致援引的；还有一种情况是《独立保函司法解释》第七条规定的，"人民法院在认定是否构成表面相符时，应当根据独立保函载明的审单标准进行审查；独立保函未载明的，可以参照适用国际商会确定的相关审单标准。"国际商会确定的独立保函相关审单标准包括URDG458、URDG758等。

再者，如果涉外独立保函的当事人约定保函适用《联合国独立担保和备用信用证公约》的，根据《最高人民法院关于适用〈中华人民共和国涉外民事关系法律适用法〉若干问题的解释（一）》第七条，"当事人在合同中援引尚未对中华人民共和国生效的国际条约的，人民法院可以根据该国际条约的内容确定当事人之间的权利义务，但违反中华人民共和国社会公共利益或中华人民共和国法律、行政法规强制性规定的除外"，则《联合国独立担保和备用信用证公约》也可适用。

值得注意的问题是，独立保函是否可以适用《民法典》保证合同编中与《独立保函司法解释》不相冲突的部分。而《独立保函司法解释》第三条规定了"当事人主张独立保函适用民法典关于一般保证或连带保证规定的，人民法院不予支持"。考虑到《民法典》保证合同章中保证只有两种方式，即一般保证和连带保证。对保证的规定要么是一般保证的规定，要么是对连带保证的规定，要么是通用于两者的规定。如果严格按文义解释，通用于两者的规定也是"关于一般保证或连带保证规定"。这样来说，独立保函在《民法典》保证合同章则没有适用空间。

以下是独立保函参考格式：

见索即付履约保函

编号：_____

（发包人名称）：

　　鉴于_____（发包人名称，以下简称"发包人"）接受（被担保人名称）（以下简称"被担保人"）于_____年___月___日参加_____（项目名称）的投标。我行愿意无条件地、不可撤销地就被担保人履行就前述项目与你方订立的合同，向你方提供担保。

　　1.担保金额最高不超过_____（币种），_____元（小写），_____（大写）。

　　2.担保有效期自本保函签发且发包人与被担保人签订的合同生效之日起至发包人签发交工验收证书之日止。但尽管前述，本保函有效期最迟不超过_____年___月___日，一切索款要求须在保函有效期届满前提出。

　　3.在本担保有效期内，因被担保人违反合同约定的义务给你方造成经济损失时，我行在收到你方以书面形式提出的在担保金额内的赔偿要求后，在7个工作日内无条件支付，无须你方出具证明或陈述理由。任何索赔的书面通知及相关文件必须在有效期届满日前或当日到达我行。有效期满，本保函自动失效，无论贵方是否将本保函正本退回我行，我行的保证责任解除。

　　4.发包人和被担保人按合同相关条款对合同进行修改、变更时，我行承担本担保规定的义务不变。未经我行书面同意，我行对加重我行担保责任的部分不承担责任，保函有效期也不因合同变更而延长。本保函担保项下的权利不得单独转让或出让。

保函开立银行（盖章）：

授权代表（签字）：   授权代表（签字）：

营业地址：

保函开立日期：   年   月   日

4.2.2 从属性保函

从属性保函又称非独立保函，是指担保人向受益人出具的，保证当债务人不按约定履行债务时向受益人赔付约定的担保款项的书面承诺。从属性保函按保证的方式，分为一般保证和连带责任保证。

根据法律规定，当事人在保证合同中对保证方式没有约定或者约定不明确的，按照一般保证承担保证责任。当事人在保证合同中约定，债务人不能履行债务时，由担保人承担保证责任的，为一般保证。一般保证的担保人在主合同纠纷未经审判或者仲裁，并就债务人财产依法强制执行仍不能履行债务前，有权拒绝向债权人承担保证责任，法律另有规定的除外。一般保证的债权人未在保证期间对债务人提起诉讼或者申请仲裁的，担保人不再承担保证责任。

当事人在保证合同中约定担保人和债务人对债务承担连带责任的，为连带责任保证。连带责任保证的债务人不履行到期债务或者发生当事人约定的情形时，债权人可以请求债务人履行债务，也可以请求担保人在其保证范围内承担保证责任，即连带责任保证的债务人不同于一般保证的债务人，不享有先诉抗辩权。

从属性保函主要适用的法律规定有《民法典》保证合同章及其司法解释。其次，由于还要处理基础合同下的法律纠纷，因此该领域的法律还涉及建筑施工方面法律，包括《建筑法》《招标投标法》《民法典》合同制度及其司法解释。比较重要的司法解释有《最高人民法院关于审理建设工程施工合同纠

55

第 4 章 | 工程保证担保的分类 |

纷案件适用法律问题的解释（一）》和《最高人民法院关于审理建设工程施工合同纠纷案件适用法律问题的解释（二）》。就《建筑法》《招标投标法》《民法典》合同制度三者之间的关系来说，三法各有侧重，互为补充。《建筑法》是为了加强对建筑活动的监督管理，维护建筑市场秩序，保证建筑工程的质量和安全，促进建筑业健康发展制定的，总的来说涵盖了建筑活动会涉及的方方面面的问题。《招标投标法》是为了规范招标投标活动，保护国家利益、社会公共利益和招标投标活动当事人的合法权益制定的。《民法典》合同制度主要是指《民法典》中合同编，特别是其中第十八章建设工程合同一章，规范的是建设工程合同相关问题，保护的是建设工程合同当事人的合法权益。建设工程合同包括工程勘察、设计、施工合同，以上合同当事人均可根据合同约定开具保函，比如最常见的一种履约保函就是以施工合同为基础合同，而施工合同的当事人通常包括两方，即发包人（通常是保函受益人）、承包人（保函被担保人，通常是保函申请人）。

从属性保函与独立保函的区别详见表 4-1。

从属性保函与独立保函的区别　　　　　　　　　表 4-1

区别维度	从属性保函	独立保函
开立主体	除法律规定不得担任担保人的主体外的所有民事主体	仅限银行或非银行金融机构
保函记载内容要求	载明担保人应在债务人不履行债务时按照约定履行债务或承担责任	载明据以付款的单据和最高金额，且同时满足以下条件之一：① 保函载明见索即付；② 保函载明适用国际商会《见索即付保函统一规则》等独立保函交易示范规则；③ 根据保函文本内容，开立人的付款义务独立于基础交易关系及保函申请法律关系，其仅承担相符交单的付款责任
效力	从属于被担保的主债务合同，效力受主债务合同影响	独立于主债务合同，效力不受主债务合同影响
单据性	不具有单据性。开立人赔付时需全面审查保证法律关系和承担保证责任的条件	具有单据性。开立人赔付时仅审查受益人提交的单据与保函约定的单据是否相符

区别维度	从属性保函	独立保函
担保期间/保函有效期	需覆盖主债务履行期限。担保合同约定的担保期限早于或者等于主债务履行期限的，视为没有约定，保证期间为主债务履行期届满之日起6个月	无需覆盖主债务履行期限
责任范围	担保人承担的责任不超出债务人应当承担的责任范围。担保人承担的责任超出债务人应当承担的责任范围，担保人向债务人追偿，债务人主张仅在其应当承担的责任范围内承担责任的，人民法院应予支持。担保人享有债务人对债权人的抗辩权，担保人自行履行保证责任时若未能正确行使抗辩权，导致实际清偿额超过债务人应当承担的债金额的，担保人对于超过部分无权向债务人追偿	保函开立人承担的责任可以超出债务人应当承担的责任范围。开立人依据独立保函付款后向保函申请人追偿的，人民法院应予支持，但受益人提交的单据存在不符点的除外
抗辩权	除可以主张担保人的抗辩权外，担保人可以主张债务人对债权人的抗辩	仅可主张单据与独立保函条款之间、单据与单据之间表面不相符或保函欺诈抗辩。不可以基础交易关系或独立保函申请关系对付款义务提出抗辩

关于从属性保函参考格式如下：

1. 连带责任保证保函参考格式

履 约 保 函

编号：

致：_____

鉴于贵方与_____（以下简称"承包商"）就_____项目拟／已签订《_____》（以下简称"主合同"），应承包商申请，_____（以下简称"我方"）愿就承包商履行主合同约定的义务，以保证的方式向贵方提供如下担保：

一、保证范围及金额

我方的保证范围是承包商未按照主合同的约定履行义务，给贵方造成的实际经济损失。我方保证的金额数额以人民币_____（大写_____）为限。

二、我方保证的方式为：连带责任保证。本保函非独立保函。

我方保证的期间为：自主合同生效之日起至工程竣工验收合格之日后30天内，最迟不超过_____年____月____日。

贵方与承包商协议变更工程竣工日期的，经我方书面同意后，保证期间按照变更后的竣工日期做相应调整。

三、代偿的安排

贵方要求我方承担保证责任的，应向我方发出附贵方法定代表人及监理方法定代表人签字并加盖贵方公章的书面索赔通知及承包商未履行主合同约定义务的证明材料，索赔通知应写明要求索赔的金额，支付款项应到达的账号，并附有说明承包商违反主合同造成贵方实际经济损失情况的证明材料。

贵方以工程质量不符合主合同约定标准为由，向我方提出违约索赔的，还需同时提供符合相应条件要求的工程质量检测部门出具的质量不符合约定标准的说明材料。

我方收到贵方的书面索赔通知及相应证明材料后，在30个工作日内进行核实，如承包商确有违约，则按照本保函承诺承担连带保证责任。

索赔文件应在保函有效期内送达我方，逾期送达的，我方无赔付义务。

索赔文件应在有效期内我方对公营业时间【17：30】前送达，当日营业时间结束送达视为下一个银行工作日送达。

四、保证责任的解除

1. 在本保函承诺的保证期间内，贵方未书面向我方主张保证责任的，自保证期间届满次日起，我方保证责任解除。

2. 承包商按主合同约定履行了义务的，自本保函承诺的保证期间届满次日起，我方保证责任解除。

3. 我方按照本保函向贵方履行保证责任所支付的金额达到本保函金额时，自我方向贵方支付（支付款项从我方账户划出）之日起，保证责任即解除。

4. 按照法律法规的规定或出现应解除我方保证责任的其他情形的，我方在本保函项下的保证责任亦解除。

我方解除保证责任后，贵方应自我方保证责任解除之日起 7 个工作日内，将本保函原件返还我方，无论本保函原件是否退回，我方保证责任解除。

五、免责条款

1. 因贵方违约致使承包商不能履行义务的，我方不承担保证责任。

2. 依照法律法规的规定或贵方与承包商的另行约定，免除承包商责任致使我方保证责任加重的，需征得我方书面同意，否则我方不再承担因此而加重部分的保证责任。

3. 贵方与承包商协议变更主合同的，如加重承包商责任致使我方保障责任加重的，需征得我方书面同意，否则我方不再承担因此而加重部分的保证责任。

4. 因不可抗力造成承包商不能履行义务的，我方不承担保证责任。

5. 本保函项下的权益不得转让。

六、争议的解决

因本保函发生的纠纷，由贵我双方协商解决。协商不成的，通过诉讼程序解决，诉讼管辖地法院为我方所在地法院。

担保人：

法定代表人或授权委托人（签字）：

单位地址：

邮政编码：　　　电话：　　　传真：

开立日期：

2. 一般保证责任保函参考格式

履 约 保 函

保函编号：

致   （下称受益人）：

鉴于贵方与   （以下简称"承包人"）就   项目拟／已签订《   合同》（以下简称"主合同"），应承包人申请，   （以下简称"我方"）愿就承包商履行主合同约定的义务以一般保证的方式向贵方提供如下担保：

一、保证范围及金额

我方的保证范围是承包商未按照主合同的约定履行义务，给贵方造成的实际损失。我方保证的金额数额以最高担保金额人民币   （大写：   ）为限。

二、我方保证的方式为：一般责任保证。本保函非独立保函。

我方保证的有效期间为：自贵方与承包人签订的主合同生效之日起至该主合同的质保期结束后止，但尽管前述，本保函有效期最迟不超过   年   月   日，届时，我方保函责任解除，此后提出索赔我方无义务赔付。

三、代偿的安排

在本保函有效期内，因承包人违反主合同约定的义务给贵方造成实际经济损失且承包人已不能履行其责任时，贵方要求我方承担保证责任的，须先单独向承包商提起诉讼并依据合法生效裁决申请强制执行，如仍无法实现债权的，可向我方发出附贵方法定代表人及监理方法定代表人签字并加盖贵方公章的书面索赔通知及承包商未履行主合同约定义务的证明材料（须附承包商未履行主合同约定义务的书面证明材料及有管辖权的司法机构就上述诉讼或仲裁作出的无可供执行财产终止执行的生效裁决原件），索赔通知应写明要求索赔的金额，支付款项应到达的账号，并附有说明承包商违反主合同造

60

成贵方实际经济损失情况的证明材料。

贵方以工程质量不符合主合同约定标准为由，向我方提出违约索赔的，还需同时提供符合相应条件要求的工程质量检测部门出具的质量不符合主合同约定的说明材料及证明工程质量不符合主合同约定的有管辖权的司法机构的生效裁决原件。

我方收到贵方的书面索赔通知及上述全部材料后，在30个工作日内进行核定后按照本保函承诺承担保证责任。索赔文件应在保函有效期内送达我方。逾期送达的，我方无赔付义务。

索赔文件应在有效期内我方对公营业时间送达，当日营业时间结束送达视为下一个银行工作日送达。

四、保证责任的解除

1.在本保函承诺的有效期间内，贵方未书面向我方主张保证责任的，自有效期间届满次日起，我方保证责任解除。

2.承包人按主合同约定履行了义务的，自本保函承诺的有效期间届满次日起，我方保证责任解除。

3.我方按照本保函向贵方履行保证责任所支付的金额达到本保函金额时，自我方向贵方支付（支付款项从我方账户划出）之日起，保证责任即解除。

4.按照法律法规的规定或出现应解除我方保证责任的其他情形的，我方在本保函项下的保证责任亦解除。

我方解除保证责任后，贵方应自我方保证责任解除之日起7个工作日内，将本保函原件返还我方。

本保函项下权利受益人不得转让或设定担保。受益人未经我行书面同意转让本保函或其项下任何权利以本保函设定担保的，我行在本保函项下的义务与责任全部消灭。

五、争议的解决

因本保函发生的纠纷，由贵我双方协商解决，协商不成的，任何一方均可向深圳市福田区有管辖权的人民法院起诉。

　　银行名称：（盖章）

　　银行地址：

　　法定代表人或授权委托人：

　　邮编：　　　　电话：　　　　传真：

　　开立日期：　　　年　　月　　日

4.3　保函在实践中的典型案例分析

1. 独立保函的开立主体

　　依据《独立保函司法解释》第一条、第三条规定，独立保函仅能由银行或非银行金融机构开立。实际中，哪些主体能否开立独立保函，开立人、受益人、法院往往看法不一，值得我们注意。

　　（1）非融资担保公司能否开立独立保函？《全国法院民商事审判工作会议纪要》（以下简称"《九民纪要》"）第54条进一步明确：银行或者非银行金融机构之外的当事人开立的独立保函，以及当事人有关排除担保从属性的约定，应当认定无效。但根据"无效法律行为的转换"原理，在否定其独立担保效力的同时，应当将其认定为从属性担保。根据银保监会、证监会、人民银行发文，行政机关并未将非融资担保公司划入非银行金融机构范围。因此，非融资担保公司当然不属于非银行金融机构，不具备开立独立保函的资格。

　　（2）融资担保公司能否开立独立保函？对于经地方金融局批准，可以经营融资性担保业务的融资担保公司，能否开立独立保函尚存在较大争议。原因在于，在我国的法律与金融监管语境中，"金融机构"的定义一直是模糊、不清晰、不统一的，没有任何一部法律或行政法规清晰定义过"金融机构"这个概念，根据银保监会、证监会、人民银行发文，行政机关并未将非融资担保公司及融资担保公司划入非银行金融机构范围。但最高人民法院却以司法解释的形式，将融资担保公司认定为非银行金融机构：2020年12月29日，最高人民法院发布《关于新民间借贷司法解释适用范围问题的批复》（法释〔2020〕27号），就民间借贷司法解释适用范围规定"经征求金融监管部门意见，由地方金融监管部门监管的小额贷款公司、融资担保公司、区域性股权市场、典当行、融资租赁公司、商业保理公司、地方资产管理公司等七类地方金融组织，属于经金融监管部门批准设立的金融机构，其因从事相关金融业务引发的纠纷，不适用新民间借贷司法解释。"考虑到最高人民法院确有融资担保公司属于金融机构的表述，法院确有较大可能将融资公司开立的具有独立保函特征的保函认定为独立保函，但亦不排除司法实践中存在不同认知。

（3）保险公司能否开立独立保函？开展工程保证担保业务的保险公司，属于经中国银保监会批准设立的保险业金融机构。根据中国人民银行调查统计司以银发〔2009〕363号文件发布《金融机构编码规范》，亦把保险公司列为金融机构。2021年8月17日，住房和城乡建设部联合银保监会等部门发布了《工程建设领域农民工工资保证金规定》，根据此新规，"采用工程担保公司保函或工程保证保险方式代替工资保证金的，参照银行保函的相关规定执行"。按以上规定，保险公司是有开具独立保函的主体资格的。而2020年5月，银保监会颁布了《信用保险和保证保险业务监管办法》，其中第七条规定，"保险公司开展信保业务，不得存在以下经营行为：（五）通过保单特别约定或签订补充协议等形式，实质性改变经审批或备案的信保产品；（六）对同一承包主体的同一保险责任，出具与保险合同的法律效力类似且具有担保性质的函件。"上述规定实质上是禁止保险公司出具类似"见索即付"的独立保函，甚至是非独立保函，同时也禁止保险公司通过保单特别约定或签订补充协议等形式实质性改变经审批或备案的工程履约保证保险产品。从合规角度分析，结合银保监会的法律法规，从事工程履约类保证保险业务的保险公司不得出具具备担保性质的独立保函或非独立保函，同时，根据保险公司收取的较低保险费率亦可得知，基于风险与保费对价原则，保险公司的初衷仍为本着保险合同的本质，承担在特定事故出现时的保险赔付责任，而非"见索即付"的独立保函责任。但实际上，越来越多的业主单位为保障自身利益，只接受独立保函，随着独立保函广为业主认可并在市场上推广，部分保险公司在保险凭证的文本格式和措辞上也逐步迎合业主单位发布的保函示范文本格式，甚至为了开拓市场，也向受益人开立了具备"见索即付"法律属性的独立保函。

2. 独立保函具备见索即付的"金融票据"属性

【案例 4-1】

CDA 公司是 Z 市房地产开发项目建设工程（以下简称"项目工程"）的承包人，于 2019 年 7 月 2 日起诉该项目工程项下的《履约保函》索赔欺诈无效，试图终止保函支付。起诉理由是该项目工程的发包人 GD 公司违约在先。

CDA 公司称，2019 年 5 月 18 日，因 GD 公司不按合同约定向 CDA 公司支付工程进度款，CDA 公司依据合同专用条款相关约定，依法行使合同解除权，并向 GD 公司公证邮寄送达了解除合同通知书，送达时间为 2019 年 5 月 19 日。合同解除后，2019 年 6 月 5 日，GD 公司向保函开立行提交了《索偿通知书》，以 CDA 公司未在约定期限内完成竣工验收为由，要求保函开立行向 GD 公司支付保函项下金额为 3200 万元的款项作为赔偿。CDA 公司认为，GD 公司行使保函索赔行为所依据的事实和理由不能成立，CDA 公司没有发生违反合同约定的情形。即使工程未按期竣工也是因为 GD 公司拒不履行合同约定的专业分包义务所致。CDA 公司已按合同约定解除施工合同，GD 公司在 CDA 公司没有违约且已依法解除合同的前提下，向保函开立行行使保函索偿的行为，属于滥用保函索赔权，构成保函索赔欺诈，其索赔行为应属无效。

裁判要旨：

法院未支持 CDA 公司诉请，最终保函开立行支付给发包人索赔款项

3200万元。法院判决理由是案涉《履约保函》性质应当属于独立保函。独立保函的性质决定了开立人付款义务的单务性、独立性和单据性，单据是决定开立人能否付款的唯一性，其独立于基础法律关系和其他法律关系。CDA公司与GD公司因建设工程施工合同法律关系而产生的债权债务尚未最终明确，双方在基础交易中是否构成违约以及承担责任大小应属另案审查范畴，在双方就此存在争议的情形下，根据独立保函先付款后争议的设立机制，CDA公司提交的证据不足以证明GD公司明知没有付款请求权而滥用诉权情形。另外，CDA公司也未能举证证明GD公司的索偿行为符合上述规定的其他欺诈情形，CDA公司应当承担举证不能的法律后果。

保函索赔纠纷败诉后，CDA公司又于2019年7月12日就建设工程合同下的违约起诉GD公司，基础合同项下的诉讼结果却与保函之诉结果截然相反，是CDA公司胜诉。法院认为GD公司确有未按合同约定的时间点支付工程进度款，对于工期延误的后果，GD公司负80%的责任，CDA公司负20%的责任。最终法院判决GD公司不仅要向CDA公司返还保证金3200万元及其利息，还要支付工程款及其利息、逾期利息。

案例启示：

由于独立保函独特的"先付款，后争议"机制，无论基础交易项下实际违约情况为何，只要受益人提交了保函约定的索赔单据，保函开立人就须得先将保函款项支付给受益人，再向保函被担保人（通常为项目承包方）追偿，被担保人与受益人就基础交易的纠纷另案进行。从这个案例中，我们可以看出受益人选择独立保函将有较大优势，同时独立保函对于保函开立人、被担保人的严苛性和巨大风险性也是显而易见的。建议各承包人及保函开立机构在申请或开立独立保函时要足够警惕和慎重。要避免这种风险，我们建议，一是选择非独立保函，先解决基础合同下各方责任争议，再要求保函开立人承担担保责任；二是要求受益人对开支付保函，确保受益人违约在先仍恶意索赔保函时，被担保人可以索赔支付保函弥补损失。此外，本案当事人CDA公司在面临履约保函索赔时，及时就基础合同起诉并成功申请了诉讼保全，冻结了 GD 公司 3200 万存款，减少了一定损失，也值得各承包人借鉴。

3. 混合表述保函存在的法律风险

【案例 4-2】

保函的申请人是 YXB 公司，也是工程项目的建设承包方；保函开立人是 J 银行；保函受益人为工程发包方 UM 公司，是一家生产消费电子产品的大型民营企业。2015 年 12 月 15 日，YXB 公司与 UM 公司签订《建设工程施工合同》，合同约定预付款担保形式为 YXB 公司出具银行保函。2016 年 1 月 19 日，保函开立行 J 银行向 YXB 公司开具保函，保函约定：银行受 YXB 公司的委托，作为连带责任保证人，无条件和不可撤销地同意在受益人提出因承包人没有履行上述合同规定，而要求收回上述金额的任何付款的书面要求后，于 30 个工作日内为受益人予以支付并保证到达受益人账户，以保证在承包人没有履行或部分履行合同条款的责任时，受益人可以向 YXB 公司收回全部或部分预付款。2016 年 11 月 14 日，UM 公司向保函开立行发出《预付款资金收回申请函》索赔保函。2016 年 12 月 30 日，保函开立行发出《回函》称预付款已全部转换为相关工程量，因此索赔条件不成立，拒绝给付。UM 公司遂向 J 银行所在的人民法院提起诉讼。

裁判要旨：

该案审批过程比较漫长，历经一审、二审（撤销原判发回重审）、一审重审、二审终审，目前 UM 公司的再审申请已被法院裁定受理，正在再审审理中。第一次一审中原告（YXB 公司）以保证合同纠纷为案由起诉，一审法院亦认为，本案属于保证合同纠纷，即该保函是从属性保函。

UM 公司不服判决，上诉至中级人民法院，中院审理后认为"本案争论焦点之一为案涉保函是否为独立保函，UM 公司提起本案诉讼时对案涉保函的性质未予明确，一审法院对此应当予以释明。一审法院未依法释明，而径行以保证合同法律关系审理本案，是不当的。"因此撤销原判，发回重审。

一审法院重审认为：就争议的保函性质问题，首先，应从保函文本考察。保函文本中虽然承诺了"见索即付"但并未明确据以付款的单据；其次，应该考虑保函开立的背景，案涉保函开立时间是 2016 年 1 月 19 日，而《最高人民法院关于审理独立保函纠纷案件若干问题的规定》于 2016 年 11 月 16 日方才颁布施行，在此之前，独立保函鲜见于国内交易；最后，根据原告行使权利的相关函件表述可见，原告在本案发回重审之前一直认为其行使的是担保权利。因此，法院认为双方当事人的真实意思表示并非开立独立保函，案涉保函不是独立保函。

UM 公司再次上诉，二审法院认为：判断保函性质，首先，应该全面考察文本，本案案涉保函明确约定"无条件和不可撤销地同意……于 30 个工作日内为受益人予以支付"即是载明了见索即付，符合《最高人民法院关于审理独立保函纠纷案件若干问题的规定》第三条第一款第一项的规定；案涉保函约定保函开立行同意任何 UM 公司与 YXB 公司之间可能对合同条款的修改、规范或其他合同文件的变更、补充，都不免除保函开立行按照保函所承担的责任，有关变动、补充、修改无须通知保函开立行，这也体现了保函的独立性，一经开立，即与基础交易以及申请合同关系相分离；保函也具备独立保函必备要素即据以付款的单据（付款请求书）和最高金额。再者保函开立行在拒付保函的回函中援引了《独立保函司法解释》。因此，法院认为案涉保函是独立保函。法院还特别说明，保函中关于"连带责任保证人"的约定前后矛盾，但关键还是要考察保函文本是否为开立人设定了相符交单情形下的独立付款义务，而不在于其是否使用关于保证责任的个别措辞。J 银行作为专业金融机构，理应以条款清晰地表明保函的性质，故因保函条款理解而产生争议时，应作有利于受益人的解释。

案例启示：

自从 2016 年 12 月《独立保函司法解释》开始实行后，所有保函纠纷审理均需要首先确定保函性质，保函是独立保函亦或从属性保函关系到法律适用等后续裁判整体的路径选择问题。

那么，如何认定保函性质？《独立保函司法解释》第三条规定了独立保

67

函的必备要素，即保函必须载明据以付款的单据及最高金额，且符合下列三种情况任一：

（一）保函载明见索即付；

（二）保函载明适用国际商会《见索即付保函统一规则》等独立保函交易示范规则；

（三）根据保函文本内容，开立人的付款义务独立于基础交易关系及保函申请法律关系，其仅承担相符交单的付款责任。

第（一）、（二）款规定得非常明确，要求要"载明"，所以基本不存在争议，认定保函是否是独立保函最容易产生争议的就是第（三）款。何谓"根据保函文本内容"？首先，它说明不能仅凭保函的名称判断；其次，应该根据保函整体的文本内容判断，不能单凭是否使用关于保证责任的个别措辞来确定保函性质。同时可以看出，该条款给予了司法裁判者相当大的自由裁量权。

最高人民法院沈红雨、张勇健[14]法官在《人民司法（应用）》2017年第1期上刊登的《〈关于审理独立保函纠纷案件若干问题的规定〉的理解和适用》一文中认为，区分一份保函的性质是独立保函还是担保法规定的保证，关键在于考察保函文本是否为开立人设定了相符交单情形下的独立付款义务，而不在于是否其使用关于保证责任的个别措辞。保函开立人作为专业金融机构，其理应条款清晰地表明保函的性质，故因保函条款理解而产生争议时，应作有利于受益人的解释。可以发现，本案中二审法院明显是引用了这一观点，并最终作出了有利于受益人的解释即认定保函是独立保函。

鉴于上述法律规定、理论认知倾向以及司法实践结果可以得知，如果保函措辞不能清晰地表明其性质，包括同时存在独立保函内容和从属性保函内容等情况，造成保函开立人与受益人就如何区分独立保函与从属性保函产生争议，那么最终法院的裁判结果存在很大的不确定性，且最终对于保函性质的解释将很可能是不利于保函开立人的。故保函开立机构应该对出具的保函措辞更加谨慎，增强风险意识，在撰写或审核保函文件时尽量避免不同性质保函内容的混杂表述、关键内容模糊表述等问题。

4. 从属性保函的保证期间未覆盖主债务履行期限的法律风险

【案例 4-3】

原告 LY 公司因与被告 ASC 公司签署施工合同，要求 ASC 公司提供银行保函。2015 年 3 月 10 日，M 银行向 ASC 公司出具了履约保函，确认其承担的保证责任为 65 万元，受益人为 LY 公司，保证方式为连带责任保证，保函的有效期至 2015 年 10 月 10 日。因工期滞后、施工不合格等问题，2016 年 8 月 17 日，LY 公司向 ASC 公司发出解除合同的通知，另于 2016 年 11 月向 M 银行进行索赔。

裁判要旨：

法院认为，案涉协议约定，住宅断桥窗工期为 90 日历天，封闭阳台为 30 日历天（实际开工日期以甲方开工令时间为准），但后续 ASC 公司未能按期完成工程，合同履行期限并不固定。M 银行向 ASC 公司出具的履约保函，确认其保证方式为连带责任保证，保函的有效期至 2015 年 10 月 10 日。依据《最高人民法院关于适用〈中华人民共和国担保法〉若干问题的解释》第三十二条 "保证合同约定的保证期间早于或者等于主债务履行期限的，视为没有约定，保证期间为主债务履行期届满之日起六个月" 的规定，M 银行的保证期间应为合同解除之日起六个月。LY 公司于 2016 年 11 月向 M 银行进行索赔，并未超过该保证期间。因此判决 M 银行在担保限额内承担连带清偿责任。

案例启示：

根据《民法典》第六百九十二条第二款、第三款的规定，"债权人与保证人可以约定保证期间，但是约定的保证期间早于主债务履行期限或者与主债务履行期限同时届满的，视为没有约定；没有约定或者约定不明确的，保证期间为主债务履行期限届满之日起六个月。债权人与债务人对主债务履行期限没有约定或者约定不明确的，保证期间自债权人请求债务人履行债务的宽限期届满之日起计算。" 从属性保函的保证期间如未覆盖施工期限，那么保证期间将被视为主债务履行期届满之日起六个月，在此期间内即使保函上约定的保证期间已经超过，受益人也有权索赔。提醒保函开立人如仅以保函期限收取保费，而不考虑保证期间是否覆盖主债务履行期限的问题，则有可能事实上承担了更长期限的担保风险但并未收取相应对价。

相对于从属性保函，独立保函则可以不受保证期间规定的限制。《独立保函司法解释》明确规定，当事人主张独立保函适用民法典关于一般保证或连带保证规定的，人民法院不予支持。因此，前述规定不适用于独立保函。这与独立保函的实质有关，独立保函具有独立性，独立于基础交易关系，当然也不受基础交易履行期限的限制。因此即使独立保函的保函有效期未覆盖主债务履行期限，如独立保函载明的到期日或到期事件届至，受益人未提交符合独立保函要求的单据，保函开立人在保函项下的付款义务即终止。

第5章　工程保证担保业务风险

5.1　业务风险概述

工程保证担保是信用担保的一种。从本质上分析，信用是企业的一种品质，品质的改善只能靠自身内因的增强而改变，第三方的担保是一种外力，仅能起到促进和帮助作用，所以，担保的作用是对企业信用能力的确认增强。担保交易中，担保机构调研了解合同一方的各项信息，作交易前的价值分析判断，确认信用能力，同时承担合同一方转移的风险。因而，业务的核心风险是信用风险。其次，主要风险还包括所属经济体系的系统性风险——市场风险、企业运营的操作风险、影响运营的信誉风险和战略风险等。

风险管理水平体现了担保机构的核心竞争力，更是生存发展的需要，一般体现在风险容忍度和风险偏好上。担保机构在经营管理过程中，以下两个至关重要的因素决定其风险承受能力：一是担保机构的资本金规模——实际承担担保责任的资金或资产，决定承担风险的潜力；二是担保机构的风险管理水平，决定了因风险代偿造成的实际损失额，从而决定担保机构的经营成本水平，最终影响盈利水平。

无论风险管理采用何种方式和标准，对担保机构而言，风险管理首先寻求最优方案，优化企业运营的总体风险，此为全面风险管理的原则之一，也是全面风险管理越来越被重视的原因之一。担保机构的核心风险，需要进行集中管理或严密控制企业经营策略对应的风险敞口。而风险管理部门应作为一种资源支持企业相关业务或商业活动，帮助企业最终达成经营目标，实现效益效率的最大化。

从理论上而言，担保机构应当主动识别所有潜在的风险与机会，以便在它们出现之前制定方案或处理。但在实际操作中，不管运用多少种方法和现实存在的任何一种风险管理体系，无论付出多少努力都很难预先识别所有风险和机会。

目前，国际通行的风险管理方法主要是 2017 年美国反欺诈财务报告委员会正式发布的《企业风险管理——与战略和绩效的整合》更新框架及 2018 国际标准组织（ISO）发布的《风险管理指南》ISO 31000，这两者为企业风险管理提供了新的借鉴。我国的工程保证担保风险管理仍处于不断摸索和实践阶段，多数风险管理的制度都是上述两者的混合体，需在工程保证担保的业务实践中不断总结，不断完善提高，找到适合中国国情的标准与方式。

5.2 业务风险相关概念及特征解析

1. 风险相关概念

风险，是指损失或者伤害的可能性。能够影响（抑制、促进或引发质疑）任务、战略、项目、日常运营、目标、核心流程、关键依赖关系及股东为实现预期目标等的所有事项。

风险的特征，包括不确定性——对未来事件信息的缺乏导致了不可预测；事件性——风险带来损失和伤害是风险事件产生的影响或后果；未来性——风险一般发生在未来，风险管理是为了避免损失，展望未来的主动过程，与被动回顾过去发生的危机管理有本质区别；目标与利益——未来事件可能对一个组织产生不利影响，而对另一个组织无害。

不确定性，是指不可预测的特点或者状态，即不能肯定。

不确定性与风险的区别：不确定性，反映的是事物的客观特征；风险体现了人们的主观认识。

风险容忍度，即担保机构愿意接受的最大风险程度。

风险偏好，即担保机构愿意承担相应风险的基本态度，或其愿意承担的风险种类和程度，具体表现为对不确定性的态度和倾向等。风险偏好一般由担保机构的盈利能力、业务风险集中度和资本实力等因素决定，具体反映在经营指标的设定上，如：代偿率、累计代偿损失率、资本充足率等，应由职能部门定期监测和报告，审查适应性，不断修订和完善。当市场和环境发生较大变化时，及时调整经营方略。一般而言，担保机构的风险偏好是建立在自身风险容忍度基础之上的，是不断平衡风险和收益的结果。

2. 业务风险的特点

第一，风险存在的客观性和普遍性。工程保证担保业务风险是不以人的意志为转移并超越人们主观意识的客观存在，在工程项目的全寿命周期内，风险是无处不在、无时不有的。虽然人类一直期望认识与控制风险，但也只能在有限的空间和时间内改变风险存在和发生的条件，降低其发生频率，减少损失程度，而不能也不可能完全消除风险。

第二，某一具体风险发生的偶然性和大量风险发生的必然性。任何具体工程保证担保业务风险的发生都是诸多风险因素和其他因素共同作用的结果，是一种随机现象。个别风险事件的发生是偶然的、杂乱无章的，但通过对大量风险事故资料的观察和统计分析，发现其呈现出明显的规律，人们有可能用概率统计方法及其他现代风险分析方法，计算风险发生的概率和损失程度，从而卓有成效地控制并减少损失。

第三，工程保证担保业务风险的多样性和多层次性。工程项目周期长、规模大、涉及范围广、风险因素数量多且种类繁杂，致使其在全寿命周期内面临的风险多种多样。大量风险因素之间的内在关系错综复杂，各风险因素之间和外界交叉影响使风险显示出复杂的多层次性。

3. 业务风险的高损失性

工程保证担保在主合同下生效与执行，影响合同执行的因素都可能会构成工程保证担保业务风险因素。如施工企业自身的履约能力、甲方的支付能力、项目合同条款的约定和执行、市场及行业特性、外部政治经济形势及现实环境的影响都会给保证担保业务造成极大的冲击。一般来说，工程保证担保业务的高损失性体现在以下几个方面：

（1）工程保证担保所处的行业具特殊性。基于建筑行业现状，建筑企业竞争日趋激烈，项目微利甚至亏损，工程款收取与支付时间倒置，加之部分企业经营管理不够规范且具种种弊端；诸多外部与自身问题交织在一起，造成风险事件频发。

（2）担保关系相对受益人具单向性。保函一旦开出，担保人对受益人单方面承担义务，就现有普遍推广的保函格式而言，保函生效后即不可撤销，担保人一般收取较低的担保费，而承担全额保函的担保责任。

（3）见索即付独立保函的单据性。独立保函的赔付仅需判断受益人提供的单据和保函所载明的单据是否相符，独立于主合同。

（4）受经济周期及大环境影响。经济下行、投资减少、大宗商品价格大幅波动、从业人员老龄化与成本上升等因素直接和间接影响施工企业的经营成本。

（5）受不可抗力和极端事件影响。全球疫情、极端气候及其他不可抗力造成的损失、工程延误等增多，争议纠纷增加。

（6）受信息不对称和道德风险普遍存在及持续影响。项目甲方拒绝调研和信息屏蔽、乙方的诚信水平低下等原因致使风险事件频发。

（7）代偿的高损失性。工程保证担保业务的反担保措施一般为信用担保，而施工企业固定资产较轻，流动资产较难兑现，难以弥补覆盖担保金额，或有效资产被担保人故意隐匿及转移，担保机构一旦代偿，追索清偿的难度较大。

（8）工程保证担保的风险与收益不匹配。成立工程保证担保公司门槛较低，目前缺乏有效的监管和规范，市场上恶性低价竞争会造成"劣币驱逐良币"，某种程度上会形成风险损失与担保收益倒挂。

5.3 业务风险识别

工程保证担保属非融资类信用担保，符合信用担保的一般规律，但又具有自身的风险特殊性。基于工程保证担保业务的风险特点，风险发生前的控制管理是最为有效的策略，对被担保人和项目的筛选和准入是最有效的核心风险管控措施，其中担保风险识别是第一步。

1. 主动识别与被动识别

风险识别采用定性分析为主，定量分析为辅。一般情况下，风险一旦被识别，就不再是意外，会变成一个管理挑战，通过分级分类及合理处置，或会变成一个潜在的机会。

主动识别是指在风险发生前，通过头脑风暴、检查表、德尔菲法[①]和情景分析法[②]等识别风险因素及风险事件等，确认相关项，辨识出各种类、各个时间节点的风险。

被动识别是指在市场环境变化或风险事件发生时，追本溯源，辨识出风险发生的机理过程等，列示风险因素、事项和结果。

例如：项目甲方为民营企业，资金较匮乏、经营规范性较差。建筑企业资质为三级，营收规模较小，主要从事某专业工程的施工，抗风险能力弱。建设项目为房地产开发项目，受国家政策及市场波动影响较大，项目需要甲方高负债高周转运营，对施工企业经营性现金流要求较高，往往需要施工企业垫资施工。以上三类风险因素大概率叠加，使得甲乙方性质均为民营企业时，房地产开发项目出现风险的概率较高。

又如：钢材贸易企业受市场上钢材价格波动影响较大，而钢材的市场价

[①] 德尔菲法，也称专家调查法，1946 年由美国兰德公司创始实行，其本质上是一种反馈匿名函询法，其大致流程是在对所要预测的问题征得专家的意见之后，进行整理、归纳、统计，再匿名反馈给各专家，再次征求意见，再集中，再反馈，直至得到一致的意见。

[②] 情景分析法又称脚本法或者前景描述法，是假定某种现象或某种趋势将持续到未来的前提下，对预测对象可能出现的情况或引起的后果作出预测的方法。通常用来对预测对象的未来发展作出种种设想或预计，是一种直观的定性预测方法。

格又受上游大宗材料的影响，国家一旦调整产业结构、环保政策甚至关税，大宗原材料如铁矿石、焦炭的供应数量和价格会在一定时期内大幅波动；在2017 年、2018 年间，大量钢贸企业因受原材料、期货价格的大幅波动影响，风险集中爆发，供货商无力履约，致使多笔供货保函被索赔，最后产生大额赔付，对钢贸企业和担保人影响较大。

在实践中，工程保证担保业务的常见风险因素、风险事件和表现虽不一一对应，但具有多项叠加、集中爆发的特点。每家企业在不同的阶段或不同的经济形势下，面临的风险因素和事件都不相同。本书从施工企业、受益人、项目和其他四个方面来分析工程保证担保的风险因素、风险事件及表现与结果。企业风险因素按照企业基本情况、股权结构、管理、经营、诉讼、财务六个类别来分析；项目风险因素按照技术、人员、现场、招标投标、质量、安全、设计、合同八个类别来分析；其他风险因素从环境、政策两个类别来分析。通过列表的方式可以查找出常见的风险因素、风险事件及表现与结果，期望对风险管理与控制有所帮助，详见表 5-1。

工程保证担保业务常见风险及表现形式　　　　表 5-1

序号	风险来源及种类	风险因素	风险事件	表现与结果
1	企业基本情况	企业新近成立	资金、人员、机械及能力等不足	经营困难，产生纠纷
2		控股公司经营策略发生重大变化	抽调资金、人员及有效资产	经营活动混乱直至暂停
3		控股公司重大诉讼等不良事件	债权人追索、信誉等受损害冲击	严重影响正常活动及经营不可持续
4		经营范围主业等重大变更	资金、人力、设备、资产等发生较大变更	严重影响正常活动及经营不可持续
5		经营中受母公司控制或关联公司影响	承担母公司或关联公司债务及不良责任	严重影响正常活动及经营不可持续
6		迁址，转换主要经营区域	原址区域纠纷，新址不接纳及拓展困难	严重影响正常活动及经营不可持续

序号	风险来源及种类	风险因素	风险事件	表现与结果
7	企业基本情况	企业重整	债权人追索、信誉等受损害冲击，冻结及强制执行影响经营	严重影响正常活动及经营不可持续
8		企业破产，资质平移	债权人追索、信誉等受损害冲击，冻结及强制执行影响经营	严重影响正常活动及经营不可持续
9		企业停业注销	经营暂停	经营活动混乱直至暂停
10	企业股权结构	企业股权结构中两位股东各占50%	股东之间不合而诉讼	企业经营暂停，不能正常履约
11		股权分散，股东之间不合	股东之间争权夺利，派系林立	企业经营管理混乱，停滞或倒退
12		股权分散，333分立无控股	企业治理结构和决策机构缺陷影响经营	企业经营管理混乱，停滞或倒退
13		股权众多分散，意见难统一，难集中决策	企业治理结构和决策机构缺陷影响经营	企业经营策略摇摆不定，发展乏力，经营不持续
14		法定代表人非股东	实控人侵占，影响企业正常经营	实控人抽逃资金
15		法定代表人非股东	法定代表人与实控人不合，争权夺利	纠纷不断，经营暂停
16		法定代表人非股东	各自推诿不负责，不能及时解决内外纠纷	纠纷不断，经营暂停
17		企业股权近期重大变更	企业实控人发生变更、转型转变	经营活动混乱直至暂停
18		企业股权近期重大变更	企业分立、合并、并购或被并购	经营活动混乱直至暂停
19		主要股东退出	企业经营暂停	经营活动混乱直至暂停
20		分红不公而内讧	内讧纠纷不断，低效内耗	经营活动混乱直至暂停
21		大股东侵占	内讧纠纷不断，低效内耗	经营活动混乱直至暂停

序号	风险来源及种类	风险因素	风险事件	表现与结果
22	企业股权结构	大股东重大诉讼等不良影响	企业经营暂停	经营活动混乱直至暂停
23		拟上市或投资者进入	企业控制权争夺纠纷	经营活动混乱直至暂停
24	企业管理	管理人员不合	内讧纠纷不断，低效内耗	经营活动混乱直至暂停
25		管理人员不称职	企业及项目不能有效管理运营	经营活动混乱直至暂停
26		高管意外事故等缺位	高管人员不足	管理低效影响经营
27		管理人员工作态度消极	内讧纠纷不断，低效内耗	管理低效影响经营
28		高管品格性格缺陷	内讧纠纷不断，低效内耗	管理低效影响经营
29		治理决策机构缺陷	重大事项推诿不决	经营活动混乱直至暂停
30		沟通不良	决策及管理效率低下	管理低效影响经营
31		理念不合	朝令夕改，低效内耗	经营活动混乱直至暂停
32		重大机械设备投资失误	设备不适用、闲置或损坏	资金链断裂，不可持续经营
33		内部管理分包缺陷	供应商及分包商纠纷，频繁更换或诉讼	项目进度缓慢或停滞
34		经营中大额亏损	资金链断裂	企业经营暂停，不能正常履约
35		企业供应商合作中断	材料供应、人力、机械等短缺	企业经营暂停，不能正常履约
36		工程相关方沟通不良	争议纠纷不断	企业经营暂停，不能正常履约
37		管理模式缺陷	分支机构失控	企业经营暂停，不能正常履约
38	企业经营	经营中盲目扩张	扩张至多地或涉多种经营	多地或多种经营亏损，影响主业
39		经营中超范围	违法违规查处，经营暂停	因查处暂停经营

序号	风险来源及种类	风险因素	风险事件	表现与结果
40	企业经营	低价中标	资金缺乏，供应商和农民工纠纷不断	项目进度缓慢或停滞
41		经营激进，筹融资杠杆过高	资金缺乏，筹融资困难或债务违约	项目进度缓慢或停滞
42		以包代管	项目管理失控，混乱低效	资金抽逃或发生重大事故
43		合作经营失控失效	供应商和农民工纠纷不断	资金抽逃或发生重大事故
44		技术能力不足	成本高企、质量不良、返工、延期	重大损失赔付
45		管理能力水平不足	低效涣散，事故频发	重大损失或亏损，诉讼大增
46		项目资金抽离	资金缺乏，供应商和农民工纠纷不断	项目进度缓慢或停滞
47		企业组织架构缺陷	管理低效、失控、亏损	项目进度缓慢或停滞
48		企业经营管理模式缺陷	内讧纠纷不断，低效内耗	项目进度缓慢或停滞
49		多次投标失误、项目不能连续	现金流断裂，事故、诉讼等亟待处理	企业经营暂停，不能正常履约
50		客户单一项目集中	单一客户经营困境	经营困难，产生纠纷
51		联营体影响	项目进度质量等多项受阻	项目进度缓慢或停滞
52		多家客户经营陷困境	资金链断裂，多项目暂停	经营困难，产生纠纷
53	企业诉讼	对外担保陷不良	大额或有负债赔付	资金链断裂或强制执行查封账户
54		重大诉讼败诉	大额或有负债赔付	资金链断裂或强制执行查封账户
55		恶意诉讼	强制执行影响经营或信誉等影响	查封账户等致经营暂停
56		恶意冻结及强制执行	账户冻结或信誉受损	查封账户等致经营暂停

序号	风险来源及种类	风险因素	风险事件	表现与结果
57	企业诉讼	股东或职工等个人诉讼	农民工投诉上访闹事	项目进度缓慢或停滞
58	企业财务	杠杆率较高	未能如期筹借资金或续贷	资金链断裂或强制执行查封账户
59		有息负债较高	借贷到期无法正常偿付本金或利息	信用不良
60		应收账款周转率低	应收账款无法收回或资金沉淀至资金断裂	资金链断裂或强制执行查封账户
61		应付账款金额较大	应付超期至多笔诉讼	资金链断裂或强制执行查封账户
62		对外投资金额较大，回收期过长	投资计划有误不断追加或投资未能按计划形成收益	债务违约、资金链断裂或强制执行查封账户
63		商业汇票	到期无法兑付	诉讼纠纷造成更大的影响及损失
64		财务管理混乱不规范	大额资金体外循环而损失	资金链断裂或强制执行查封账户
65		多种经营，资金筹集挪用	资金及资源错配而损失	资金链断裂，不能正常经营
66		民间借贷	体外运用损失到期无法偿付	资金链断裂，不能正常经营
67		融资租赁、保理等金融借贷	借贷到期无法正常偿付本金或利息	资金链断裂，不能正常经营
68		虚假注资抽逃资金	大额资金体外循环而损失	资金链断裂或强制执行查封账户
69		虚假交易粉饰财报	大额资金体外循环而损失	资金链断裂或强制执行查封账户
70		集中计提损失	财报数据调整重大变化	资金链断裂或强制执行查封账户
71		虚增利润粉饰报表	大额资金体外循环而损失	资金链断裂或强制执行查封账户
72		工商税务管理缺陷	涉嫌违法被调查	信用不良受罚影响经营

序号	风险来源及种类	风险因素	风险事件	表现与结果
73	受益人	资金实力不足	工程款拖欠	项目进展缓慢甚至停工
74		经营中亏损	工程款不能如期支付	项目中途暂停
75		决策或策略失误	不合理、不适用	成本高企，事故纠纷不断
76		人员不称职	纠纷争议不断	项目进展缓慢甚至停工
77		业主总包等关联方矛盾	管理混乱、多项失误纠纷	项目进展缓慢甚至停工
78		配合沟通不良	管理混乱、多项失误纠纷	项目进展缓慢甚至停工
79		投资或项目暂停	工程款不能如期支付	项目中途暂停
80		经营失误倒闭	工程款不能如期支付	项目中途暂停
81		工程款支付延迟或刁难不付	管理混乱、多项失误纠纷	项目进展缓慢甚至停工
82		违法违规操作项目	被查处	项目中途暂停
83	项目技术	技术方案重大缺陷	质量及安全重大事故	因事故暂停
84		设计缺陷	过程中多次修改变更	进度缓慢多处多次返工
85		关键材料或设备等影响	材料供应、人力、机械等短缺	项目中途暂停
86		勘探、设计程度不足	勘探、设计与现状不符、项目暂停修改	项目中途暂停或多次多处返工
87		技术具先进性	技术超前或不能如期完成	项目中途暂停或多次多处返工
88		技术适用性较差	材料供应、人力、机械等短缺	项目中途暂停或多次多处返工
89		技术培训不足	多项失误、进度迟缓	项目中途暂停或多次多处返工
90		技术复杂，人员、机械和材料等不符	停工等待或事故不断	项目中途暂停或多次多处返工
91	项目人员	项目管理人员能力不足	管理混乱、多项失误纠纷	项目中途暂停或多次多处返工

序号	风险来源及种类	风险因素	风险事件	表现与结果
92	项目人员	人员恶意破坏	恶意事故、事件	项目中途暂停或多次多处返工
93		人员技术经验不足	多项失误、进度迟缓	项目中途暂停或多次多处返工
94		人员沟通不良	管理混乱、多项失误纠纷	项目中途暂停或多次多处返工
95		人员品德性格缺陷或恶意炒薪	工程款拖欠或工资未及时发放	劳务工聚集停工
96		人力资源剧烈变化	人力严重缺乏、成本大幅升高	项目进度缓慢或停滞
97		人员操作失误	事故不断	项目进度缓慢或停滞
98	项目现场	现场协调管理差	多项失误、进度迟缓	项目进度缓慢或停滞
99		周边环境重大变化影响	空间阻拦及时间窗口短暂	项目中途暂停
100		征地拆迁赔偿等不利事项影响	投诉与阻拦	项目中途暂停
101		环境保护要求影响	扬尘噪声等环境影响因素引致投诉与阻拦	项目中途暂停
102		场地受限	全部或部分暂停	项目进度缓慢或停滞
103		恶劣气候	作业不能正常进行	项目中途暂停
104	项目质量	进场材料不合格	质量事件事故不断，多次多处返工	进度缓慢多处多次返工
105		操作失误	质量事件事故不断，多次多处返工	进度缓慢多处多次返工
106		质控缺陷	质量事件事故不断，多次多处返工	进度缓慢多处多次返工
107		工序交叉干扰	质量事件事故不断，多次多处返工	进度缓慢多处多次返工
108		材料误用	质量事件事故不断，多次多处返工	进度缓慢多处多次返工

序号	风险来源及种类	风险因素	风险事件	表现与结果
109	项目安全	能力低下、管理失效	发生多处多次安全事件直至发生事故	项目中途暂停、重大损失
110		设施设备投入不足	发生多处多次安全事件直至发生事故	项目中途暂停、重大损失
111		操作失误	发生多处多次安全事件直至发生事故	项目中途暂停、重大损失
112		培训不足	发生多处多次安全事件直至发生事故	项目中途暂停、重大损失
113		保护装置失效	发生多处多次安全事件直至发生事故	项目中途暂停、重大损失
114	项目招标投标	招标投标违法	违法被查处	项目中途暂停
115		低价中标	项目分包风险转嫁、缺乏资金、纠纷不断	项目进度缓慢或停滞
116		招标文件有误、责任范围模糊	多项失误、进度迟缓	项目进度缓慢或停滞
117		招标投标失误	多次招标投标影响工期进度	延迟开工进度缓慢
118		甲指分包管理失控	现场管理混乱，事故、返工、纠纷	项目进度缓慢或停滞
119	项目设计	设计滞后	现场等待图纸等	项目进度缓慢或停滞
120		设计重大修改	多次多处返工	项目进度缓慢或停滞
121		设计与现场不符	等待、修改、返工	项目进度缓慢或停滞
122		设计不适用	多次多处返工	项目进度缓慢或停滞
123		设计成果较差	多次多处停工、返工	项目进度缓慢或停滞
124	项目合同	条件苛刻	过程中缺乏弹性，争议不断	项目进度缓慢或停滞
125		过程中部分付款	项目分包风险转嫁、缺乏资金、纠纷不断	项目进度缓慢或停滞
126		完工后分期付款	资金缺乏，筹融资困难或债务违约	项目进度缓慢或停滞

序号	风险来源及种类	风险因素	风险事件	表现与结果
127		单价或总价包干不调整	现场管理缺乏弹性，争议纠纷不断	项目进度缓慢或停滞
128	项目合同	条款详尽明晰责罚过重	现场管理缺乏弹性，争议纠纷不断	项目进度缓慢或停滞
129		权责不清、内容范围模糊	现场管理混乱，事故、返工、纠纷	项目进度缓慢或停滞
130		环保政策变化	项目暂停、成本提升	项目中途暂停
131		不可抗力	成品、半成品破坏	项目中途暂停
132		工业及环境灾害	部分破坏及暂停	项目中途暂停
133		污染及噪声	处理污染及返工	项目中途暂停
134		危险品及材料	全部或部分受限、受阻	项目中途暂停
135		隐蔽及重要设施限制	停工等待或事故	项目中途暂停
136		废弃物及再污染	受限或成本增加	项目中途暂停
137		市场急剧变化	投资大幅减少、项目数量大幅缩减	无新开工项目，经营不能持续
138	其他环境	环保政策变化	成本急剧升高	企业或项目亏损，甚至停滞
139		原材料价格急剧变化	成本急剧升高	企业或项目亏损，甚至停滞
140		自然灾害影响	造成损失与破坏	项目中途暂停
141		疾病、瘟疫等影响	人力严重缺乏、成本大幅升高	项目进度缓慢或停滞
142		人口老龄化	从业人员大幅减少，人力成分上升	项目进度缓慢或停滞
143		国际环境大幅变化	材料供应、人力、机械等变化	项目进度缓慢或停滞
144	其他政策	行业法规变化	行业政策方向变化较大，成本大幅上升	企业经营暂停，不能正常履约
145		土地争议	项目开工受阻或暂停	不能如期开工或暂停

序号	风险来源及种类	风险因素	风险事件	表现与结果
146		政府及政策更迭	项目暂停等待	项目中途暂停
147		进出口的影响	材料设备进口受阻	项目中途暂停
148	其他政策	劳动力政策	人力严重缺乏、成本大幅升高	项目进度缓慢或停滞
149		政府服务及监管	项目开工受阻或暂停	不能如期开工或暂停
150		税收及财政政策	成本急剧升高	企业或项目亏损，甚至停滞

5.4 业务风险分析

风险分析是深入理解各种风险的成因和变化规律，把各种风险发生的概率、重要性、损失、相关性和影响程度进行排序。担保机构通过分析已识别出的风险和机会，确定这类风险发生的概率，评估发生风险后的影响和损失，并分析其产生的原因，最后制定应对对策。大多数时候，是确定采取对策的优先级。

我们将工程保证担保业务的常见风险因素总结分析，把其对应的发生概率和损失的高低等绘制成二维矩阵（风险地图），横轴为预估发生概率，从低到高分为A、B、C、D、E（低、较低、中、较高、高）五个级别；纵轴为预估风险损失，从低到高分为1、2、3、4、5（小、较小、中、较高、高）五个级别；表5-2中依据发生概率和预估损失的高低划分五个区域，各标识区域内的风险因素代表不同的概率与损失。

实务中，为操作便捷，结合工程保证担保的风险地图（主动识别）和索赔中常见的风险项目特征（被动识别）等信息，总结工程保证担保业务风险分级表，如表5-3所示。

第5章 工程保证担保业务风险

风险地图　　　　　　　　　　　　　　　　　　　　表 5-2

风险损失	风险概率				
	A	B	C	D	E
5	施工企业股权结构不稳定或缺陷	施工企业实控人操纵	施工企业合作经营管理失控	施工企业或有负债不良至困境	施工企业股东诉讼经营暂停
	业主与总包等相关方矛盾	项目甲方行业性亏损	项目甲方内部沟通不良	项目甲方不合理变更施工合同	项目甲方资金不足
	不可抗力	施工技术缺陷	项目因环境等原因不能完成	低价中标亏损金额较大	项目遇政策变化不能继续
	操作失误及失控	人力资源缺乏成本上升	特殊气候环境影响	项目流动资金不足	甲乙方结算争议
4	施工企业经营中盲目扩张	企业管理人员不合或管理缺陷	企业重大诉讼等不良发生	施工企业过度扩张经营停滞	施工企业失信
	项目投资方暂停	项目甲方经营暂停	项目甲方决策失误	项目甲方施工管理苛刻	项目甲方经营陷困境
	恶意破坏	联保互保不良	项目合同中权责不清	项目工程款未能及时支付	项目设计等项多处多次变更
	恶意诉讼冻结	股东及个人诉讼	行业政策变化	项目甲乙方沟通不良	项目原材料价格大幅波动
3	施工企业低价中标多项目成本失控	施工企业经营战略重大变化	企业受控股公司控制陷不良	企业重整或破产资质平移	施工企业现金流断裂债务违约
	项目甲方不良事项影响	项目甲方指定事项影响	项目甲方招标投标失误	项目甲方人员不称职	项目甲方管理缺陷
	安全管理失效而发生事故	材料不合格或误用	项目培训不足及人员失误	施工合同条款苛刻	项目施工范围内容纠纷
	自然灾害影响	现场协调管理失控失效	技术不适用或中断	环保政策变化	甲方指定分包纠纷
2	施工企业管理不规范	施工企业涉民间借贷	企业停业注销	企业项目资金等资源抽离	施工企业规模较小实力较弱
	项目业主筹融资失败至暂停	项目甲方重大诉讼不利	客户单一集中或不良	项目甲方采购失误影响	项目甲方违法违规
	关键材料和设备影响	项目前期拆迁等影响	技术不适用	人员意外或突发事件影响	项目修改变更频繁
	周边环境重大变化	疾病瘟疫影响	征地拆迁赔偿等不利事项	隐蔽及重要设施限制	投资货币利率等变化
1	施工企业治理决策机构缺陷	企业成立不足一年	企业大额应收账款未按期收回	企业有息负债率过高	企业技术管理等能力不足
	项目甲方关联方不良	项目甲方恶意停工	施工企业多种经营负面影响	投标失误长期无新项目	项目甲方指定分包利益输送
	危险品及材料	技术不适用	设计缺陷	项目管理人员能力不足	污染及噪声影响
	工程项目场地受限	培训不足应用失误	环境保护要求影响	政府及政策更迭	行业法规变化

风险分级表 表5-3

序号	分类	风险因素	风险分级						
			最高	次高	高	中	次低	低	最低
1	甲方	企业性质	民营企业	外资、合资、港资企业		上市公司		国企	政府部门、事业单位
2		资金来源	民营企业资金	外资、合资资金	上市公司资金	国企筹融资	国企自有	专项资金	财政资金
3	乙方	企业性质	民营	中外合资	混合		国有参股	国有控股	国有
4		治理结构	家族企业			股份企业			国有独资
5		资质	不具工程资质	三级或以下资质	专业承包二级	专业承包一级	总承包二级	总承包一级	特级资质
6		同类工程履历	无			同类合同额较小			同类同规模
7		征信	征信报告有不良			征信报告有不良记录			征信报告无不良记录
8		诉讼	多项诉讼执行，案值超1000万元	多项诉讼执行，案值小于1000万元		历史诉讼案件较多		历史诉讼案件较少	无诉讼案件
9		有息负债率	大于50%		大于40%		大于等于30%	小于30%	无借贷
10		资产负债率	大于95%	大于等于90%	大于等于80%				
11	项目	保函种类	供货类	支付类	质量类	履约类	预付类	投标类	
12		招标投标	邀请招标			公开招标			
13		评标方式	最低价中标法	次低价中标法	直接发包抽签	谈判询价方式	非最低价法		综合评标法
14		中标比例	小于50%	小于60%	小于70%	小于80%	小于90%	小于95%	1
15		工程种类	土建工程	道路工程	装饰工程	桥梁工程	钢结构工程	高速公路	安装工程
16		承发包方式	劳务分包	主体分包	部分分包	含筹融资责任总承包	土建总包	总承包	EPC总承包

序号	分类	风险因素	风险分级						
			最高	次高	高	中	次低	低	最低
17	项目	合同计价方式	单价合同总包不调整	总价合同不调整			部分可调整		按实计量可调整
18		主材调差	全部不调	主材10%调差		主材5%调差	主材3%调差		全部调差
19		付款方式	完工后分期付款	过程中部分付款	季度部分付款	节点部分付款	月度80%以下付款	月度80%付款	有预付款月度80%付款
20		项目种类	房地产	厂房	境外项目	房地产附属工程	高速公路	市政设施	民生工程
21		经营模式	施工人挂靠		联合体合作经营				企业自营
22		双方合作历史	无			第二次合作			多次多项合作

5.5　业务风险处置

在对风险因素、风险事项进行识别和分析后，需采取对应的策略方式进行处置，但并不能避免所有的风险发生。

在识别分析风险后，应围绕经营发展战略，结合风险容忍度及风险偏好，制定恰当的风险应对预案及方案，尤其是风险已经发生或即将发生时，需及时高效地处理，以避免或减少损失。

1. 业务风险的应对方式：规避、转移、缓解、自留、补偿、利用

规避——为避免风险发生及损失，对企业和项目进行筛选，选择风险发生概率较低的品种，从源头上管控，是最直接、最有效的风险应对方式。但在执行中，为实现业绩目标或追求效益，应明确风险容忍度，确定风控策略和口径。如：供货类项目、申请企业失信、企业存在借贷违约等重大不良行为，应避免担保并列入黑名单。

转移——通过技术手段，将全部或部分风险分散及对冲等方式转移，以达到控制风险及损失的目的。在风险发生概率较高、预计损失较大、不可能规避时采用。如：大额保函随工程进度分期分步开具，各笔保函担保内容可相同也可不同，期限也可灵活设置。又如：大额保函可分别以甲乙方作为受益人，分别开具受益人为合同双方的履约和支付的对开保函。再如：大额保函可采用一般责任格式，以避免恶意索赔造成的损失。

缓解——采取适当措施降低风险的损失频率或影响程度。一般适用发生频率较高而损失程度相对较低的风险种类。如：在担保生效前，设置反担保措施，对履约人行为形成一定的压力和制约，减少损失频率和影响。又如：在担保有效索赔发生后，通过小额借款缓解被担保人现金压力、助力项目复工、中止该企业新项目受理、谨慎办理延期和谨慎办理同一项目其他标段担保等方式方法处理。

自留——自行承担风险后果的应对策略。一般对风险发生概率和损失有充分的估计把握，不超过自身风险承受能力，比较各种处理方式后，确定直接处理较为经济的一种处理方式。一般会制定较完备的处理方案，准备适当的资金备用。该方式是一种不得已而为之的措施，应承担主动风险自留而避免被动风险自留。如：评估高风险的项目风险准备金比例提高，降低风险敞口，以应对不确定的索赔赔付。

补偿——对于有一定发生频率、损失影响处于中位数的风险，可采取在交易价格上附加更高的风险溢价，通过提高风险回报，获得承担风险的价格补偿。如：提高供货类保函的收费，对该类保函的风险进行一定的补偿。又如：提高反担保要求及保证金金额等。

利用——项目的风险因素多种多样并不断发展变化，如果能充分认识风险、驾驭风险，就可以利用风险、挖掘机会，形成差异化竞争格局，取得更好的效益。如：国家出台多项政策，严厉打击建筑企业农民工欠薪，在此市场政策条件下，企业不能也不敢欠薪，农民工支付保函风险降低。又如：在"碳达峰、碳中和"的政策背景下，央企、地方政府等资源资金等向环保绿色能源产业倾斜，风电和光伏等新能源施工项目资金有着落，风险较往年降低。

2. 业务风险监控，对风险进行监测和控制

监测和控制是交替进行的，发现风险后立即采取措施，持续一定的时间，对其进行有效监测并观察效果，根据风险情况取消措施或进一步采取适当措施。

风险监控主要有六部分内容：监控应对措施的落实、监控应对措施的效果、风险预期判断、风险趋势判断、风险状态判断、新风险的辨识分析应对。在保证担保实务中，企业和项目监控的主要方式为企业和项目的后期检查与及时核查处理。

5.6　业务风险损失

风险的损失一般应分为两类：风险控制口径过紧造成的机会损失与保函代偿造成的损失。

1. 风控过紧造成的机会损失

在实际业务中，一般受心理因素的影响，过分偏重保函代偿的损失而忽略了机会损失，且机会损失难以计量与评估。担保机构根据市场变化、经济形势、经营目标等因素动态调整其风险偏好，动态地管理和控制某类或某项风险因素的预期损失、收益评估、管控程度、处置方式，实现风险管控和业绩收益的均衡发展，是其风险管理能力水平的综合体现，更是担保机构的核心竞争力。

2. 保函代偿的损失

工程保证担保业务的有形风险损失主要来源于保函代偿的损失，一般分为以下 5 类。

（1）直接的资产损失，以保函金额为限额的赔付，包括全额或部分。

（2）效率损失，保函被索赔，处理过程占用大量人力精力物力，一旦涉及诉讼，则涉及面广且繁冗复杂，有可能损失大量金钱、时间和机会成本。

（3）信誉受损，信用遭受危机考验，风险量增而质变，甚至导致担保机构被迫退出市场。

（4）影响风控策略，可能造成矫枉过正的过度收紧而丧失大量机会，从而失去部分市场。

（5）影响内部士气，造成负面情绪，引起其他损失。

3. 常见的损失评价指标

担保代偿率，为同期代偿支出与同期已解除担保额的比率，按期限不同，可分为累计担保代偿率和年度担保代偿率。

担保代偿余额率，为担保代偿余额与已解除担保额的比率，该比率更具动态性和合理性。

担保未决赔付率，为担保业务可能发生的损失（即未决赔付）与担保业务收入的比率，由于代偿款的回收在时间和数量上具较大不确定性，按谨慎性原则，未收回的代偿款都作为发生的损失处理，更具财务稳健性。

代偿回收率，为已收回代偿金额与已发生代偿支出的比率，反映追偿的回收程度。

担保成本系数，为同期担保赔付损失与同期解除担保额的比率，反映了担保机构为社会提供担保付出的担保资金损失成本。

5.7 业务典型风险案例分析

1. 民营施工企业合作（挂靠）项目

【案例5-1】

项目为 FJS 公司行政楼、宿舍楼土建工程，受益人：FJS 有限公司（下称"甲方"），申请企业：YND 建工集团有限公司（下称"乙方"）。该项目为台资甲方化工厂区附属建筑土建工程，履约保函，担保金额200万元，期限4个月。

乙方为民营企业，具房屋建筑工程施工总承包一级、水利水电工程施工总承包二级、市政公用工程施工总承包二级等资质。注册资本1.3亿元，财报显示，上年主营业务收入约10亿元、净利润约1亿元、总资产约3.9亿元、负债合计约1.4亿元、净资产约2.4亿元、资产负债率37.66%、有息负债率37.41%。

该项目所在地为异地，乙方在项目地无分公司等管理机构。FJS公司一期（行政楼、宿舍楼、保安室、1号大门基础、化粪池）等土建工程，合同总价1000万元，为化工厂区的附属建筑土建安装工程，规模较小，常规方法施工，无施工技术难度，无特殊工艺及要求。甲方为台资企业，现场管理人员全部为台湾建筑专业人士，对化工类项目的管理经验丰富，合同条款严苛，现场管理规范严格，项目资金成本管控苛刻，对现场的质量安全进度等行使有效管控。在此状况下，乙方项目施工实控人拼凑起来的施工队伍，愈发显示出施工能力不足，管理、技术水平满足不了施工要求。在施工的主体工程已完工后，甲乙双方签署补充协议增加部分工程，乙方停工拖延，想借此提价谈条件。由于甲方规模较大，管理严格规范，认为乙方为无理要求，坚持其按照补充合同履约。乙方为外省企业，本项目也是私人挂靠经营，对甲方的管理模式不适应，会议纪要中显示甲方对乙方早有不满，措辞严厉，关系破裂。索赔发生时，关系已无法修复，双方负责人都不出面解决问题，最终甲方发起保函索赔。

案例启示：该民营企业涉房地产开发等多种经营，借贷充分，负债较高，主业虽为建筑工程施工，但经营不规范，以挂靠合作经营为主，对异地项目管理涣散，遵纪守法意识淡薄。在项目施工出现问题后，尤其在保函索赔时，不积极处理，推诿卸责。施工企业处于产业链的最低端，如果企业主要通过挂靠、合作等形式降低成本挣扎求生，施工现场由不具资格和能力的私人控制，自身的管理缺陷和能力不足会造成履约能力欠缺，项目亏损无利润造成履约意愿不足；在索赔发生后，乙方有可能出现法律意识淡薄而不予理睬、转嫁风险、推诿脱责等行为，最终损失会让担保人承担。

【案例 5-2】

项目为 GDA 桥梁改造工程，受益人：ZJT 公路管理局（下称"甲方"），申请企业：SDE 路桥工程有限公司（下称"乙方"）。该项目为国企甲方高速公路桥梁改造土建工程，履约保函，担保金额 112 万元，期限 18 个月。

乙方为国有控股企业，具有公路交通工程（公路安全设施）专业承包一级，公路工程施工总承包一级，公路路面工程专业承包一级等资质。注册资本 2 亿元，财报显示，上年主营业务收入约 12 余元、净利润约 5000 万元、总资产约 14.7 亿元、负债合计约 7.9 亿元、净资产约 6.7 亿元，资产负债率 54.26%、有息负债率 14.95%。

本履约保函项目主要工程内容为桥梁工程，主要为拆除新建 4×20m 预应力空心板＋（33m＋50m＋33m）变截面连续箱梁＋4×20m 预应力空心板桥，灌注桩基础，柱式墩，肋板台，引道长 500m。需预制预应力混凝土梁，需预应力专有设备和技术，具一定技术门槛，项目合作方技术实力不足，无同类工程经验经历，导致工程进度严重滞后，甲方非常不满，现场农民工工资欠发多月而停工，农民工维权，导致保函索赔。项目发生索赔后，企业协商退场，最终将 112 万元直接赔付给甲方，担保责任解除。

案例启示：该企业作为地方国有公路桥梁的专业施工单位，盲目扩张，施工项目快速扩展至全国市场，经营中以合作经营为主，无有效机制和措施管控项目，各地分公司办事处人员、机械、材料等资源欠缺，施工技术及管理能力经验等项不足，造成企业对异地项目管理全面失控，多项目履约不能或不良，企业经营陷入"崩塌式"陷落。

【案例 5-3】

项目为 HEB 医院老门诊地下通道工程，保函受益人：QCU 建设集团有限公司（下称"甲方"），申请企业：HNF 建设工程有限公司（下称"乙方"）。履约保函，担保金额 330 万元，期限 12 个月。

乙方为民营股份制企业，注册资本 5000 万元。企业具有建筑施工总承包二级、市政公用工程总承包二级、建筑装修装饰专业承包二级等资质。财报显示，上年主营业务收入约 5000 万元、净利润约 400 万元、总资产约 8400 万元、负债合计约 4000 万元、净资产约 5000 万元、资产负债率 47.62%、有息负债率为 0。

项目施工拆除隔墙过程中，有 15m 通道坍塌。由于坍塌部分处于某居民小区红线范围内（但未影响到小区内部），虽未造成人员伤亡及财产损失，仍引起了当地市政府重视。市住建委在事故发生后组织召开紧急会议，要求建设单位尽快将地下工程全部填埋。建设单位要求分包单位按政府要求进行填埋，具体的处理方式为：（1）居民小区红线外部分，采用灌砂的方式予以填埋。（2）居民小区红线内的坍塌和未坍塌部分，采用灌注混凝土予以填埋。此外，市建委组织专家小组对事故原因进行论证，认为主要原因如下：（1）设计图纸不合理，本工程采用的是暗挖法施工工艺，其地下通道设计的结构顶板为平板形式，而没有采用受力更为合理的拱形结构。（2）施工单位赶进度，在二衬施工时，没有按设计要求拆除 6～9m 的中隔墙立即施工二衬，然后再进行下一个施工循环，而是一次性地将中隔墙拆除了 30～40m，再施工二衬，且未及时采取可靠的换撑措施。

总承包单位和分包单位一致指出，建设单位未取得建筑规划、施工许可证等，小区红线内部分属于违建，从而导致被填埋的严重后果；因此，认为小区红线内部分的损失应该由建设单位承担。

事后调研，本项目完全是违建，未经审批核准，完全违背建筑法律法规。从管理上看，该项目从甲方、总包、分包共六层，全部被不同的实控人操作控制，以包代管，现场管理完全失控。从成本上看，各层级实控人层层盘剥，最终到施工操作层几乎无利润，从而顾及不了质量安全。现场施工中更是因陋就简，罔顾技术与安全，根本不管施工顺序和要求，省略必要的工序措施，最终造成重大质量安全事故。

本项目的事故处理过程中，可以看出施工企业的行业经营困境。如果乙方管理能力不足，项目层层分包、转包，到最后一手，项目已没有利润，最终施工队伍为省成本，执行不规范、施工过程失控导致重大质量安全事故，保函索赔。

2. 民营房地产开发项目

【案例 5-4】

项目为 XGT 城一期一标段住宅及沿街商业建安工程施工总包合同，受益人：HNV 发展有限公司（下称"甲方"），申请企业：HBG 建工集团有限公司（下称"乙方"）。民营甲方房地产开发土建工程，履约保函，担保金额 1000 万元，期限 13 个月。

申请企业为民营企业，注册资本约 2.2 亿元。企业具有房屋建筑施工总承包一级、市政公用工程总承包二级、建筑装修装饰专业承包一级等资质。财报显示，上年主营业务收入约 34 亿元、净利润约 8000 万元、总资产约 11.7 亿元、负债合计约 2.5 亿元、净资产约 9.2 亿元、银行短期借款约 2.0 亿元、资产负债率 21.33%、有息负债率 17.18%。

项目为别墅施工项目，接近完工时甲方变更设计，修改为部分别墅增加地下室，导致项目施工内容增加，未明确增加的工程量及工程造价。此时，项目已近收尾工程，施工方把工作重心转向其他项目，希望尽快退场，尽快结算；而甲方急于交楼，要求施工方完成收尾工程。多次催促未果，甲方因保函快到期而工程未完结发起索赔。后经协调，乙方办理保函延期，虽项目亏损也完成增加工程。

案例启示：甲方在做出重大设计修改的状态下未明确价格调整，乙方未确定增加造价的条件下不愿施工。纠纷争议而发生索赔。民营甲方的房地产开发项目大多资金紧张，修改变更随意，工程造价变更多样多次，付款控制严格，增加多项工程施工内容，造价不增反减，给乙方造成的压力极大，发生纠纷的概率较高，保函担保风险较高。

【案例 5-5】

项目为 HBW 房地产开发有限公司湖景花园地产项目，项目受益人：HBW 房地产开发有限公司（下称"甲方"），申请企业：LSH 第一建筑有限公司（下称"乙方"）。民营甲方房地产开发项目，履约保函，担保金额

1000 万元，期限 18 个月。

乙方为民营企业，注册资本 5000 万元。企业具有建筑工程施工总承包一级，地基基础工程专业承包一级，消防设施工程专业承包一级等资质。财报显示，上年主营业务收入约 7.9 亿元、净利润约 300 万元、总资产约 1.6 亿元、负债合计约 1 亿元、净资产约 5000 万元、资产负债率 67.81%、有息负债率 27.01%。

当地私人挂靠，整体转包，分包至第三层，现场管理松懈。施工企业以包代管，未对项目进行有效管理。甲方进度款支付滞后，项目实际控制人资金短缺跑路，现场停工，农民工欠薪维权。甲方因要限期交房入伙，但现场施工进展缓慢而索赔。

【案例 5-6】

项目为 HNX 翡翠湾一期 A 区总承包工程（二标段），受益人：HNX 房地产有限公司（下称"甲方"），申请单位：ZJI 建设工程集团有限公司（下称"乙方"）。民营甲方房地产开发，履约保函，担保金额 266 万元，期限 18 个月。

申请企业为民营企业，注册资本 1 亿元。企业具有建筑施工总承包一级、市政公用工程总承包一级等资质。财报显示，上年主营业务收入约 11.7 亿元、净利润约 4000 万元、总资产约 6.9 亿元、负债合计约 3.7 亿元、净资产约 3.2 亿元、资产负债率 53.89%、有息负债率 12.87%。

甲乙双方签订的合同为阴阳合同，后甲方单方面毁约，未兑现承诺，未将二期高层给予乙方施工，乙方不愿意继续施工亏损的别墅工程而故意拖延，甲方提出保函索赔。由于甲方拖欠乙方工程款，乙方提出反诉讼。双方关系破裂进入诉讼程序，最终协商解决。

3. 外资甲方厂房及附属工程

【案例 5-7】

项目为 JZY 包装有限公司新厂建设工程，受益人：JZY 包装有限公司（下称"甲方"），申请企业：XJC 建设集团股份有限公司（下称"乙方"）。

履约保函，担保金额 590 万元，期限 6 个月，民营甲方厂房建筑。

该工程甲方总部设在上海，现有员工 4000 多人，是一个集林业、制浆、造纸、包装、印刷、贸易、物流为一体的跨国集团公司。乙方为民营企业，具较大规模，施工项目遍布全国，有超过 20 家分支机构，员工超万人。注册资本约 3.3 亿元。企业具有房屋建筑工程施工总承包特级，市政公用工程施工总承包一级，建筑装修装饰工程专业承包一级，钢结构工程专业承包一级，机电设备安装工程专业承包一级等资质。财报显示，上年主营业务收入约 152 亿元、净利润约 4.3 亿元、总资产约 59.9 亿元、负债合计约 21.6 亿元、净资产约 38.3 亿元、资产负债率 36.06%、有息负债率 12.29%。

工程主要内容为结构物的土建工程部分，不含桩基工程、锅炉房工艺部分、车间工艺部分、办公楼精装修、室内消防工程、钢结构防火涂料、室外厂区工程。甲方所处行业不景气，经营状况欠佳，造成项目资金不到位，拖欠工程款，施工方有意暂缓施工，激发双方矛盾，发生保函索赔，后协商解决。

【案例 5-8】

项目为 ZDH 厂房车间和办公楼，受益人：ZDH 自动化科技有限公司（下称"甲方"），申请企业：HNK 建设集团有限公司（下称"乙方"）。履约保函，担保金额 500 万元，期限 6 个月。

乙方为民营企业，注册资本 8000 万元。企业具有建筑装修装饰工程专业承包一级、机电工程施工总承包二级、地基基础工程专业承包一级、市政公用工程施工总承包一级、建筑工程施工总承包一级等资质。财报显示，上年主营业务收入约 27 亿元、净利润约 6000 万元、总资产约 8.2 亿元、负债合计约 4.2 亿元、净资产约 4 亿元、资产负债率 51.17%、有息负债率 26.97%。

甲方为外资合资企业，对工程质量要求较高，合同条款苛刻严谨。项目实际控制人与甲方多次合作，关系较好，而乙方企业总部领导与实控人缺乏互信。在甲方按合同条款支付工程款后，企业总部扣留较大比率保留金，造成项目资金紧张，进度缓慢。项目实控人鼓动甲方保函索赔想取得部分工程款项，解决施工资金需求。保函索赔发生后担保人迅速介入，沟通企业总部与实控人关系，缓和矛盾搁置争议，协商解决工程资金问题。

4. 境外施工项目

【案例5-9】

项目为 SAB 国教育政治学院项目，受益人：GJS 工程有限责任公司（总包方，下称"甲方"），申请企业：BSL 股份有限公司（下称"乙方"）。预付款保函，担保金额 1 亿元，期限 24 个月，项目为境外建筑工程项目，甲方为国内大型央企。

乙方为民营企业，注册资本 4 亿元。企业具有建筑装饰工程设计专项甲级，建筑机电安装工程专业承包一级，建筑装修装饰工程专业承包一级，建筑幕墙工程设计专项乙级，钢结构工程专业承包二级等资质。财报显示，上年主营业务收入约 45 亿元、净利润约 4.8 亿元、总资产约 74.9 亿元、负债合计约 20.5 亿元、净资产约 17.0 亿元、资产负债率 75.83%、有息负债率 12.15%。

乙方为上市过度筹融资，后经营状况及盈利不如预期，多项借贷违约逾期。项目在境外，项目施工过程中因国外政治、气候和法律等情况和国内有较大差异，施工单位"水土不服"，工程进度滞后，甲方以不能按期交付而索赔保函。

5. 招标投标涉嫌围标引争议

【案例5-10】

项目为 NYT 航电枢纽主体土建工程施工，受益人：YNT 开发投资公司（下称"甲方"），申请企业：HFM 建筑工程公司（下称"乙方"）。履约保函，担保金额 3600 万元，期限 42 个月，工程内容为水利水电站船闸、水电站主体等土建工程。

乙方为全民所有制国有企业，注册资本约 5000 万元。企业具有房屋建筑施工总承包二级、水利水电施工总承包一级等资质。财报显示，上年主营业务收入约 4.2 亿元、净利润约 700 万元、总资产约 2.3 亿元、负债合计约

7000 余万元、净资产约超过 1.6 亿元、资产负债率 31.48%、有息负债率 0。

合同签订前，乙方施工队伍进场已完成部分前期工程；该项目签订合同后，甲方已支付预付款，部分工程已开工；甲方因乙方涉嫌围标终止合同，要求乙方退还全部预付款，乙方退还 2799 万元预付款，剩余 800 余万元预付款以前期施工投入而拒绝退还，甲方提出保函索赔。后经协商沟通后，甲乙双方共同委托认可的审计单位，对乙方前期施工内容和数量进行审计确认，根据审计结果，乙方再支付剩余相关款项。经审计并协商谈判后，乙方将尾款返还，甲方撤销索赔。

6. 甲乙方工程结算争议

【案例 5-11】

项目为 ZDU 风电场项目风机及箱变基础工程，受益人：SHU 集团有限公司（下称"甲方"），申请企业：HFN 建设有限公司（下称"乙方"）。履约保函，担保金额 390 万元，期限 9 个月，国有企业甲方风电站土建工程，包含 16 台风机及配套箱变的土建基础施工等。

乙方为民营企业，注册资本约 5000 万元，实收资本约 5000 万元。具有建筑施工总承包二级、市政公用工程总承包三级等资质。财报显示，上年主营业务收入 2.1 亿元、净利润约 100 万元、总资产约 7000 万元、负债合计约 600 万元、净资产约 7000 万元、资产负债率 8.38%、有息负债率 4.37%。

因现场施工条件不具备，乙方需自行负责完成临时道路等工程，总价包干不作调整，合同条款及计量严格，质量要求较高，乙方越干越赔，要求甲方补充工程量、提高单价至合理价格，甲方未同意，乙方于 2021 年 2 月退场结算。甲方已支付乙方款项约 720 万元，乙方实际企业施工产值约 500 万元。甲方要求退回多支付的约 240 万元，而乙方只认可退回 181 万元，差额 59 万元（包含 15 万元质保金，10 万元后续结算资料押金，34 万元为甲方已签证的工程量）。保函在到期前一天，甲方书面索赔。经协商乙方同甲方达成协议，乙方退回 181 万元，另外 59 万元乙方向甲方出具保证书办理延期保函，甲方撤回索赔。

7. 甲乙方初次合作，沟通和配合不顺畅

【案例 5-12】

项目为 NSB 总干渠交通桥施工，申请企业：HAO 水利工程建设有限责任公司（下称"乙方"），受益人：NSB 建设管理局（下称"业主方"），履约保函，担保金额 400 万元，期限 12 个月。第一次保函延期，金额变为 265 万元，期限 6 个月。第二次延期金额变为 150 万元，期限 6 个月。第三次延期金额变为 150 万元，期限 6 个月。第四次延期金额变为 100 万元，期限 7 个月，共开具办理延期保函四次。水利供水配套工程，交通桥 21 座，其中公路桥 16 座，生产桥 5 座。

乙方为民营企业，注册资本约 5000 万元，企业具有水利水电工程总承包一级、市政公用工程总承包三级等资质。财报显示，上年主营业务收入约 3.0 亿元、净利润约 100 万元、总资产约 1.3 亿元、负债合计约 7000 万元、净资产约 6000 万元、资产负债率 52.74%、有息负债率 0。

项目为分包工程项目，总包单位为 GBZ 集团（下称"总包方"）。总包方为大型国企，管理严格，方式有些教条僵化，双方第一次合作，不够熟悉，未及建立互信。总包方为控制分包方，工程款延迟并按 40% 支付给乙方，造成现场资金紧张，进度缓慢。业主方、总包方和乙方之间沟通不良，造成怨气积累，问题拖延处理不当，严重影响现场施工。业主方索赔敦促要求总包方加快施工进度，总包方随即索赔乙方，后经担保人及时介入沟通各方协商后，业主方和总包方撤回索赔，总包方按进度拨付 60% 工程款给予乙方，最终项目顺利完工。

8. 项目主材不调差

【案例 5-13】

项目为 TDW 机电安装分包工程，受益人：BEW 房地产开发有限公司（下称"甲方"），申请企业：JZP 建筑安装有限责任公司（下称"乙方"）。履约保函，担保金额 250 万元，期限 14 个月，国有企业房地产开发项目机电安装工程。

申请企业为民营企业，注册资本约 8 亿元。企业具有建筑工程施工总承包特级、地基基础工程专业承包一级、钢结构工程专业承包一级、市政公用工程总承包一级、建筑装修装饰工程专业承包一级等资质。财报显示，上年主营业务收入约 38 亿元、净利润约 1.4 亿元、总资产约 36.9 亿元、负债合计约 19.0 亿元、净资产约 17.9 亿元、资产负债率 51.43%、有息负债率 25.61%。

钢材等主要材料涨价，合同条款约定不予调整增加，项目无利润且大额亏损，项目实控人停工退出，甲方提出索赔，经担保人协调后最终乙方出面兜底施工解决。

【案例 5-14】

项目为 ZSX 中心校项目——二期工程，受益人：ZSYA 区教育局（下称"甲方"），申请企业：DGP 公司（下称"乙方"）。履约保函，担保金额 450 万元，期限 12 个月，学校建设土建工程包括综合楼、室外看台、室外操场、室外道路、室外景观绿化、旗台、运动场、围墙。其中综合楼建筑面积为 1.7 万 m^2，为地下 1 层（含人防），地上 13 层框架结构。

乙方为民营企业，注册资本约 1.2 亿元。企业具有市政公用工程施工总承包一级、地基基础工程专业承包一级、钢结构一级、建筑机电安装专业承包一级等资质。财报显示，上年主营业务收入约 3.7 亿元、净利润约 1000 万元、总资产约 4.3 亿元、负债合计约 2.6 亿元、净资产约 1.7 亿元、资产负债率 59.90%、有息负债率 0。

项目前期因为甲方的消防图纸手续审查未通过，导致项目中标两年后才正式开工。由于时间跨度大，各种费用叠加和材料价格变动，工程造价大幅上升，甲方以包干合同签订为由不同意调差，故乙方一直没有复工。同时，该项目为挂靠项目，有 3 个包工头，占比最大的包工头因个人原因导致入狱，其他 2 个包工头不愿意兜底，导致索赔。最终化解索赔得利于两方面：一方面企业这几年逐渐转变为自营，经营整体还算平稳，有一定的资产，自行评估失信对企业的影响更大；另一方面，包工头和甲方之前合作过，之后还想做甲方的项目，甲方也一直给包工头施压，最终企业兜底，出资后续工程款差额的 60%，其他 2 个包工头出资工程款差额的 40% 而重新复工化解。

9. 工程管理不善导致农民工工资拖欠

【案例 5-15】

项目为 HAE 热电联产项目输煤、化水系统，受益人：SXG 公司（下称"甲方"），申请企业：HNY 公司（下称"乙方"），民营企业。履约保函，担保金额 395 万元，期限 12 个月，项目为热电厂附属系统土建工程施工项目。

申请企业为民营施工企业，注册资本约 4000 万元。企业具有建筑工程施工总承包二级、市政公用工程施工总承包三级等资质。财报显示，上年主营业务收入约 4000 万元、净利润约 150 万元、总资产约 2000 万元、负债合计约 600 万元、净资产约 1000 万元、资产负债率 39.62%、有息负债率 0。

乙方在履行合同过程中出现大量收尾及整改工程，并因拖欠工人工资导致工人闹事，甲方曾多次要求索赔。经现场调研：项目已完工，乙方拖欠农民工工资导致工人闹事，当地劳动局让甲方代付工资，但甲乙双方因工程增量问题存在纠纷，矛盾较深，导致甲方提出保函索赔。项目上实际施工的是三个项目负责人，他们各自为政、相互推诿扯皮，主要是担保人在多次推动甲乙双方协商谈判；在谈判过程中，乙方和项目负责人还是不愿承担损失，在预期损失未见法律后果的情况下，不愿投入资金解决纠纷。最终，甲方对乙方失去信任，乙方拖欠农民工工资导致农民工多次闹事，给甲方造成了不可挽回的不良影响，执意要求兑付保函。

10. 低价中标项目

【案例 5-16】

项目为 SJ 新能源控股有限公司环保发电项目，申请企业：CAD 安装公司（下称"乙方"），受益人：ZDH 集团有限公司（下称"甲方"）。履约保函，担保金额 543 万元，期限 12 个月，电厂土建工程施工。

乙方为民营企业，注册资本约 5 亿元。具有石油化工工程施工总承包二级、建筑工程施工总承包一级、建筑装修装饰工程专业承包一级、钢结构工程专业承包一级等资质。财报显示，上年主营业务收入约32亿元、净利润约1.1亿元、总资产约22.4亿元、负债合计约15.9亿元、净资产约6.4亿元、资产负债率71.26%、有息负债率14.55%。钢材等大宗主要材料涨价，项目低价中标无利润，合同总价包干不调差，项目预期亏损金额较大，挂靠该项目的实控人停工退出，最终企业出面兜底复工解决。

11. 大额垫资项目

【案例5-17】

项目为GF汽车零部件有限公司——车间、办公楼、倒班楼，受益人：QFS汽车零部件有限公司（下称"甲方"），申请企业：BCY实业（集团）有限公司（下称"乙方"）。履约保函，担保金额1000万元，期限24个月，民营企业甲方厂房建设项目。

乙方为民营企业，注册资本约5000万。企业具有市政公用工程施工总承包一级、钢结构工程专业承包一级等资质。财报显示，上年主营业务收入约8.5亿元、净利润约2000万元、总资产约1.5亿元、负债合计约800万元、净资产约1.4亿元、资产负债率5.8%、有息负债率0。

甲方为民营企业，第一次招标投标完成后，中标单位已进场施工，合同条件为全部垫资。乙方筹融资未达预期造成资金困难，工地停工，后续乙方与甲方协商未果，施工单位不愿退场又无实力垫付资金施工，甲方以原合同为凭据，不提供进度款。在乙方停工后，甲方又将项目进行第二次招标投标，由于工程前期的矛盾未解决，新中标单位无法进场施工。甲方动用保函施压，要乙方迅速退场。最后，经双方协商，乙方退出，保函退回。

12. 民营企业供货项目

【案例5-18】

项目为NYSR水电站建筑钢材采购，受益人：GXT集团公司（下称"甲方"），申请企业：RCK贸易有限公司（下称"乙方"）。钢材供货履约保函，担保金额230万元，期限12个月，国有企业甲方钢材供货保函。

乙方为民营企业，注册资本约 5000 万元。该企业为贸易型企业，不具工程资质。财报显示，上年主营业务收入超过约 20 亿元、净利润约 2000 万元、总资产约 7.1 亿元、负债合计约 4.8 亿元、净资产约超过 2.2 亿元、资产负债率 67.80%、有息负债率 48.35%。乙方是 HW 钢铁集团重点工程一级代理唯一授牌单位。公司在行业具有一定影响力，主要为各大水电站、高速公路、地铁项目供应钢材，先后为几十家中铁项目部及数十家国有大型电力集团供货。企业大力举债经营，后因基建投资下滑，大额应收款收不回导致债务危机，无力履约供货，导致甲方发出保函索赔，最终企业停止经营，进入破产程序。

【案例 5-19】

项目为 BJS 四号线工程多联分体空调一标采购项目，受益人：JBU 轨道交通建设管理有限公司（下称"甲方"），申请企业：DYC 制冷设备安装有限公司（下称"乙方"）。空调供货履约保函，担保金额 55 万元，期限 55 个月。国有企业甲方民营贸易企业空调供货项目。乙方负责 BLS 四号线工程多联分体空调设备、备品备件、制冷剂等所有货物的供货，并提供与供货相关的服务。

乙方为民营企业，注册资本约 5000 万元。企业为贸易企业、不具有工程资质。财报显示，上年主营业务收入约 4000 万元、净利润约 400 万元、总资产约 4000 万元、负债合计约 2000 万元、净资产约 3000 万元、资产负债率 39.49%、有息负债率 34.45%。企业过度举债经营，涉民间借贷，企业因债务危机暂停经营。

【案例 5-20】

项目名称：SHV 项目设计、供应及安装铝合金门窗专业分包工程，受益人：SHV 房地产开发有限公司（下称"甲方"），申请企业：JLE 实业发展有限公司（下称"乙方"）。民营甲方房地产项目门窗制作安装工程，共两笔，预付款保函，担保金额 270 万元，期限 6 个月；履约保函，担保金额130 余万元，期限 6 个月。

乙方为民营企业，注册资本约 1000 万元。具有金属门窗工程专业承包一级、建筑装修装饰工程专业承包二级等资质。财报显示，上年主营业务收入 3 亿元、净利润约 2000 万元、总资产约 1.2 亿元、负债合计约 1.2 亿元、净资产约 300 万元、资产负债率 97.18%、有息负债率 49.83%。乙方负债过高，经营和债务杠杆过高，项目多为中小民营甲方地产项目供货及安装，因地产销售形势不好，乙方大额应收款收不回来，最终破产，经营停止。

工程保证担保实务

工程保证担保业务的起点一般从建设工程项目的招标投标开始，按照我国相关法律规定，目前绝大部分的工程建设项目需要进行公开或邀请招标。以工程建设施工招标为例，担保业务品种涵盖招标投标时期的投标保函，承包人中标后的履约保函、预付款保函、业主支付保函、农民工工资支付保函，以及项目验收之后的质量保修保函等。本书以上述进行招标投标的项目为主，以担保公司开展业务的视角，从市场开发、尽调、评审、保后跟踪、风险化解等几个方面展开工程保证担保业务的分析和探讨。

第6章 市场开拓

市场开拓是工程保证担保制度由理论转为实践的起点，是工程保证担保业务的开端，也是风险控制的源头，其重要性不言而喻。

随着工程保函市场的快速发展，工程保证担保公司数量呈现爆发式增长，市场竞争不断加剧。担保公司需要从更高层次，以更有效的方式与客户建立新型主动性关系，市场营销方向也应逐步向差异化竞争导向转变。通过某些有效的方式在业务、需求等方面与客户建立关联，形成一种互助、互求、互需的关系，把客户与担保公司更紧密的联系在一起，减少客户的流失，提高客户的忠诚度，赢得长期而稳定的市场。

"以客户为中心"的服务能力成为担保公司的核心竞争力之一。在日趋激烈的市场竞争形势下，市场营销开拓着眼于担保公司与客户建立互动与双赢的关系，不仅积极地满足客户的需求，而且主动地创造需求，相互渗透与影响，为客户创造新价值，形成独特的竞争优势。

担保公司在进行市场开拓的同时，应带着风险管理理念选择客户和项目，从源头上减少风险的流入，提高市场开拓的"性价比"。

6.1 市场开拓的前期准备

6.1.1 全面的市场调研

俗话说，没有调查就没有发言权。全面的市场调研和分析，是从事任何市场开发和营销活动不可或缺的重要前提。首先，对宏观经济环境和政策导向进行分析，结合国际上的发展经验，判断市场需求和行业发展前景。我国的工程保证担保制度起步较晚，在政策的引导和推广下取得了快速发展。根据国际上工程担保的发展经验和国内的市场发展情况，我国的工程保证担保行业尚处于上升期，行业发展空间较大。

其次，从微观层面，分析建筑行业的特点、行业痛点和风险点等，判断目标市场的发展趋势、市场容量和市场需求。建筑业属于我国的支柱产业，在国民经济中占据重要地位，行业发展时间较长、相对稳定，但也存在不规范、粗放发展的情况。建筑行业的发展特性，既是工程保证担保行业发展的原因，也是工程保证担保业务的主要风险点所在。

最后，对所处担保行业进行调研分析，了解行业竞争态势、风险情况、发展方向和存在的问题，了解自己在行业中的竞争地位。目前行业竞争普遍，进入壁垒较低，产品同质性强，价格竞争尤其激烈。通过了解行业结构，找准定位，选择目标市场，寻找发现机会，并防范风险。

建筑业的发展同整个国民经济的发展息息相关，并呈现相同的发展趋势。建筑行业的发展，区域性明显，不同区域的建筑业产值同当地 GDP 规模呈高度正相关。表 6-1 和表 6-2 以 2012—2021 年近 10 年的数据为例，按 2021 年数据排名前十地区的 GDP 和建筑业产值，两者所在的地区基本相同。虽然工程保证担保业务规模公开信息可查询的不多，但通过对内部的市场了解，其发展规模与各地区的 GDP 和建筑业产值紧密相关。开展工程保证担保业务区域的大方向，便可参考这些经济指标来布局。

近十年各地区 GDP 情况（以 2021 年数据排名） 单位：亿元　　表 6-1

地区	2021 年	2020 年	2019 年	2018 年	2017 年	2016 年	2015 年	2014 年	2013 年	2012 年
广东省	124369.7	111151.6	107986.9	99945.2	91648.7	82163.2	74732.4	68173	62503.4	57007.7
江苏省	116364.2	102807.7	98656.8	93207.6	85869.8	77350.9	71255.9	64830.5	59349.4	53701.9
山东省	83095.9	72798.2	70540.5	66648.9	63012.1	58762.5	55288.8	50774.8	47344.3	42957.3

地区	2021年	2020年	2019年	2018年	2017年	2016年	2015年	2014年	2013年	2012年
浙江省	73515.8	64689.1	62462	58002.8	52403.1	47254	43507.7	40023.5	37334.6	34382.4
河南省	58887.4	54259.4	53717.8	49935.9	44824.9	40249.3	37084.1	34574.8	31632.5	28961.9
四川省	53850.8	48501.6	46363.8	42902.1	37905.1	33138.5	30342	28891.3	26518	23922.4
湖北省	50012.9	43004.5	45429	42022	37235	33353	30344	28242.1	25378	22590.9
福建省	48810.4	43608.6	42326.6	38687.8	33842.4	29609.4	26819.5	24942.1	22503.8	20190.7
湖南省	46063.1	41542.6	39894.1	36329.7	33828.1	30853.5	28538.6	25881.3	23545.2	21207.2
上海市	43214.9	38963.3	37987.6	36011.8	32925	29887	26887	25269.8	23204.1	21305.6
小计	698185.1	621326.6	605365.1	563693.8	513494.2	462621.3	424800	391603.2	359313.3	326228
全国	1143669.7	1013567	986515.2	919281.1	832035.9	746395.1	688858.2	643563.1	592963.2	538580
占比	61.05%	61.30%	61.36%	61.32%	61.72%	61.98%	61.67%	60.85%	60.60%	60.57%

数据来源：国家统计局。

近十年各地区建筑业产值情况（以2021年数据排名） 单位：亿元　表6-2

地区	2021年	2020年	2019年	2018年	2017年	2016年	2015年	2014年	2013年	2012年
江苏省	38244.49	35251.64	33099.18	30846.66	27956.71	25791.76	24785.81	24592.93	21993.61	18423.55
浙江省	23010.97	20938.61	20390.2	28756.2	27235.83	24989.37	23980.59	22668.19	20200.02	17332.74
广东省	21345.58	18429.84	16633.41	13714.37	11372.05	9652.31	8865.68	8356.5	7863.9	6514.43
湖北省	19031.55	16136.11	16979.67	15133.87	13390.73	11862.4	10592.86	10059.59	8465.27	7043.42
四川省	17351.19	15612.7	14668.15	12983.75	11400.34	9959.68	8768.24	8066.66	7209.91	6240.33
山东省	16412.05	14947.3	14269.29	12898.29	11477.75	10087.43	9381.72	9313.46	8467.67	7281.33
福建省	15810.43	14118.01	13164.42	11548.82	9993.65	8531.45	7605.81	6689.21	5461.75	4424.54
河南省	14192.01	13122.56	12701.68	11360.52	10086.58	8807.99	8047.65	7911.89	7003.2	6009.08
北京市	13987.73	12905.87	11999.36	10939.76	9736.71	8841.19	8436.73	8209.8	7464.36	6588.3
湖南省	13280.14	11864.03	10800.62	9581.44	8423	7304.22	6630.82	6020.97	5283.84	4407.92
小计	192666.14	173326.67	164705.98	157763.68	141073.35	125827.8	117095.91	111889.2	99413.53	84265.64

第6章　市场开拓

地区	2021 年	2020 年	2019 年	2018 年	2017 年	2016 年	2015 年	2014 年	2013 年	2012 年
全国	293079.31	263947.39	248443.27	225816.86	213943.56	193566.78	180757.47	176713.42	160366.06	137217.86
占比	65.74%	65.67%	66.30%	69.8 6%	65.94%	65.00%	64.78%	63.32%	61.99%	61.41%

数据来源：国家统计局。

6.1.2 确定市场定位和目标市场

基于以上全面的市场调研和分析，把整个建筑业市场分割成需求不同、风险不同的若干个子市场。工程保证担保业务面向整个建筑业及其上下游行业企业，各担保公司可根据自身特点选择细分的目标市场。

担保公司结合目标市场风险情况、市场需求容量、行业竞争情况、自身实力和行业地位、风险容忍度和经营管理理念等，做出适合自己的市场定位。市场定位并非一成不变，而应该是动态的；根据宏观经济环境和国家政策指导，以及行业和自身的发展需要进行适当的调整。

目标市场的确定，包括重点营销的地理区域、建筑市场的细分行业、产品类型和角色定位等。比如，担保公司最初开展业务时，通常选定有限的几个重要地区作为主要目标市场，集中资源进行重点营销；广东、江苏和浙江等省份，通常成为各担保公司最先布局的区域。

工程保证担保业务最直接和广泛的客户（被担保人）是全国各地的建筑企业，通过公开信息查询，可以得到全国各地建筑企业数量的分布情况。表 6-3 列示了 2021 年建筑企业数量排名前十的地区，这将是工程保证担保业务区域布局和市场开拓的重点方向。在此基础上继续下沉搜索，如按资质等级搜索，首先对一级及以上资质客户数量比较多的城市进行较集中的区域开拓。

近十年各地区建筑企业数量情况（以 2021 年数据排名）单位：个　表 6-3

地区	2021 年	2020 年	2019 年	2018 年	2017 年	2016 年	2015 年	2014 年	2013 年	2012 年
江苏省	11396	11000	9345	9292	8640	8770	8909	9025	9305	8743

地区	2021年	2020年	2019年	2018年	2017年	2016年	2015年	2014年	2013年	2012年
山东省	9297	8081	7299	6907	6717	6013	5945	5758	5756	5661
浙江省	8750	8004	7256	6769	6231	6174	6133	6057	5884	5550
广东省	8501	7587	6643	5746	4902	4437	4311	4387	4395	4144
河南省	8158	7415	6740	6159	5767	5123	4684	4762	4697	4332
四川省	7891	7067	5826	5230	4501	3809	3449	3415	3389	3193
福建省	7758	6774	5829	4865	4029	3608	3402	3109	2646	2387
安徽省	6834	5692	4446	3813	3111	2929	2763	2747	2675	2539
辽宁省	5816	5635	5322	5134	5186	5238	5563	6028	6005	5547
湖北省	5077	4633	4566	4196	3692	3368	3218	3217	3197	2774
小计	79478	71888	63272	58111	52776	49469	48377	48505	47949	44870
全国	128746	116722	103805	96544	88074	83017	80911	81141	78919	75280
占比	61.73%	61.59%	60.95%	60.19%	59.92%	59.59%	59.79%	59.78%	60.76%	59.60%

数据来源：国家统计局。

根据国家行业政策导向和经济形势的发展，发现机会或调整策略。比如，近年来在国家供给侧结构性改革等政策的调控和去杠杆的大环境下，商业房地产项目应持谨慎态度；而新基建、新能源和碳中和等相关领域，呈现出更多的市场机会。

产品类型和角色定位，往往同担保公司的发展阶段、实力规模和经营理念相关，经营范围选择精而专、大而全，还是重点明确、其他适当兼顾，市场定位和服务范围要有所取舍，应结合行业和自身的发展情况做出选择。就目前的经济和市场环境而言，广而散、小而多的担保策略，更适于当下的风险形势。

了解当地工程担保政策，适当部署或调整市场策略。例如，福建省普遍推广工程保险保函，考虑到保险保函收费较低，担保公司在业务布局时应该重点考虑该政策的影响，合理布局。

6.1.3 制定市场开发策略

不同的担保公司因其规模、产品多样化程度、风险控制能力、经营管理理念、经营网点多少和发展阶段等的不同而采取不同的市场营销策略。从事工程保证担保业务的市场营销人员一方面要负责对目标市场和客户进行开拓维护，一方面还要对工程担保项目进行项目尽调、评估、担保方案设计、出函、保后跟踪和风险化解，后续本书把这类处于业务一线的营销人员统称为客户经理。

1. 产品策略

随着工程保证担保行业的逐步发展，业务种类和产品品种不断衍生，从常见的投标保函、履约保函、预付款保函，到近几年逐渐增多的农民工工资支付保函、质量保函和业主支付保函等，再到非工程施工类保函，如供货保函、安保保函、售电保函、海关保函等，产品性质和担保范围不同，对应的风险也不同。担保公司最初开展业务应从提供常规的投标保函、履约保函和预付款保函服务入手，其他担保品种有选择性或者限制性地提供。待风险管理经验和业务规模发展成熟以后，逐步增加担保的业务种类和范围。

发展较成熟的担保公司，一般提供的担保品种比较齐全，并根据不同的担保品种匹配不同的审核标准和担保方案等。利用其业务规模优势和丰富的风险管理经验，将产品分层、分级，将个性化审批的业务进行部分的标准化，提高业务产出比，配合价格策略，使竞争优势更加突出。例如，深圳市高新投保证担保有限公司根据多年的担保经验，将工程保函业务进行了分层，推行了标准化保函制度，执行不同的审批标准。从制度设计方面对业务进行引导，从分散风险、科技赋能、提高产出比、扩大市场占有率等多个方面进行优化设计，探寻业务的深层逻辑，探索新的业务模式。

除工程保证担保业务外，担保公司其他板块业务品种的多元化发展程度，也在一定程度上影响着客户的选择。规模较大、实力雄厚、多元化经营的担保公司，与建筑企业进行工程保证担保业务合作的同时，也应积极探寻投资、融资、保理、基金管理等方面的合作，多业务板块协同联动，可以更好地为客户服务，增加客户黏性。

【案例6-1】

A担保公司客户经理在开拓SZK公司保函业务时，发现企业有较强的融资需求。在保函业务合作过程中，不断深入调查了解客户情况后，也为客户提供了融资担保贷款方面的支持。该担保公司两个业务板块联动配合、内部协同，最大化地为客户提供服务，助力客户快速成长。该企业不断发展壮大，后来收购SZB工程公司。这样，被收购公司也顺理成章地和A担保公司展开了业务合作，不断介绍输送保函业务。

案例启示：多板块业务协同联动，符合"以客户为中心"的服务导向，对客户产生的附加值更高，可以有效增加客户黏性。但对担保公司要求较高，一方面要求担保公司有一定的实力，有多板块业务，有业务联动的可能性；另一方面，要求担保公司有足够的风险控制能力，有进行服务纵深及扩展的能力。

2. 渠道策略

工程保证担保业务，因个性化特征明显，具有一定的定制性和风险性，且产品时效性强，目前不适用于渠道分销，一般多采用直营方式。

建筑企业群体遍布全国，同一家企业的经营范围和项目分布也可能遍布全国，而各地的招标投标市场、行业政策和经济发展程度不同，对应的担保产品又带有较强的专业性和定制性，服务发生频率较高，且同一项目项下产品配套性和持续性较强，因此需要担保公司的网点设置贴近客户，具有一定的网点规模，能实时响应客户需求，贴近了解当地市场特点和风险，便于市场营销和风险把控。发展比较成熟的担保公司，将防范风险放在第一位，并注重客户体验，以客户为中心，网点的覆盖面广，产品多样化，具有一定的定价权，通常采用直营方式。

对于渠道网点的布局和安排，担保公司应视自身规模和发展阶段而定。

在发展初期，适宜采用区域集中策略开展业务，待形成成熟经验后逐步扩大服务的区域范围。网点数量和规模、从业人员数量和人员素质是判断该行业担保公司实力和规模的一个重要参考指标。

从理论上分析，任何一家企业都在市场这张立体大网的某个结点上，无论通过哪条丝线都可以联系到它。客户经理要不断拓宽营销渠道，努力成为全域、全渠道的市场开拓人。全域，意味着个人要立足常驻区域而面向全国、全行业链条、全部施工企业进行营销与服务；全渠道，意味着除常规的针对施工企业拜访方式外，还应打破条条框框，穷尽全部渠道拓展，寻找各种关联，如建设单位、施工企业、项目关联企业、项目实际控制人、银行、住建局、工商局、招标投标平台、亲朋友人、开发商等渠道。站在更高的高度、更宽的视野看待市场，根据客户不同的背景、不同的发展阶段等因素，选择不同的合作方式及切入点，倡导合作共赢的理念，培育开放的营销渠道。

3. 定价策略

因工程保证担保业务存在风险的不确定性，风险因素受多方面的影响，传统的定价方法，如成本导向定价法、需求导向定价法和竞争导向定价法都不太适用于该业务。该业务一般适用于风险导向定价法，应以风险高低为首要判断标准，综合考虑企业规模和资质信用情况、担保公司自己的出函成本、项目特点、担保方案和市场竞争等情况，采用差别定价的方式对应不同的客户群体和项目。

如施工资质较低的三级企业或无施工资质的民营企业申请的保函，或是农民工工资支付保函和质量保函、PPP 项目相关保函等，综合评估担保风险较高，一般设置较高的收费标准。

4. 推广策略

由于工程保证担保业务的供给双方存在一定的信息不对称，担保公司在早期市场培育过程中一般采用线下营销方式，大多通过登门拜访、电话营销、客户转介绍和行业会议等方式进行业务营销。相对银行和保险公司来说，大部分担保公司在全国的知名度不高、公信力不强，提供的金融服务较为单一，一直隐身其后为客户提供保函业务的担保，但最终出具的大部分是银行保函，故担保公司广告投入的产出效益并不显著。

工程保证担保业务发展到现阶段，线下渗透已经比较充分，可得性强，所以目前仍以线下营销为主。其中，点对点营销是比较普遍的方式，也最实用。此外，可通过参加建设行政主管部门召集的会议、招标投标会议、行业协会会议进行集中营销。如参加各地的建筑业协会会议，在行业会议上进行宣讲介绍，可接受度和可信度强，集中营销效果更明显。

会议营销是更为直接和精准的营销方式，担保公司可视情况自行举办客户座谈会。座谈会邀请的客户可以是既有客户，也可以是潜在客户。举办客户座谈会对担保公司的要求比较高，既要有丰富的会议内容和合理的会议议程安排，又要有足够的控场和引导能力，并要根据邀请参会的客户规模和实力、过往合作情况、参会人员的级别职务等设置相对应的座次、座谈话题或培训主题，以及会后伴手礼的设计准备等，这些都比较考验担保公司的组织协调能力。但在这样的座谈会成功举办以后，效果和作用是多方面的，不仅可以营销客户、倾听客户需求，还可以引导和培养客户的风险理念，并为客户提供沟通和学习的平台，进一步获取客户的认可，增强业务合作黏性。

疫情形势下，线下会议等多种营销方式带有多种不确定性，各担保公司也在不断探索新的营销模式，尝试采用线上获客方式。如在工程建设领域相关的招采网站上投放广告，在自己官方网站平台上做产品推广介绍，或直接将低风险产品申请嵌入到各地的招采平台中等，以期达到更好的线上获客效果。

6.2 目标客户和项目的选择

在工程保证担保业务中，投标保函、履约保函、预付款保函是最常见的保函品种，施工企业作为承包人是担保公司最直接的目标客户，下面重点阐述以建筑企业为目标客户进行选择和市场开拓。

市场开拓是业务实操的起点，也是关键点，是业务风险控制的源头。在客户和项目的最初选择上，应识别和摒弃经营不善的企业和高风险的项目，在源头上将高风险客户和项目排除在外。

在市场开拓实际操作中，一般以选择企业为主，再结合具体工程项目的特点，做出初步判断和选择。

6.2.1　企业维度

制定选择企业的标准，将建筑业企业按不同的维度进行分类，选择符合担保公司风险经营理念的客户。

1. 通过建筑业企业资质类别和等级进行筛选

担保公司的目标客户多为非公众企业，企业内部信息可获得性不强，多通过外部公开信息进行预判和初选。目前，最常用的筛选企业的参考标准为资质类别和等级。资质等级是建筑企业承接项目的基础，是企业赖以生存的前提条件。

不同的资质类别和等级在企业净资产、注册人员和工程业绩等方面对应不同的标准要求，等级越高，要求也越高。可以通过企业资质的高低，初步判断企业的规模和实力。

《建筑业企业资质管理规定》第三条规定，"企业应当按照其拥有的资产、主要人员、已完成的工程业绩和技术装备等条件申请建筑业企业资质，经审查合格，取得建筑业企业资质证书后，方可在资质许可的范围内从事建筑施工活动"。基于此，从一定意义上来讲，资质是建筑企业进入行业的门槛，是从事建筑施工活动的基础。建设工程招标投标活动，也大都对投标人的主体资格做出了要求，要求投标企业必须具有与其投标工程相适应的资质。

"企业可以申请一项或多项建筑业企业资质。企业首次申请或增项申请资质，应当申请最低等级资质。"也即，建筑企业的资质是从低到高，逐步升级的，不能一蹴而就。一般来讲，企业拥有的资质越多、等级越高，投标的选择范围就越大。

有无资质、资质高低、取得资质的年限、资质的专业性和稀缺性等，已成为担保公司预判建筑企业规模、实力、施工能力和行业排他性的一个重要参考指标。

目前仍在实行的建筑业企业资质标准对资质进行了分类："建筑业企业资质分为施工总承包、专业承包和施工劳务三个序列。其中，施工总承包序列有 12 个类别，一般分为 4 个等级（自高而低分为特级、一级、二级、三级）；专业承包序列设有 36 个类别，一般分为 3 个等级（自高而低分为一级、二级、三级）；施工劳务序列不分类别和等级。"

以施工总承包序列为例，12 个类别分别为建筑工程施工总承包、公路工程施工总承包、铁路工程施工总承包、港口与航道工程施工总承包、水利水电工程施工总承包、电力工程施工总承包、矿山工程施工总承包、冶金工程施工总承包、石油化工工程施工总承包、市政公用工程施工总承包、通信工程施工总承包和机电工程施工总承包。担保公司经常服务的企业客户资质主要为建筑工程施工总承包、公路工程施工总承包、水利水电工程施工总承包、电力工程施工总承包、市政公用工程施工总承包和机电工程施工总承包的相关资质，这也同我国近年来的产业经济发展方向相一致。

将企业按资质由高到低进行汇总排序，初选时以资质高低预设客户的重要程度。建筑企业资质的查询，可获得性强，多家网站可查，目前比较权威的官方查询网站为"全国建筑市场监管公共服务平台"（四库一平台），http://jzsc.mohurd.gov.cn/home。如图 6-1 所示，选择查询条件（资质类别、资质名称或企业注册地址等），得出查询的企业名单。

随着建筑业相关市场需求的发展，产生了诸多需要付费查询的网站和APP，将各地建设领域招采平台、建筑行业和建筑企业的各类信息进行了归类、整合，综合性更强，应用也比较广，查询起来更方便，见图 6-2。

图 6-1　四库一平台查询条件

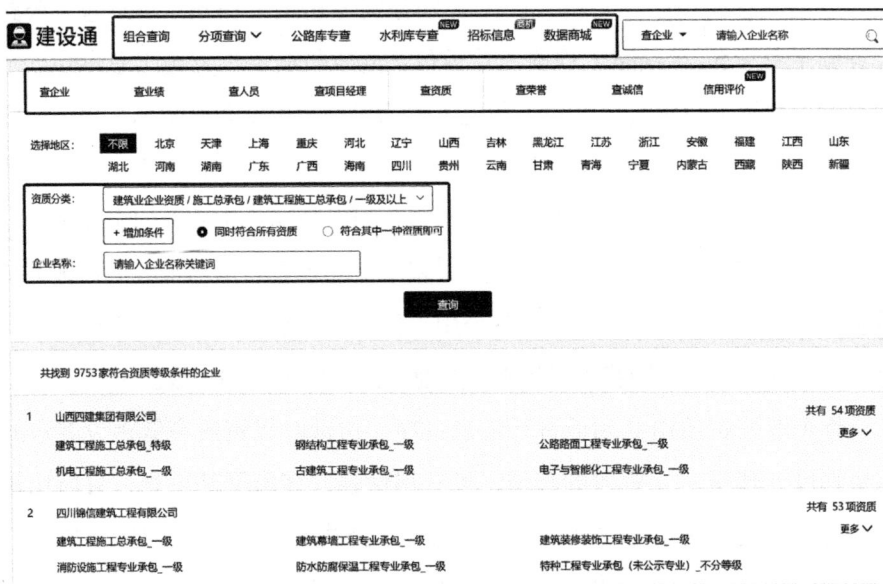

图 6-2　某付费网站查询条件

在选择企业进行营销拓展时，一般优先营销高资质等级的企业；其次，区分不同细分行业资质等级的稀缺性或不同细分行业的利润风险情况。比如，高等级的公路工程施工总承包、铁路工程施工总承包、水利水电工程施工总承包、市政公用工程施工总承包等资质较为稀缺，资质对应承接的项目一般利润率更高，企业履约意愿更强，项目出风险的概率更小，更受担保公司的青睐。

2020年11月，住房和城乡建设部发布《建设工程企业资质管理制度改革方案》（以下称"改革方案"）。资质改革的重点在于"精简资质类别、归并等级设置"，对工程勘察、设计、施工和监理四大领域的资质进行大批量的精简和整合。"对部分专业划分过细、业务范围相近、市场需求较小的企业资质类别予以合并，对层级过多的资质等级进行归并。改革后，工程勘察资质分为综合资质和专业资质，工程设计资质分为综合资质、行业资质、专业和事务所资质，施工资质分为综合资质、施工总承包资质、专业承包资质和专业作业资质，工程监理资质分为综合资质和专业资质。资质等级原则上压减为甲、乙两级（部分资质只设甲级或不分等级）"。以工程施工资质为例，将施工总承包特级资质调整为施工综合资质，不分行业和等级，施工总承包其他等级资质和专业承包资质归并为甲、乙两级资质，将36类专业承包资质整合为18类，施工劳务资质改为专业作业资质，由审批制改为备案制，综合资质和专业作业资质不分等级。此改革方案被业界视为对资质的弱化，更加注重企业工程业绩，放宽了行业准入限制，提高了企业承揽业务的上限。

2022年2月，住房和城乡建设部在改革方案的基础上发布了《建筑业企业资质标准（征求意见稿）》等4项资质标准公开征求意见的通知，就资质分类和业务范围等向社会公开征求意见，资质改革进一步推进。担保公司应结合资质改革的方向，分析判断相关企业未来的资质定位、工程承接范围和发展前景等，用于选择和开拓客户。

2. 分区域差别化筛选企业

工程保证担保业务的发展带有明显的区域特征，不同省市区域的经济发展程度、财政能力、投资理念、城市发展阶段和基础设施建设情况等，对企业客户选择也产生重要影响。

一方面，不同区域的建筑企业数量不同，不同区域同一资质等级的建筑企业工程量和产值规模可能差别比较大，企业发展的特征表现和行业内连接的紧密程度也不尽相同，需要针对不同区域进行差异化的客户筛选和开拓。比如，广东、江浙一带，因经济规模、建筑业产值和建筑企业数量规模较大，一直是担保公司的必争之地；川渝地区，随着近两年成渝双城经济圈和川渝一体化的规划建设，近万亿的基建市场呼之欲出，各担保公司积极屯兵竞战。通过公开信息可查询各省建筑企业数量和资质总体情况，如图 6-3 所示，通过查询可知广东省建筑企业资质的总体情况。

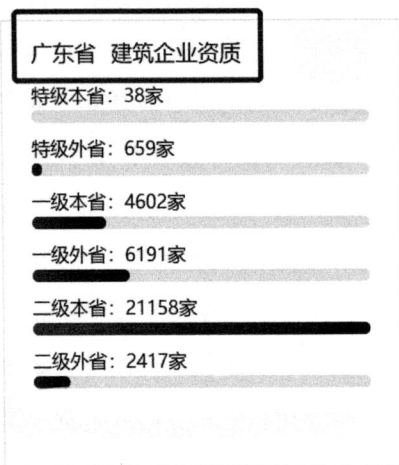

图 6-3　广东省建筑企业数量和资质查询总览

另一方面，不同地域建设领域的招标投标政策不同，需要贴近市场的网点触角，了解当地建设领域的招标投标政策特点和施工企业的特性。尤其对于市场潜力比较大的区域，针对性地筛选客户尤为必要。比如，重庆地区建设领域施行的低价中标政策，由于中标价的下浮比例普遍较高，需要更具针对性地筛选客户。需要业务端贴近当地招标投标市场，了解政策变动和当地建筑企业经营特点，选择符合自身担保理念的客户。

网点数量较多、发展较为成熟的担保公司，可以发挥各网点的区位优势，贴近客户，各网点重点开拓当地或周边地缘区域的市场业务，待所在网点地区及周边区域市场开发成熟后，再行投入"兵力"进入更有潜力的市场。

3. 通过企业中标项目的类型和频次进行筛选

企业中标的项目数量、中标频次和经常中标的项目类型，也是选择目标客户的一个重要参考指标。一般来讲，企业中标频次越高、数量越多，说明企业经营越活跃。如果中标的项目类型多为政府发包的市政类工程，工程项目支付条件较好，利润较高，那么企业的现金流和利润通常也会比较好，应该给予此类企业更多的关注。各地区的招标投标信息大都可以通过当地公共资源交易中心的网站查询，网站一般只是将招标投标信息按时间进行列示，没有统计汇总功能，客户经理可以自己归纳总结，也可以利用专业网站进行查询，如建设通或建设库等。通过查询当地建筑企业的年中标次数，初步判断企业投中标的活跃度和经营情况，关注企业中标项目类型，再从中筛选符合自己经营理念的客户群。

4. 关联人介绍

这里的关联人是个广义的概念，既包括企业法人，也包括自然人；既包括承包人，也包括发包人。

关联人的关联关系，依据其相关程度，可以将其分为强关联和一般关联。强关联，常见的如兄弟单位、母子公司、股东或高管关联单位、互相担保企业和战略合作单位等；一般关联，如同一细分行业、同一资质类别的企业、同一注册地的企业、中标同一工程不同标段的企业等，都可视为一般关联关系。

强关联企业之间的推荐介绍，信任度更高，一般介绍的成功率也更高。但强关联企业数量较少，在实际应用过程中，一般关联企业之间的介绍更为普遍。

实际工作过程中，最常见的关联介绍人通常为有一定合作基础的老客户。这些既有客户通过过往的担保业务合作感受，对合作的担保公司产生一定的认同感，介绍熟悉的同行或关联企业。通过既有客户的直接介绍，可以快速提高新客户的信任感，成交率较高。所以，在既有客户的合作过程中，也要时刻保持营销思维。既要注重既有客户的持续营销服务，保持客户黏性，发掘既有客户合作潜力，又要善于利用客户的影响力，积极争取老客户推荐新的客户。这样，通过客户推荐客户，客户关系和客户数量不停的延展。待老客户基量达到一定数量，推荐的新客户数量也将快速增加。

现实营销过程中，关联人的运用非常广泛。关联人不一定直接出面推荐，也不一定提供具体的联系人或联系方式。通过各种渠道了解到的可能起到关联作用的信息，都要充分利用，借助关联关系开拓和影响客户。

比如，客户经理曾经受理过同一发包人的项目，了解发包人对出函机构、保函格式内容、保函时效性等有特殊性要求。客户经理基于过往受理该类项目的经验，更好地进行市场开拓。

【案例 6-2】

Z 市城乡建设局（下称"发包人"），经常发包当地各类市政项目，在对外公布的招标文件和签订的施工合同中，对于履约担保和预付款担保约定的比较简单，只对保函金额比例有明确要求，其他并无特殊之处。但有些更具体的要求，并未体现在招标文件和施工合同中。通过过往项目的多次接触和沟通，客户经理了解到发包人对保函相关比较关键的两点要求如下：

1. 该发包人要求，履约保函有效期时间为合同总工期延长 180 日历天。如果按照常规办理履约保函的经验，将保函有效期截止至工期计划完工的日期是不够的；预付款保函有效期要求与工期相同，也同常见的预付款保函期限要求不同。并对交付保函的时间做出了具体约定："以监理下发的开工令时间 10 日内为保函开具时间"。

2. 该发包人对履约保函格式性质没有具体的要求，但要求预付款保函为"见索即付银行保函"。

建筑企业中标该发包人的项目后，客户经理根据对发包人的了解，对履

约保函和预付款保函分别设计采用两种不同性质的保函格式，降低客户的出
函成本，降低担保风险；对保函期限提出合理化建议，避免因保函有效期不
满足受益人要求而导致保函拒收。

案例启示：在客户营销过程中，基于对某一发包人的了解，能快速指导
客户出具正确的保函，体现了自身的专业性，减少沟通成本，提高效率，拉
近了同客户的距离。

当然，即便是同一个发包人，不同时期的要求也可能不同。客户经理
应持续跟进了解发包人的需求，尤其经常发包项目的发包人的特点要跟进了
解，帮助客户满足发包人对保函提出的相关要求。

还有一种常见关联关系的运用，比如，同一工程项下的不同标段，借助
其中一个标段中标客户掌握的信息，拓展其他标段客户。老客户推荐新客户
时，常常以某个具体项目为突破点，尤其是多标段发包的项目，通过其中一
个标段的中标企业或实际施工人，推荐营销其他标段的潜在客户，这种营销
方式快速而有效。

【案例 6-3】

HDL 公司，电力总承包一级资质，其中标某安置区二标段电力的项目，
项目建设资金为财政资金，付款条件较好，风险较小。在了解该客户的中标
情况后，客户经理迅速查询了另外四个标段的中标单位。进一步同 HDL 公
司沟通，请其介绍其他几个标段的项目实控人，并允诺如果几个标段一起受
理，则可以打包申请价格优惠。该企业项目负责人基于对担保公司的信任和
价格优惠的吸引，将该客户经理推荐给另外几个标段的中标单位。几个标段
同时受理，联合同业主沟通使用同样的保函格式，争取到了对施工企业更为
有利的保函格式条款，使保函担保的风险进一步降低，也节省了企业的出函
成本。

案例启示：以上案例，通过一个中标企业，连带拓展另外四家企业和企
业背后的项目实控人，这样以点带面，营销范围便迅速扩大。一定要抓住这
样的机会，做好营销和服务工作，为营销范围的进一步扩大做铺垫准备。从

风险角度来看，通过多个标段、不同企业的反馈，也可以更真实地了解项目情况，提前发现和预警风险。

综合以上几个主要方面的分析，将客户按照营销拓展的优先级排序，选择优先级高的客户，重点营销。

5. 负面清单排查

在进行客户和项目的选择时，结合担保公司自己的风险管理理念和经营管理制度，建立负面清单，在源头上严守风险第一道关口，避免高风险企业的流入，减少精力和资源的低效占用。

在进行客户营销之前，进行充分的公开信息查询和统计分析。如被执行人信息、裁判文书网和信用中国信用信息的查询等，关注诉讼多寡、有无失信、限制高消费、股权质押和冻结情况等。一般来讲被执行人信息数量越少越好，企业的诉讼情况，从侧面反映了经营管理能力。未结案件数量多、标的金额大且诉讼层出不穷的企业，不在重点营销范围内。在高院网和信用中国网站上有失信记录的企业，或者征信报告有未结清不良借贷记录的企业，通常被担保公司列入负面清单。

【案例6-4】

H省某民营建筑企业——QH公司，具有建筑工程施工总承包特级资质，曾经年营业收入规模近70亿元，成为诸多担保公司的座上宾。近几年因管理问题陷入诉讼和失信，查询结果见图6-4。通过全国建筑市场监管服务平台（四库一平台）查询，该公司的最高有效资质仍为"建筑工程施工总承包特级"，但应果断地列为负面清单，不再浪费精力营销。此外，同该企业深度关联的其他企业也要引起高度关注，尤其涉及为其提供借款担保的企业，或经常挂靠该企业的施工企业，都应谨慎受理，减少担保风险和资源浪费。

图 6-4　QH 公司信用和被执行情况查询情况

另外，利用政府公开发布的"黑名单"作为筛选客户的参考。比如，目前比较方便可查的"拖欠农民工工资黑名单"。2017 年 9 月，人社部专门制定印发了《拖欠农民工工资"黑名单"管理暂行办法》，规定于 2018 年 1 月 1 日起正式施行，办法提出两种情形将被纳入"黑名单"：一是克扣、无故拖欠农民工工资，数额达到认定拒不支付劳动报酬罪数额标准的；二是因为拖欠农民工工资违法行为引起群体性事件、极端事件造成严重不良社会影响的。

2017年11月，人社部又与发改委、人民银行、住房和城乡建设部等30个部门和单位联合签署印发了《关于对严重拖欠农民工工资用人单位及其有关人员开展联合惩戒的合作备忘录》。各地的人社部门可以结合本地实际，制定出台相关实施细则，依法开展拖欠农民工工资"黑名单"认定工作，并实行跨部门联合惩戒。

2018年7月，人社部公布了第一批拖欠农民工工资黑名单。此后，各省市结合本地实际情况，陆续发布当地的《拖欠农民工工资失信联合惩戒名单》。2022年3月底，各省陆续发布当年第一批惩戒名单，经常有建设单位或施工企业涉及其中。如，河南省人社厅2022年3月28日发布的惩戒名单里有八家企业，其中六家是建筑企业。列入《拖欠农民工工资失信联合惩戒名单》的企业，应关注名单发布的时间，企业列入黑名单的具体原因，企业采取的措施和处理的态度等，并结合其他公开信息查询，综合判断企业是否有营销价值。

6. 通过对发包人或受益人的了解筛选

目标客户，不局限于基础交易合同的乙方，对应项目的甲方、建设单位或保函受益人也常常成为某类工程市场营销的重点。担保公司通过自身的资源和品牌影响力，同建设领域的业主单位建立联系。得到业主的认可后，通过业主关系向承包单位推进保函业务。这种自上而下的业务推进方式，往往能起到事半功倍的效果。

当然，工程项目的业主或保函受益人也需要进行甄选。调研发包人的背景、实力、信誉，以及管理方式和经营能力，是否有不良记录和项目索赔倾向等，必要时建立发包人或受益人黑名单制度。

对于涉及总包分包的项目，针对经常承接大型工程的央企，充分了解评估其内部管理制度、承接项目类型和对分包商的管理模式等，选择同担保公司经营理念相契合的总承包商，同其建立互信，建立总对总的合作，为其项下的分包项目提供一揽子的保函业务服务。

6.2.2 项目维度

工程建设项目从流程上主要有勘察、设计、施工、监理等大的类别，每个大类又包含诸多分类。工程保证担保行业所服务的项目，也涵盖了项目的整个过程。其中，施工阶段的项目占比最大。但对于项目的关注，应该从勘察设计开始，在项目流程的初始招标阶段便开始跟进了解项目的背景、投资金额、资金来源等。

按建筑的用途，建筑物分为居住建筑、公共建筑、工业建筑和农业建筑四个大类。居住建筑主要是指提供人们进行家庭和集体生活起居用的建筑物，如住宅、宿舍、公寓等。公共建筑主要是指提供人们进行各种社会活动的建筑物，如办公建筑、医疗建筑、交通建筑、商业建筑、文教建筑、医卫建筑等。工业建筑主要是指为工业生产服务的各类建筑，如生产车间、辅助车间、动力用房、仓储建筑等。农业建筑主要是指用于农业、牧业生产和加工的建筑，如温室、畜禽饲养场、粮食与饲料加工站、农机修理站等。目前，担保公司参与服务的工程项目，居住建筑、公共建筑和工业建筑占比较大。

1. 项目查询

公共资源交易平台是使用频次较多，覆盖范围较广、较权威的政府交易平台，可以在"全国公共资源交易平台"和各省市的"公共资源交易中心"网站上搜索全国及各省市的中标信息，并进行初步筛选，可以按中标时间、项目类型和金额等信息制定拓展计划。

对某些重要的建设区域或大型的新区建设，通常有专门的网站，在区域建设高峰期，项目信息发布更新得更快速、更集中，可针对性地关注。比如，国家级新区"西咸新区"，可以针对性地关注"陕西省西咸新区开发建设管理委员会"，了解西咸新区的发展动态和建设项目投中标情况，如图6-5所示。

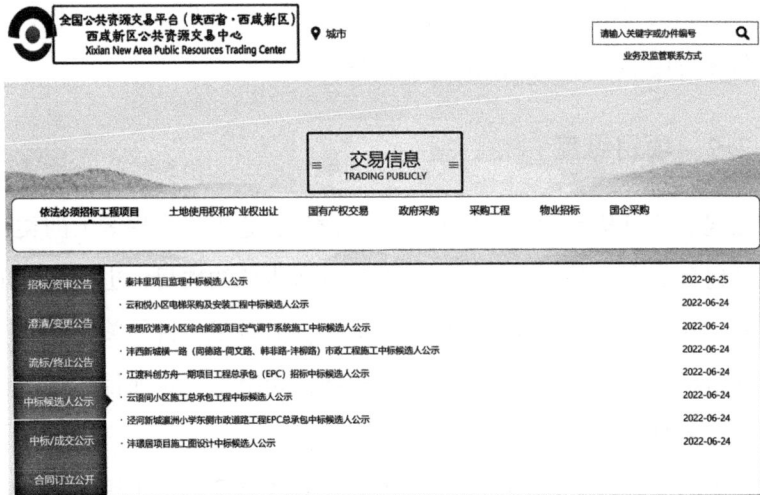

图 6-5 西咸新区公共资源交易中心交易信息查询

2. 项目选择

工程保证担保业务，是基于具体的基础交易项目为被担保人提供的担保。除了要对客户做选择，对项目的筛选也至关重要。对于项目的好坏判断，没有绝对的标准，可以根据国家战略导向和市场经济发展形势来做大方向上的判断。不同的经济发展阶段或不同的经济周期下，对于项目优劣的判断标准也不同。

一般来讲，最初对项目进行选择的时候，主要从建设单位类型、建设资金来源、施工内容、承发包模式和付款条件等方面进行判断评估。建设单位为国有企业或政府单位的项目，一般认为付款有更好的保障，风险承担能力更强，恶意索赔的概率也更小。通常，市政、水利、道路桥梁、回迁安置房等项目，比较受欢迎。

目前的经济形势下，商业房地产项目，尤其民营开发商房地产项目和踩中"三条红线"①的地产商发包的项目应保持审慎；交易结构复杂或涉融资类

---

① 所谓的"三条红线"，是央行和住建部限制开发商融资的政策，于 2021 年 1 月 1 日施行。三条红线具体为：（1）剔除预收款后的资产负债率不超过 70%；（2）净负债率不超过 100%；（3）现金短债比不小于 1。

型的项目，在目前的经济形势和政策背景下，各担保公司也大都持谨慎受理的态度。再如，境外的工程建设项目，因国际形势复杂多变，加之目前疫情在全球范围内的不断反复，不确定性进一步提高，担保公司一般受理的意愿较低。各担保公司内部都应有自己的业务管理制度和业务指引，设置项目受理的负面清单。同企业负面清单所起的作用类似，项目负面清单从源头上防范高风险项目的流入。客户经理应充分解读内部业务制度，对禁入和准入的项目有的放矢。业务部门在制定营销策略时，也应根据公司业务制度、经营管理理念和项目风险的高低来选择客户和项目。

随着互联网的不断发展、国家信用信息管理的不断深化，企业和项目外部可查的信息更全面、可得性更强。充分利用各类网站和公开信息的查询，将客户和项目进行分层、分类，选择符合自己风险管理理念的客户和项目。

另外，应以动态的发展眼光来看待、选择目标客户和标的项目，被列入负面清单的企业或项目类型，也需要因时因势动态调整。建筑行业受政策和经济环境的影响较大，工程担保机构也应该根据建筑行业的发展来调整自己的经营策略。客户和项目的选择是多维度、综合性的考虑，不同的项目和客户组合产生的风险预期也不相同。

6.3 目标客户的开拓和维护

6.3.1 目标客户的开拓

对目标客户和项目有了清晰的定位和选择，便可以多方向、多维度地开发拓展客户和项目。做足案头工作，预判客户需求，熟悉本公司业务、清晰定位，做到知己知彼。工程保证担保业务发展至今，客户群的数量和范围都在不断增加。除了建筑企业，越来越多的建设单位和保函受益人也成为担保公司营销的对象。对于建设工程合同的甲乙方，因双方在合同中权利义务、角色地位和所处立场等的不同，应采用不同的营销拓展方式，以下主要探讨对承包人的营销开拓。

1. 识别关键部门和关键人

前述在市场营销策略中已经提到，该业务特性和行业特点决定目前工程保证担保业务的营销推广方式，仍然以线下营销为主，也是目前最为有效的推广方式。将客户和项目按照重要或紧急程度进行排序，有重点和目的性地进行营销。

虽然是对公业务，但营销活动归根结底是对人的营销，尤其是对关键人的营销，所以识别关键人至关重要。企业性质、规模大小不同，工程保函业务对应的关键部门和关键人也可能不同。建筑行业还存在一定的"挂靠"情况，通过企业被挂靠项目的占比多少，分析企业的经营管理模式，以下权且将企业分为自营型和合作型。

以自营项目为主的自营型企业，财务部门通常负责保函的全权办理，为保函业务的关键部门，往往可以直接决定同哪家担保公司合作。财务部门一般比较谨慎，关注细节。该类企业的关键人，除了财务部相关人员，还有企业的负责人。企业负责人一般更关注企业自身的风险，看重合作担保公司的背景、实力、专业性和规范性。

以合作挂靠为主的合作型企业，在建筑行业普遍存在，此类企业常常成为客户经理进行客户和项目数量迭代的关键。该类企业营销的重点通常是经营部，经营部对接各个具体的项目，对项目的招标投标情况和对应的实际施工人情况了解得更清楚、更及时。得到经营部的认可和信任后，经其引荐介绍进一步同项目实际施工人建立联系。通过营销该类企业，可以接触到具体项目的实际施工人。项目实际施工人对自己的项目更"上心"，通常已经形成比较稳定的圈子，对参与投标的同一工程项目项下其他投标人和实际施工人一般也比较了解，通过实际施工人可以拓展到项目其他标段中标的企业，或通过实际施工人的其他项目拓展其他被挂靠企业，形成一个小的营销圈。合作型企业为"外向型"企业，通过项目合作建立了相对稳定的合作圈子，可以输出较多的项目实控人或关键人信息，对于客户经理扩大营销面积、开拓客户圈子非常重要。

【案例6-5】

SYG公司，是典型的"合作型"企业，但管理比较严格，企业资质较好，拥有建筑工程施工总承包和市政公用工程施工总承包双一级资质，连续多年的中标数量在L省排名前列。客户经理从经营部入手，深入了解企业项目管理和运营方式，借助经营部以企业各分公司和项目部为触角逐步扩宽营销范围。在保函服务过程中积极同企业其他部门建立联系，获得了企业上下一致的认可。从第一次接触企业到最终合作的两年时间里，除了企业本身的项目流量外，通过该企业和同企业合作过的各项目挂靠方，又源源不断地转介绍了多家同行单位，客户资源以此不断延展。

前述内容不一定能涵盖所有的营销场景。一方面，初次接触企业客户时，不一定能很快区分企业的经营模式，具体的关键部门和关键人难以确定；另一方面，即便符合以上的经营模式，不同企业内部部门的分工也不尽相同。不论何种情况，客户经理要尽量广泛地同企业内部人员建立联系，至少要同经营部、财务部和企业负责人建立联系。财务部，一般负责保函的归口办理和资料的准备等；经营部，经常参与标书的制作，直接对接各项目部或分公司，并代表项目部或分公司向财务部门提出保函办理申请，一般比较了解项目的进展情况；企业负责人可以通过自己的身份地位，自上而下地影响或决定各部门的态度。所以，企业的关键人也可能是多个人，任职于不同的部门。对于具体的工程项目而言，关键人可能在企业内部，也可能是隐藏在企业背后的挂靠合作方。了解企业的运营管理模式，识别关键人，并同其建立联系，得到其认可，是营销活动中至关重要的一环。此外，除了对关键人的重点营销，应尽量同企业多部门多人建立沟通联系，多角度、多方面地了解企业经营和管理情况。

时刻关注客户中标情况，通过各招采平台和建设通等网站，定期查询企业中标情况，根据项目类型预判客户需求情况。预判有保函需求的项目，应及时同企业客户联系，兵贵神速，迟则生变。最初的客户营销，应尽量高频地同企业和关键人保持沟通联系。一方面，通过一两次的沟通，不一定获得有价值的信息，无法判断关键人，或自我展示不够到位、留给客户的印象不够深刻；另一方面，企业的中标情况不一定能及时通过公开信息查询而得，同客户多联系，减少信息不对称，疏通项目信息来源通道。比如有些施工企业，专注承接央企分包项目或者外资物流园项目等，发包人或总包方一般有自己专用的招标投标网站，招标信息不对外公开，通过常用的公开招标投标网站很难查询到相关中标信息。客户经理无法通过外部查询及时获知客户中标情况，只能通过客户内部了解。

2. 用"关联圈"进行深层拓展

建筑行业充满了各种各样的"关联圈"，如上节所述分为"强关联"和"一般关联"。"一般关联"的圈子在建筑行业普遍存在，比如，同一地域走出来的企业可能是一个圈子，承接某类项目的企业也可能是个圈子。同其他行业一样，建筑企业也有一定的集聚地。比如，河南省安阳林州，1989年荣获全国首批"建筑劳务基地输出县"称号，2015年荣获"中国建筑之乡"称号。经过多年的行业沉淀和政府支持，该地区为河南省输送大量的优秀建筑企业，辐射周边并走向全国。受当地政策和环境的影响，集聚地容易产生行业翘楚。集聚地既是一个"小圈"，也是一个"大圈"。企业和项目有关键人，关联圈内有关键企业。深入集聚地，利用对集聚地小圈的了解，找准关键企业推荐营销，形成小圈内营销的广覆盖；再跟进从集聚地走出来的企业，推而广之，形成营销的"大圈"。

深入圈子、利用圈子，通过以点带面集中营销或转介绍的形式递进营销，对于客户的拓展可以起到事半功倍的效果；对于风险的感知和控制，也更全面、更有前瞻性。

【案例6-6】

LNG公司为一家拥有民航机场建设相关资质的企业，其资质有较高的行业壁垒。A担保公司的客户经理在跟进拓展该企业的过程中，发现民航机场施工项目有专门的招标投标网站，而且民航建设领域的圈子相对较小、比较专注，国内经常参与投标的同类民营企业不足百家，企业之间多有联络和合作。客户经理的专业服务得到认可和信任后，企业陆续介绍了其他全国各地的同行客户，甚至相关项目的甲方。客户经理在积累客户数量的同时，逐渐深入了解这个圈子，发现了更多行业运行的逻辑，对行业的特点和风险也有了更清晰的认识与感知。

3. 建立自己的"人设"

客户经理在进行营销活动同客户沟通时，在积极获取信息的同时，更应关注自己输出的信息。散布在全国各地的建筑企业，对担保公司没有明确的认知，最直观的接触和感受均来源于客户经理，其职业素养往往决定了客户对担保公司的选择走向。客户经理的信息输出非常重要，一方面是业务本身，另一方面是自己的形象。保函业务经过多年的推广和发展，客户对业务本身了解得越来越多，这里主要谈一下"形象"，也即"人设"问题。

担保公司在选择客户时，注重客户的口碑，自己的口碑也同样重要。自己对外的形象组成是多方面的，日常工作和生活中的诸多细节，会将个人对外的形象进行标签化。比如，对于合同某些条款或保函格式的建议和风险提示——专业性；同客户约定的时间不迟到——守时；协助客户同甲方沟通——专业性和同理心；急客户之所急，长途奔袭、加班出函等——敬业；短时间内出函——高效；资料清单的制作和资料准备的完备性，随身准备的纸笔、印泥等——细心；对热点事件的看法——三观；日常的说话和做事方式——涵养；对时事、历史、地理或文学等方面见解——博学；推荐的书籍或电影——品味；业余爱好——生活的积极态度。丰富深厚的专业知识，为客户排忧解难；良好的工作习惯，带来工作的高效精准；得体大方的仪态作风，形成人格魅力。在同客户持续沟通交往过程中，通过细致的观察和用心的服务，找到同客户最舒适的合作方式，形成良好的合作关系，并将自己正面的人设形象传递给客户。

在同客户的交往中，注重自己"人设"的建立，每个客户经理都有自己不同的特质，但专业、守时、高效、责任心和同理心等应该是必备的。总之，要有个"靠谱"的形象，并通过持续优质的服务不断维护自己的形象，加深印象，增强客户的信任感和满意度。"你的形象价值百万"，可以为你带来百万、千万的业绩。

4. 充分利用公司资源

越来越多的担保公司选择在全国各地设立业务网点，各网点营销团队各司其职主要维护网点所在地或周边地区的客户。即便担保公司目前的认知度不高，但客户经理在同客户沟通的过程中，要学会利用自己公司的资源进行营销活动。

不同的客户，因其企业性质、规模实力等不同，营销的方式也不尽相同。将客户进行分层、分级，重要客户或大客户，比如一些大型国企央企的拓展，经常需要借助总对总的互动才能更好地达成紧密的合作。多元化业务发展比较成熟的担保公司，各业务板块可以相互联动，不同业务品种彼此支持。充分利用公司平台整合资源，同客户可以开展全方位的业务合作，增加客户黏性。

此外，利用公司文化周边产品，加深客户印象。商务、简约、时尚，同公司业务和文化相统一的公司周边产品，体现着公司的细致和专业，传递公司的企业文化，增强对客户的吸引力，增加客户的认同感。

5. 充分利用一切现代化的信息手段

我们处在一个信息化数据化的时代，应尽量利用现代化的信息手段，提高营销效率。比如，在一些专业的查询平台上，关注重点客户的信息，对于重要事项的变更，平台会发送信息提醒，可以实时了解企业的动态。再如，客户经理在拜访客户的过程中，利用"钉钉"打卡，记录拜访事项，便于回溯。拜访客户前，利用导航软件合理规划行程和路线。尤其拜访新客户时，通过地图导航等工具进行收藏、标记，便于以后回访客户时直接翻找地址，也有利于复盘路线设计。

关注客户的企业公众号和相关人的朋友圈，实时了解其更新的内容和传达的思想，并观察客户之间的关联关系。同时，也要充分利用自己所在公司平台的官方网站和公众号等信息，向客户传递公司的经营理念，对外展现公司实力和发展情况。

6. 营销模式的不断创新和推广

除了传统的线下逐家企业拓展，客户经理也可以自己作为讲师或培训师，借助平台优势和自己积累的经验和专业知识，为客户提供保函相关的风险和法律培训。例如，客户经理在同企业客户合作过程中，发现很多建筑企业，尤其营业收入规模大、项目数量多、具有较强风险意识的中大型建筑企业，对保函办理及相关风险比较重视，有了解保函相关知识的需求。客户经理可以利用公司多年的经验积累，为客户分享风险案例，复盘项目过程，讲解风险发生原因和规避办法。通过这种针对性较强的培训，近距离集中输出自己的理念，在提高客户风险意识的同时获得认同，促进合作。

近年来，各担保公司纷纷积极主动尝试线上营销，效果不尽如人意。但在疫情新形势下，线上营销的探索开始有迫在眉睫之势。工程保证担保行业和业务自身的特点，决定了单纯的线上广告宣传和推广等营销方式效果不明显，获客效果不理想。目前，行业正在探索更多的线上获客方式，比如将低风险产品（如投标保函）的申请接口嵌入各地资源交易中心，客户获得性更强、效率更高，产品和服务的可延续性更强。

7. 大型国企拓展案例

随着各地政府发包的重点项目、大型项目越来越倾向于本地大型国企和央企，央企下属的分包项目成为担保公司不可忽视的业绩增长点。如何选择和拓展央企、大型国企分包项目，下面以案例 6-7 分析详述。

【案例 6-7】

CJQ 公司，是一家央企控股的大型国有企业，拥有勘察、设计、施工等整个流程的多项相关资质，其中多项施工总承包资质为特级。CJQ 公司在其注册地当地中标了大量的基础设施建设项目，近年来承包区域不断外延，产生了大量的分包项目。针对这样大型的国有建筑企业，首先也要考虑风险，不能只看到企业股东背景的光环，也要关注企业的规模和实力、管理规范程度、行业口碑和信誉、诉讼失信多寡和风险经营理念等情况。A担保公司客户经理通过初步调查了解到CJQ公司的银行额度充足，企业自己的出函成本较低，基本不需要担保公司担保出函。该企业的对外分包项目数量较多、平均合同额较小。进一步调查了解，CJQ公司有自己的投标资格预审机制和黑名单制度，并定期对分包商评定不同的等级，更新分包商目录。预审资格的审查，包括同类型项目的履约经验，项目实际承包人是否有信用或财务不良，是否为集团平台的黑名单用户等多个纬度查核，通过多方面的考核和查核后，才有投标的资格。而且，由分包商引起的问题，从招标投标资格预审到项目部的分公司，企业内部整个链条的人都可能会受到考核处分。基于此，初判以CJQ公司作为受益人，为其分包商提供保函服务，风险相对可控，基本符合A担保公司的经营理念和风险导向。

在后续的拓展中，客户经理对CJQ公司各部门持续不断地跟进，与计财处、招标投标中心、法务部、清欠科、经营部和各分公司项目部等部门反复沟通交流，倾听需求，将不同部门的信息整合汇总，得到了一个关键信息：CJQ公司的上级单位要求其响应国家政策，减少分包单位的资金占压，对分包单位的履约管理广泛使用保函代替保证金；但很多分包单位的资质较弱，甚至没有资质，或者成立时间较短，资产规模和营业收入规模较小，自己难以找到途径出具保函。一时之间，企业处于两难境地，上级单位的要求难以达成。客户经理看到了商机，梳理了各种关于保函的信息和相关法律知识，毛遂自荐，替CJQ公司负责保函管理的计财处拟定了一个"保函管理办法"。切实从CJQ公司需求的视角，将"保函管理办法"中的保函格式拟定为无条件见索即付的独立保函格式，且要求一个字不能更改。在出函难度上，有效地为自己设置了一定的竞争门槛。

一开始，第一阶段的合作，双方尚未打算展开大范围的全面合作。CJQ公司方面，从未同担保公司有过类似的合作，尚不确定是否要深度绑定；A担保公司方面，尚未深入了解企业和其分包单位情况，担保公司内部风险控制严格，最初对项目和分包单位的选择条件设置得较为严苛。

一段时间后，合作进入第二个阶段。CJQ 公司方面，对 A 担保公司高效的出函速度和专业化的服务比较认可，并产生了一定的依赖性；"保函管理办法"里要求的保函格式，其他担保公司经常无法出具，影响工程项目多项流程的审批和规范性。A 担保公司方面，经过一段时间的合作，对企业及其分包商有了更深入的了解，CJQ 公司的经营管理理念比较符合 A 担保公司的业务导向；以"客户为中心"的服务理念，也促使 A 担保公司考虑同 CJQ 公司展开更大范围的合作。CJQ 公司各个项目上的项目经理，开始陆续推荐不同标段的分包商给 A 担保公司。而且规定，由 A 担保公司担保出具的保函，可以直接寄到 CJQ 公司的计财处，免走内审流程，有效节省了总包方和分包方双方的时间。

顺理成章地，进入了第三阶段的合作。双方经过长时间的了解和磨合，对彼此的经营管理和风险控制理念比较认可。CJQ 公司的招标投标中心每周给 A 担保公司的客户经理发一次中标项目汇总表，并附对应分包单位的联系人信息；而每一个去 CJQ 公司领取中标通知书的分包商相关人员，都将领取到一份 A 担保公司客户经理的名片。信息互通的通道被打开，分包保函纷至沓来。但即便进入了第三阶段，A 担保公司目前也只筛选受理了 CJQ 公司对外分包项目中的一部分保函，未来还有更多的合作潜力。

案例启示：客户经理在拓展过程中要认清事实，有所为有所不为。如果企业实力雄厚，自身的银行授信充足、出函成本低，则不必强求为其办理保函。可以选择为其分包商提供保函服务，将企业作为保函的受益人。

还有很重要的一点，虽然没有将总承包单位作为直接担保客户，但取得总承包单位的认可和信任却极为关键。总承包单位一般有自己的招采平台，不对外公开，投中标信息外部人员很难取得；分包单位一般小而分散，且数量较多，单靠营销分包单位，难以取得成效。

6.3.2 目标客户的维护与培养

同客户建立最初的联系和合作，只是业务延展的开始，客户的维护与培养则决定了最终营销的成败，才真正体现了以客户为中心。确保客户服务的连续性，不能虎头蛇尾，影响客户体验感。首先，客户经理要具有持续服务的意识，保函的受理、资料的收取、打款、出函，递送保函原件、发票和担保协议书，保函真伪的查询，以及保函延期，甚至涉及保函的索赔处理，每个环节都渗透着营销机会。其次，客户服务的责任不止于处于市场一线的客户经理，以客户为中心的服务意识应贯穿整个公司，前后台统一思想认识，在合规和风险可控的范围内，最大限度地为客户提供便利，增加客户黏性。

每个客户都有一个画像，随着不断地接触了解，不断进行画像的调整、修正和完善。经过选择性地客户开发后，利用所获信息和对未来合作的预期，将客户分级、分层管理。比如，将客户分为核心客户、重要客户、普通客户和潜在客户等，平等对待，但区别性地维护。经济学中著名的"二八定律"，也适用于目前担保公司的收入来源，应重点关注 20% 的大客户，并分两个层面关注：一方面，将大客户作为重要维护对象，给予 80% 的重点关注和服务；另一方面，也要考虑和警惕对于大客户的依赖，避免风险过度集中。

担保公司除了专注同客户的业务合作，也应结合多年服务建筑行业的经验，给予客户多方面的发展建议，提供行业交流的平台，举办行业相关的专业培训等，为客户提供更多更丰富的增值服务。

最初接触客户时，客户可能处于不同的发展阶段，除了企业已有的过往历史成就，更应关注企业未来的发展预期。如果某企业目前经营管理比较规范、投中标活跃、财务规范、发展稳健，但目前的资质等级较低、投标范围受限，短时间内保函的贡献量有限；这时，客户经理要耐下心来做时间的朋友，用心服务，陪伴客户一同成长。客户成长的体现是多方面的，可能是资质的提升、规模的增加或管理规范性的加强等，担保公司同客户一起享受发展的红利。

第7章 项目尽调

尽调或称谨慎性调查，是一个非常广泛的概念，一般是指尽调人采取积极主动的态度、落实各项措施，完成现场调查、资料分析印证的一系列活动。在我国，首次公开募股（IPO）的尽调较为严谨全面，为了保护广大投资者的利益，保证出具文件的真实性、可靠性，相关法律法规对券商、律所等中介机构在证券公开发行上市过程中应承担的勤勉尽责义务有着严格的规定。工程保证担保业务尽调的主要对象是施工企业、工程项目和受益人，因行业特性、客户配合度和保函时效性的要求等原因，可能不及IPO的尽调全面严谨，但基本的原则和方式相同。尽调的原则和尽调的深度及广度，因不同担保公司的风险管理能力和理念而不同，但又带有一定的共性。一般通过边调边查、边审边访、综合印证、汇总评估等形式，形成尽调报告和初审结论。

工程保证担保业务尽调的常用方式主要有以下几种：

（1）搜集审阅文件资料。通过搜集审阅企业基本信息，如工商注册信息、公司章程、财务报告、信用报告、银行流水、工程台账、中标信息、招标文件、施工合同、施工过程资料等，了解企业的基本情况，确认企业和项目现状及重大事项，发现可能存在的异常情况及重大问题。

（2）企业和项目实地调查。实地查核企业办公场所、房产、土地、设备、产品和存货等实物资产，并对重要项目进行现场调研等。

（3）参考外部信息。通过公开网站、行业杂志、业内人士等信息渠道，侧面了解和评估企业经营状况和信用情况，以及其所处行业的情况等。

（4）相关人访谈。与企业内部各层级人员、项目实际施工人、建设单位 /
发包人 / 受益人、相关中介机构、供应商、同行企业等进行沟通交流，获取
第一手资料。

（5）对企业经营区域、所处行业、专业领域进行对比分析。

7.1 尽调的基本原则

1. 全面性和重要性相结合

尽调的范围和内容要尽量全面，多维度、多方向地调研了解。既要了
解企业情况，又要了解承接的工程项目相关情况，以及外部信息的查询和行
业口碑等都要调查。但尽调重点要明确，抓大放小，抓主要矛盾，多关注核
心点。

2. 独立性和客观性原则

尽调人员在业务前端，了解得比较全面，但未必客观。受自身认知和心
理感受的局限，业绩导向思维以及外部干扰的影响，业务部门的独立性和客
观性很容易受到影响。因此，要时刻提醒自己，适当跳脱出业务思维，不轻
信客户提供的信息，多方印证，重新审视客户和项目的风险，形成自己的独
立判断。

3. 谨慎性和合规性原则

在法律允许的范围内，严格按照内部管理制度，保证尽调流程和尽调内
容的合规，必要时多人调查、交叉验证；尤其面签法律资料，确保签字和盖
章的真实、有效。担保公司内部对于合规性的把控要求，体现了其管理的规
范程度，可以提高担保公司的公信力，便于全过程的管理。尤其遇到索赔风
险时，资料手续的完整合规有利于事后追责和追偿。

4. 三个重要理念

工程保证担保业务，通常为业务客户经理负责制，适用于既承揽又承
做，直接的尽调责任人一般为最前端的客户经理。客户经理在前端对项目尽

调过程中应秉承风险理念、营销理念和利他理念。

（1）风险理念

客户经理深入市场，最早接触客户和项目，一般对企业和项目相关的人、财、物，以及当地招标投标政策和市场环境了解得比较多、比较全面，对风险的感知应该更有预见性。一方面，业务部门应该带着风险思维进行尽调，不放过一个风险点；另一方面，业务部门不能因公司内部的业绩考核追求业务增长而忽视或掩盖风险。

（2）营销理念

一方面，在尽调过程中发现不同的营销点，如关联企业、项目关联圈等，以点带面地串联拓展新的客户；另一方面，注意尽调方式，以营销的态度面对客户，以客户能接受的方式进行尽调，既要达到调研要求，又要维护良好的合作关系。

（3）利他理念

工程保证担保项目的尽调，前端面向客户，后端面对担保公司内部的评审，尽调过程中要带有前后向的利他思维。前端面对客户尽调时，要尽量采用最大程度方便客户的方式，比如提前制作详细易懂的资料清单，提供信息填列的表格模板，问题尽量具体、尽量采用选择或填空的方式，协助客户同甲方沟通协调相关事宜等。后端面对担保公司内部的评审，要熟悉内部管理制度，换位思考评审的习惯和逻辑，文字描述要尽量简洁、清晰，上传的附件要易于辨别等。

7.2 尽职调查的主要内容

在尽调之前要做足案头准备工作，通过自己的案头准备工作对企业和项目的情况做出初步的预判，列出尽调表单，带着具体问题进行尽调工作，充分准备，详尽计划。

7.2.1 对被担保人的尽调

工程保证担保业务虽然是针对具体项目出具的担保，但归根结底是对被担保人的担保，被担保人是工程保证担保业务中最重要的尽调对象。对被担保人的尽调主要从以下几个方面展开。

1. 企业基本情况

（1）企业性质和股东情况

了解企业的股东背景和性质，判断企业的性质是国有企业、民营企业，还是外资企业，不同性质的企业具有不同的管理理念和运营方式，应给予不同的尽调侧重点和尽调方式。如是国有企业，股东层面侧重了解股东的背景和资源，企业的自主经营程度和经营能力等；如是民营企业，了解企业所有权和经营权是否分离，实控人在企业中扮演的角色、所起的作用等，实控人同其他股东的关系，股东和管理层的履历背景、行业口碑等。

国有企业往往在资源上有比较明显的优势，尤其在企业所在地承接项目的优势比较突出，如各地国有性质的路桥企业，常常垄断了当地的公路建设项目。而大型央企，更是凭借其资质等级、资产规模、渠道资源和资金信用等各方面的优势，常常成为大型建设项目的不二人选。虽然国有企业在资源背景等方面具有一定的优势，但不能盲目迷信国企，国企经营不善，甚至倒闭的案例时有发生，应回归到企业属性，重点关注其经营管理能力和履约能力。

【案例7-1】

NJH公司，其前身是1953年成立的H省人民政府建筑工程局，股东为H省人民政府国有资产监督管理委员会。公司最高资质为房屋建筑工程施工总承包一级，注册资本金超1亿元，是H省唯一一家省管国有建筑企业。但由于发展模式比较落后，自身改革滞后、转型迟缓，长期依靠挂靠合作项目模式运营发展，管理涣散，缺乏在建筑市场中的竞争力。最终，导致公司债务缠身、诉讼不断，发生危机后无法自救。2014年前后经营陷入停滞，2019

年向法院递交重整申请。同年，法院裁定受理 NJH 公司破产重整一案。

案例启示：作为 H 省国资委直接全资持股的国有独资企业，企业的背景资源不言而明，但仍因经营不善而陷入困境。国有股东背景，不能成为企业的免死金牌。应打破国有信仰，回归到企业属性，重点关注企业的经营管理能力和履约能力。

无论何种企业类型，企业股东的背景和性质、资源和履约经历、经营范围、关联企业、对外投资、多元化程度、诉讼失信记录等，都应作为企业尽调的重点。关注企业公司章程，尤其重大事项的决策和相关责任人的各项权利义务。此外，应关注股东数量、所占比例、股东之间的关系，以及股权的集中度、是否代持等。如只有两个股东，且股权比例各占 50%，查核公司章程关于公司重大事项相关决策权限的设置，为避免股东之间相互推诿和争议，必要时需两个股东提供反担保措施。如果股权比较分散，股东人数较多，调查企业的经营模式和项目来源，结合企业项目类型、地域分散度和诉讼多寡情况，判断企业的管理能力。

（2）企业历史沿革和变更等

关注企业成立时间的长短，资质的更迭，以及发展过程中的大事件，人员变动尤其股东和管理层的重大变动，股东变更的原因和历史股东的背景需要调查了解，这些历史沿革和发展历程都可能影响着企业一定时期发展的稳定性和连续性。

【案例 7-2】

ANG 公司，最高资质为总承包二级，实收资本 800 余万元，总资产 1700 余万元。经调研发现，在 2019 年当年，一年的时间内股东变更三次，而且是股东全部的变更。该企业的新股东，即为公司的管理层，此前挂靠其他建筑企业承接项目，行事方式一定程度上受到被挂靠单位的管理和约束。2019 年通过收购拥有自己的公司后，缺少管理企业和项目的经验与能力，法律意识较为淡漠，恣意妄为，很快公司陷入诉讼和失信，经营停摆。

案例启示：企业经营需要一定时间的积累，无论是资质的取得，还是管理能力的提升，都需要经过时间的验证。企业股东的频繁变更将企业经营的稳定性和连续性打破，股东变更的原因应引起注意，新股东的履历背景和经营管理能力，以及股东之间的关系，都应调查了解。

此外，企业的注册地和经营地是否一致，经营场所自有或是租赁，经营场所的稳定性、办公环境和员工精神面貌等，以及企业所在地区的发展历程、经济发展状况、财政能力、风土人情、政商环境、基础设施建设和当地的政策等，也在一定程度上影响着企业的发展。

2. 企业管理分析

（1）人员情况

企业最重要的人员，是企业的主要管理人员。国有企业的管理层一般为上级单位任命或外聘的职业经理人；民营企业尤其担保公司服务的大多数中小民营建筑企业的所有权和经营权尚未分离，股东经常扮演管理者的角色，在企业内部行使管理职权。无论企业性质如何，企业的管理层都至关重要。管理层同股东的关系、学历背景、履约经历、资产情况、行业口碑和管理能力等，对企业的发展都产生重要影响。

人力资源是企业最核心的资源，企业员工的稳定性至关重要。查核缴纳社保人员的规模和数量占比，判断企业人员的稳定性和经营管理模式。在营销和尽调过程中，对于人员的变动或流动性，客户经理应该会有直观的感受。对于关键部门或关键岗位人员的频繁变动，应引起关注，探求原因。

企业专业技术注册人员的类别和数量，是企业的重要资源，一定程度上决定着企业承接项目的大小和规模，也可以侧面验证判断企业的规模和经营方式。建筑企业注册人员信息在多个网站公开信息可查，并要求人证合一，尤其注册建造师及其业绩的多少往往影响着企业投标的范围。

（2）资质类别和等级

关于企业的资质情况，前述章节已经提到资质对于一个企业投标的重要性，影响着企业的生存和发展。关注企业资质的以下几个方面：

企业的资质类别，是施工总承包还是专业承包资质？资质何时取得？在不同的资质大类里对应的序列类别又是什么样的？资质的稀缺程度和门槛如何？资质证书的颁发单位是谁？一般来讲，企业的资质等级越高，越具有竞争力；颁发证书的单位级别越高，资质证书的含金量也越高。

企业取得资质的基本条件，要满足所申请资质标准要求的资产；有具备规定要求的注册建造师及其他注册人员、工程技术人员、施工现场管理人员和技术工人；具有标准要求的工程业绩和必要的技术装备。资质等级越高，要满足的标准也越高。

资质等级的取得时间也应关注，虽然建筑业企业申请资质数量不受限制、申请资质升级也不受绝对年限的限制，但企业资质等级的提升需要一定的时间积累和沉淀。企业最初新取得资质时，应循序渐进地提高项目的承接量，不应盲目地快速扩张。一般来讲，企业某项高资质等级取得的时间越长，稳定性越好。

此外，关注企业的资质获取来源。《建筑业企业资质管理规定和资质标准实施意见》规定"企业首次申请或增项申请建筑业企业资质，其资质按照最低资质核定。"企业自己申请资质时，从最低资质开始申请，在持续经营过程中可以不断地申请资质升级。一般而言，企业首次申请最低资质后，自己通过一步步申请升级而取得的资质具有更强的稳定性，但取得高资质等级的时间比较长。近年来，尤其是建筑业营改增以来，越来越多的项目实控人从幕后走到台前，通过资质平移的方式快速提升自己新成立企业的资质等级。通过这种方式取得资质的企业，应关注企业人员结构、股东背景、管理层的经验和履约能力等，调查企业管理团队过往承接的项目履约情况，并调取相关资料查验证实。

（3）企业过往历史工程和获奖情况

调查企业近几年的工程台账，了解企业过往承接的历史工程，包含工程的项目类型、规模大小、数量多少、甲方背景、工程对应的甲方和行业是否集中、项目付款条件、施工地分布情况和获奖情况等，尤其在建项目的规模、建设进度和回款等情况。

除了企业提供的工程台账，通过合同抽查和公开信息查询、验证企业过往项目中标情况。如果企业过往承接的项目多为政府单位或国有企业发包，且付款条件较好，则合理推断整体垫资压力较小，现金流较好；如企业承接大量负有筹融资责任的 PPP 项目，应重点关注企业的有息借贷的融资成本、还款能力和资金压力，以及 PPP 项目所在地的财政收入。因 PPP 项目陷入泥潭的施工企业屡见不鲜，某些上市企业甚至因此破产重整。如企业过往承接了大量的民营地产项目，应调查项目对应地产商的经营和信用情况，以及企业目前的经营战略计划，预测担保期内企业的发展趋势。

结合企业过往获奖情况，对企业进行综合评估。尤其同企业承接工程相关的、含金量较高的奖项如鲁班奖、詹天佑奖、国家优质工程奖等奖项，代表了企业的施工能力、技术水平、管理水平、质量水准和一定的行业地位。其他奖项，如中国建筑企业 100 强、中国 50 家最佳建筑承包商等奖项，则是基于财务指标、行业和市场占有率，以及资信等级、社会贡献和业主满意度等多个方面的指标对企业综合实力的评定，并具有一定的时效性。过往业绩和奖项荣誉，并不能代表企业现状，曾经风光无限、获奖无数的建筑企业，陷入泥潭和申请破产的比比皆是。

（4）企业项目运营管理模式

企业承接的项目类型和运营管理模式，在很大程度上影响了企业的利润率。这里提到的项目运营管理模式，是指企业项目的主要来源渠道和对项目的管理方式。了解和判断企业项目的主要来源是自营项目还是合作挂靠，关注其对项目的管理方式和管控力度。

企业的运营管理模式，很大程度上决定了其收益水平，尤其是企业的利润率，并考验企业的经营管理能力。不同的运营模式，企业的内部机构设置和分工、财务情况等都有不同的特点，担保公司对应的营销策略和尽调范围也有所不同。以自营项目为主的企业，企业的财务部或经营部通常在选择保函办理的方式上有更多的话语权；以合作项目为主的企业，则经常受制于项目合作单位或项目实际控制人个人意愿。

即便是挂靠合作的项目，企业挂靠经营的方式也各不相同，有些被挂靠企业以收取"管理费"为合作目的，不参与合作项目的建设和运营；而有的被挂靠企业以参股的形式参与到项目中，不局限于只收取一定比例的"管理费"，参与一定比例的施工、运营管理，或是资金的投入等，参与项目的利润分配。了解企业具体的运营管理模式，对制定营销策略和真实全面的尽调以及反担保措施的设置等，具有关键性的意义。

营改增以来，企业为了实现规范纳税和税务抵扣，减少税务风险、提高营业利润，必须加强财务管理。管理规范的建筑企业，正逐步减少挂靠项目，对于合作挂靠方的选择也越来越谨慎。但建筑业挂靠现象由来已久，存在有一定的合理性，无法完全杜绝。在企业尽调过程中，调研人员应厘清企业的运营管理模式，了解企业对项目的管理和把控能力，辨别项目的实际施工人和实控人，综合企业和项目实控人多方面的情况，分析风险、制定担保方案。

3. 企业的财务情况

建筑行业的很多中小企业为了投标、评级或融资等，对外提供的财务报告经常有一定的粉饰成分，其规范性和真实性有待商榷。客户经理要尽量取得客户的信任，了解企业真实的财务情况。

在受理业务时，要调研企业财务数据是否真实、可靠，主要的财报项目数据是否符合行业的发展特征，是否同企业的自身规模、承接的项目类型等相匹配，调查企业项目台账，抽查对应的合同和报税情况，查验企业固定资产凭证或票据等，验证财报的可信度。

（1）企业的资产情况

企业的总资产并非越大越好，分析资产和负债的比例和构成，判断资产结构的合理性和资产质量的高低，以及资产回报率。

1）应收票据

关注应收票据的承兑人和承兑期限。在建设工程施工合同中，越来越多地约定进度款的支付含一定比例的票据。对于应收票据，应重点关注以下几点：

　　了解承兑汇票的种类：是银行承兑汇票，还是商业承兑汇票？承兑人信用和实力如何，承兑汇票的流通性、期限和贴现成本，以及贴现费用由谁来承担。银行承兑汇票体现的是银行信用，其信用等级和流通性明显高于商业汇票，在银行办理贴现的难度较小。

　　承兑汇票的期限一般为 6 个月以内，近几年来，一年期的商业承兑汇票越来越常见，承兑期限越长，风险越大。新形势下，诸多民营地产商开具的票据，兑付变现能力大打折扣。近期，体现最明显的就是案例 7-3 中提到的 DH 公司的商业承兑汇票，目前已无法兑付和流通。

【案例 7-3】

　　NZH 公司就某公共建筑项目申请 1500 余万元的预付款保函，项目建设资金为财政资金，预付款为合同额的 10%，进度款按月支付 80%，付款条件较好。企业拥有建筑工程施工总承包特级资质，连续多年超 50 亿的营业收入规模，为当地的纳税大户，具有较好的银行信用，公开信息查询未见重大不良记录，但诉讼数量呈快速增长趋势。2021 年企业的审计报告显示，企业总资产规模比上一年增加近一倍，但营业收入规模基本没有增长。资产部分，应收票据增加 6 亿元，应收账款增加 8 亿元，合同资产增加约 3 亿元；负债部分，长短期借款和应付账款等余额大幅增加。企业的资产质量、付款能力和流动性恐不乐观，待进一步深入调查。

　　企业最新的征信报告，无未结清的不良记录，但近半年内有 100 多笔商业票据贴现关注（图 7-1）。

	正常类账户数	关注类账户数	不良类账户数	合计
中长期借款	12	0	0	12
短期借款	172	0	0	172
贴现	1431	173	0	1604
合计	1615	173	0	1788

图 7-1　NZH 公司征信报告不良记录查询截图

经进一步调查，企业的应收票据基本全是已"暴雷"、出现严重债务危机的某知名地产商（以下简称"DH公司"）的商业承兑汇票，征信报告显示的贴现关注，则为DH公司的商业承兑汇票。企业目前尚有超6亿元DH公司的商业承兑汇票尚未兑现，兑现预期极不乐观。进一步查核NZH公司的应收账款前五大客户，民营地产商占比较大，且其中大部分为DH公司和其他经营陷入问题的地产商。受此影响，判断NZH公司未来经营具有较大的不确定性，客户经理经过充分尽调和分析评估后，暂停受理该类企业的项目。

案例启示：在日常进行客户营销和业务尽调时，关注企业历史和存量项目情况，尤其对于房屋建筑施工总承包资质的企业，营业收入规模较大、应收账款和有息负债较高的企业，应重点调查企业过往承接项目类型、甲方性质和付款情况等，及时了解企业的经营方向和经营战略，分析预判企业未来一段时间的发展状况，为担保决策提供依据。

【案例 7-4】

BJJ公司，于2011年A股上市，旗下控股多家幕墙装饰公司。该上市公司2021年净利润为 -9亿元左右，归属于上市公司股东的净利润为 -10亿元左右，归属于上市公司股东的扣除非经常性损益净利润约为 -11亿元。BJJ公司当期净利润为负的主要原因系计提各类减值损失25亿元所致，其中因地产商DH公司旗下相关子公司及其关联公司出现经营风险，使得BJJ公司相应计提各类减值损失高达19亿元，其中商业承兑汇票计提坏账准备约7亿元，见表7-1。

BJJ 公司应收票据余额 表 7-1

种类	2021 年 12 月 31 日		
	账面余额（元）	坏账准备（元）	账面价值（元）
银行承兑汇票	2439979.82	——	2439979.82
商业承兑汇票	1363793426.37	686625679.42	677167746.95
合计	1366233406.19	686625679.42	679607726.77

目前，公开信息暂未查询到 BJJ 公司严重的不良信息，但经过以上调研情况发现 BJJ 公司未来经营预期存在较大的不确定性，此时已不宜为该公司提供担保。

受地产商 DH 公司债务违约影响，大量商业承兑汇票难以兑现，导致短时间内经营即陷入停摆的建筑企业不胜枚举。其中不乏营业收入规模近千亿的大型特级房建企业和多家上市企业，波及行业上下游整个链条上的众多企业，导致整个行业产生巨大震荡。

2）应收账款

应了解应收账款的规模、占营业收入的比重、应收款客户集中程度、应收账款账龄、坏账计提方式等，重点调研企业前五大或前十大应收账款，结合企业承接的项目类型、付款条件和项目甲方的性质，判断项目回款和坏账的可能性。调查企业近几年工程台账，判断应收账款的真实性，结合企业营业收入情况，判断应收账款规模的合理性和资产质量。

很多中小建筑企业在财报中不记录应收账款的年限，坏账准备计提不足，甚至不计提坏账准备，资产有一定的水分。如前述提到的 NZH 公司，应收账款前五大客户（表 7-2）涉及的三家地产类公司经营已陷入困境，而对应项目的应收账款仍然没有计提坏账，企业资产质量堪忧，经营状况预期偏负面。

NZH 公司前五大应收账款余额　　　　　　　　表 7-2

单位名称	期末余额（元）
×× 电网有限公司	20301472.22
×× 新区建设投资有限公司	18801021.37
×× 置业有限公司	18102337.21
×× 园区有限公司	15001213.31
×× 地产有限公司	14300106.22

【案例 7-5】

WFG 公司，就企业所在地河道改造工程，申请 1200 余万元的履约保函，受益人为当地政府单位。WFG公司为市政公用工程施工总承包一级、公路工程施工总承包二级资质,承接的项目以市政基础设施工程为主。WFG公司2021年的应收账款约13亿元,存货800余万元,营业收入8亿元,报税收入4亿元,应收账款规模同营业收入规模不匹配,报税收入同报表收入差距较大;有息负债近5亿元,对外担保的借款金额近8亿元,刚性负债较高,或有负债规模较大。企业货币资金超3亿元,但其中保证金的比例近99%,可动用的资金极少,流动性较差。经调查,WFG公司承接的过往项目付款条件普遍较差,多为垫资项目或融资类PPP项目,企业项目回款情况极不乐观。且企业不计提坏账,导致应收账款虚高,资产质量较差。WFG公司的母公司及其关联公司涉房地产开发运营,其借款和对外担保借款的去向值得怀疑。客户经理通过一步步调研,风险点不断显现,决定暂停为该企业提供保函担保业务。

近年来民营房地产企业"暴雷"的现象屡见不鲜,如果客户承接该类项目较多,应收账款的坏账比例或将大幅提高,企业的现金流出现断裂风险的可能性较大。

3)存货

调研分析企业存货的周转效率和规模的大小,同营业收入和承接的项目类型是否匹配等。新的会计准则出台后,企业在应收账款、存货和合同资产三个项目中的调整比较频繁,应结合企业的记账方式和内部财务制度加以分析。存货绝对值或占比较大的,应调研存货对应项目现状,结合企业营业收入和资产规模以及对应项目合同甲方情况,分析存货的合理性。如存在明显不合理之处,应追查形成原因并评估影响。

4)其他应收款

通常,建筑企业该项目内容大部分是缴纳的各类保证金;如果是集团公司或其下属单位,尤其在财务上实行收支两条线管理的企业,又常常包含集团公司或关联企业之间的内部往来。该项目大额变动或绝对值较大时,应调研对应的科目明细,查核是否涉及借贷交易。前述提到的WFG公司2021年年报中其他应收款，即为其子公司和关联企业的借款，见表7-3。

WFG 公司其他应收账款　　　　　　　表 7-3

欠款人名称	金额（万元）	备注
×× 城建公司	7634.25	借款
×× 投资有限公司	950.00	保证金
×× 发展有限公司	835.00	借款
×× 工程项目管理公司	550.00	借款
×× 建设工程公司	5000.00	借款
合计	14969.25	

5）预付账款

近期，随着建筑行业相关材料价格的大幅上涨，建筑企业购买建设用主材时，账期减少，甚至无账期现付或需要提前支付预付款，建筑企业的预付账款报表项目金额也呈现一定程度的增大趋势。对比企业预收账款和预付账款的大小，结合企业承接的项目类型，侧面评估企业在产业链中所处的地位。

6）固定资产

建筑企业常见的固定资产，多为房屋建筑、大型机械设备和运输车辆等。调查固定资产的构成、抵押情况，评估资产质量。如果是房产，需要了解房产所在的城市和坐落的位置、目前的市值、抵押情况等；大型机械设备占比较大的，抽查机械设备购置发票和购置方式，调查使用年限和折旧计提等情况。固定资产的规模和质量，尤其房产的资产质量，很大程度上影响着企业筹融资的空间，并进一步影响着企业经营的稳定性。

7）长期股权投资

通过企业内部披露的信息，再结合外部公开信息查询，调研企业长期股权投资情况。分析企业投资的类型，是否涉及多元化的发展，了解企业多元化发展的方向。企业的多元化发展没有绝对的好坏之分，但担保公司更倾向与经营范围比较集中、专注主业发展的企业，或者多元化的发展方向同主业密切相关的企业合作。

此前几年，伴随着房地产市场的火热，一些施工企业迅速扩大版图进入房地产行业。盲目地多元化，尤其涉及房地产、文旅、养老、医疗、金融等产业的多元化投资运营的施工企业，调查其非主业相关的多元化程度及经营情况，重点调研企业真实的负债规模、融资成本、融资来源和用途，是否涉及民间借贷等。

【案例7-6】

DGQ公司就外省某国有企业发包的厂馆项目，申请1600余万元的预付款保函延期。对应项目付款条件较好，预付款比例为合同价的30%，进度款按月度计量的80%比例支付。该企业具有水利水电工程施工总承包一级、市政公用工程施工总承包一级和建筑工程施工总承包一级资质，多次获得鲁班奖和中国水利工程大禹奖。企业对外披露，其承接的项目以水利和市政项目为主。调查企业财务情况，2021年总资产规模和营业收入规模均为40余亿元，有息负债18亿元，有息负债率约45%，借款规模同企业披露的过往承接项目类型和营业收入规模不相匹配。查询企业近三年的应收账款分别为6亿元、10亿元和16亿元，其他应收款分别为1亿元、2亿元和13亿元，应收账款和其他应收款增加幅度较大，但营业收入规模变动不大，企业项目回款不乐观，资产质量不高。另查，企业对外投资几十家企业，涉及房地产、养老、医疗、机器人、商业保理和小额贷款等多板块多元化投资经营，企业的借款去向值得怀疑。此外，企业对外担保借款10余亿元，或有负债的风险较大。

案例启示：随着建筑行业的竞争加剧，越来越多的建筑企业尝试多元化发展。对于对外股权投资较多、多元化发展的企业，调研不能浅尝辄止，关注其多元化经营的形式和现状，以及多元化发展的方向同主业的关联程度，结合企业负债与或有负债情况，综合判断企业的经营风险。

8）在建工程

企业报表中的"在建工程"是指兴建用于自用的房屋建筑物、待安装或正在安装的机械设备等。关注企业是否有大额的在建工程，了解其用途及合理性。"在建工程"是企业自用的、未来可转固定资产的。在建工程在工程完工达到预定可使用状态时，结转为固定资产。已达到预定可使用状态但尚未办理竣工结算的，先按估值转入固定资产，待办理竣工决算后再按实际成本调整原估值。

了解企业在建工程的内容，尤其是大额的在建工程，了解在建工程的规模和用途，查核建设资金来源，并评估在建工程对企业运营资金和日常经营造成的影响。

（2）企业负债情况

1）有息负债

有息负债即带息负债，是指需要支付利息的负债。常见的有息负债，一般有短期借款、长期借款、应付债券，以及应付票据的敞口部分。此外，应付账款、其他应付款和长期应付款也有可能是需要支付利息的有息负债。比如，为了取得一定账期，约定了利息支付的应付账款；关联企业之间的借款，通常记入其他应付款；融资租赁负债则记入长期应付款。不能高估资产，也不能低估负债，尤其对于金额较大的报表项目，要调查了解对应的内容。

企业的负债规模，应同企业资产和营业收入规模相匹配，有息负债的绝对值和相对值都应关注，一般认为有息负债率超过 30% 即为较高的负债率。调研企业历史负债规模变化是否平稳合理，用途和去向是否同企业承接的工程类型和工程规模相匹配。涉及多笔大额借款的，还应调研分析借款到期日的时点、还款日是否集中等。如果还款日过于集中，调查判断企业的集中还款压力，还款来源是否可靠，能否按期还款。

了解企业有息负债的来源、期限、成本、取得方式等，判断企业再融资的能力和空间。如果企业的融资方式非常多样，且借款成本较高，则企业的资金链很可能比较紧张，调查企业的借款用途和还款来源，判断企业的还款能力。

除了关注企业财务报表记录的负债情况，还应结合企业征信报告，验证企业提供的财务报表借款的真实性，并调研企业借款是否出现关注、欠息或逾期等不良记录情况，以及对外担保等或有负债对应的情况。企业的征信信息数据，一般包含"未结清信贷及授信信息"和"已结清信贷信息"。未结清信贷信息主要是企业未到期或已到期仍未结清（关注或不良等）的信贷，已结清信贷信息则包含了企业过往年份已结清的各种信贷信息，未结清和已结清信贷信息都应关注其是否有不良信用记录。如果征信报告存在不良记录，调查了解不良记录是否已结清、不良记录出现的原因和频次、解决方式和结清时间等，以及对企业造成的影响，判断企业的偿债能力、财务管理的规范性、资金的流动性和经营的稳定性。

【案例7-7】

HJ公司，就当地一民营地产附属工程申请200余万元的履约保函。审计报告显示，企业2020年12月总资产规模5000余万元，净资产约2000万元，营业收入1000余万元，无银行借款，有息负债率为0。但查询企业征信报告发现，企业自2018年以来银行借款金额一直保持在2000万～3000万元左右的规模，截至保函受理时，征信报告显示借款余额3200万元。企业的实际有息负债率超60%，负债率极高。经查，该笔借款实际为另一民营房地产商HZ公司所用，借款主体为HJ公司，HZ提供借款担保。HJ公司认为自己不是借款的实际使用人，所以未将借款记入财务报表。经调研，HZ公司涉及多笔民间借贷、金融借款合同和借款合同纠纷，已出现失信被执行人记录，并被限制高消费。借款实际使用人——HZ公司的还款能力堪忧，而HJ公司自身基本无兜底该笔借款的能力，受此影响，企业未来经营存在较大的不确定性，担保风险较大。

案例启示：建筑企业对外提供的资料的真实性或待商榷，财务数据的可参考性需要甄别，企业的信贷情况可以借助征信报告进行验证。征信报告（企业信用报告）通过中国人民银行征信中心查询而得，是目前最为真实和可靠的参考数据。不单验证企业披露的现有有息负债和对外担保，还可以查询企业过往借款、对外担保和票据贴现的历史记录和表现，用于参考判断企业的信用和偿债能力，以及经营情况。

【案例 7-8】

SYC 公司就外省某国有企业发包的项目，申请两笔保函，保函合计金额 5000 余万元，项目对应的付款条件较好。审计报告显示，该企业 2020 年 12 月总资产规模 100 余亿元，营业收入 20 余亿元，当时查询的征信报告显示企业长短期借款余额合计近 12 亿元。加上银行承兑汇票的敞口部分，有息负债合计约 16 亿元，同企业营业收入规模严重不匹配，且借款出现多种异常记录情况。如图 7-2 所示，企业未结清信贷和已结清信贷均出现了关注记录，还有一笔借新还旧。企业短期未结清借款多为城商行或农商行等小型银行，且借款期限异常，同常见的借款期限不同，有效期非整年整月，见图 7-3。考虑以上种种异常现象，调查之后，最终放弃为该企业提供担保服务。

未结清信贷及授信信息概要

	正常类		关注类		不良类		合计	
	账户数	余额	账户数	余额	账户数	余额	账户数	余额
中长期借款	4	49000	0	0	0	0	4	49000
短期借款	8	57500	2	11000	0	0	10	68500
贴现	1	19.76	0	0	0	0	1	19.76
合计	13	106519.76	2	11000	0	0	15	117519.76

已结清信贷信息概要

	正常类账户数	关注类账户数	不良类账户数	合计
中长期借款	35	0	0	35
短期借款	414	2	0	416
贴现	45	0	0	45
合计	494	2	0	496

图 7-2　SYC 公司征信报告查询截图——借款关注记录

短期借款   共10笔

账户编号	授信机构	业务种类	开立日期	到期日	币种	借款金额	发放形式
	担保方式	余额	五级分类	逾期总额	逾期本金	逾期月数	最近一次还款日期
	最近一次还款总额	最近一次还款形式	特定交易提示	授信协议编号	历史表现	信息报告日期	
310121…01130…000003	支行营业部	流动资金贷款	2022-01-13	2023-01-10	人民币元	6000	收回再贷
	保证	6000	关注	0	0	0	2022-02-20
	28.42	正常还款	--	--	见附件	2022-02-20	
310103…01050…000003	支行营业部	流动资金贷款	2022-01-05	2022-12-30	人民币元	5000	收回再贷
	保证	5000	关注	0	0	0	2022-02-20
	23.68	正常还款	--	--	见附件	2022-02-20	
310101…6788…	人寿保险股份公司	流动资金贷款	2010-12-14	2011-12-13	人民币元	10000	新增
	信用/免担保	10000	正常	--	--	--	
	0				见附件	2010-12-14	
310134…10280…	银行	流动资金贷款	2021-06-29	2022-06-23	人民币元	10000	新增
	组合	10000	正常	--	--	--	
	0		--	3231110221000028	见附件	2021-06-29	
310122…F204…	银行	流动资金贷款	2021-07-21	2022-07-05	人民币元	10000	借新还旧
	质押	10000	正常	0	0	0	2021-12-20

图 7-3 SYC 公司征信报告查询截图——短期借款记录

2）或有负债

除了企业的有息负债，还需要了解企业的或有负债。建筑企业常见的或有负债主要为未决诉讼和对外担保。

建筑行业因产业链长、资金规模大、相关利益人多和合规性差等原因，行业诉讼数量规模较大。有些诉讼案件，因法院或仲裁机构尚未做出最终裁决，无法判断是否承担赔付或赔付金额多少，从而形成一种不确定的赔付状态，未来可能会触发债务的产生。不确定性一定程度上代表风险性，所以评判一个企业风险大小很重要的一个指标就是企业的诉讼规模和趋势。

建筑企业之间的担保借款比其他行业更为普遍，在不同地域、不同的经济发展阶段，互保借款的规模和形式差别较大，产生的影响也不一样。在我国特殊的金融环境及特定时期内的市场经济背景下，互保模式在建筑企业

第 7 章 项目尽调

159

融资过程中扮演了重要角色，一定程度上促进了建筑行业的发展。尤其在中小企业数量众多、民营经济发达的江浙地区，互保借款模式比较典型，运用得比较充分，对当地建筑行业的发展起到了一定的积极作用。但由于建筑行业的互保极易形成较长的互保链条和利益网络，随着经济下行和建筑行业的粗放发展，风险隐患不断突显。若被担保企业出现不良贷款，将影响担保企业的征信记录，增加负债压力，形成多米诺骨牌效应，引发区域金融市场震荡。多数民营建筑企业所担保的对象为同类型企业，具有相同的风险特征，风险集中爆发的可能性加大。

【案例 7-9】

JSJ 公司就企业所在地某国有企业发包的教学楼建设施工总承包项目，申请 900 余万元的履约保函，期限 9 个月，项目的付款条件较好。该企业为总承包特级资质，连续多年总资产规模和年营业收入规模逾百亿。企业上年的有息负债规模 20 余亿元，年净利润约 4 亿元，对外担保金额近 10 亿元。经查，企业征信报告的关注类担保借款最高时近 3 亿，现已逐年降至 1 亿元左右，征信查询截图见图 7-4，尚未发生实质代偿。JSJ 公司对外担保数十家，自身的短期借款也多由当地多家建筑企业担保，形成一个较大的互保圈。针对这种情况，除了企业自身的经营情况和还款能力需要调查外，还要调查了解企业对外担保单位的经营情况和偿债能力，并重点调查关注被担保单位的现状和未来发展预期，评估可能对企业造成的影响，判断企业的兜底能力。

经查，企业对外担保关注涉及的两家建筑企业，均为当地重点企业和纳税大户，都已由当地政府收购重组，控股股东变更为当地的国资委。并由当地政府出面，协调金融机构等各利益相关方出具了明确的扶持方案及债权债务解决方案，JSJ 公司代偿的可能性较小。调查 JSJ 公司对外担保的其他建筑企业，目前经营正常，未发现不良记录。结合企业实力，初判企业短期内稳定经营不会受到较大影响，考虑尝试受理少量保函金额不大、期限较短的项目。但仍需持续跟进 JSJ 公司对外担保借款的规模和变化趋势，尤其是关注内对外担保借款到期后情况，动态调整对其保函的担保方案。

责任类型	被追偿业务			其他借贷交易				
	还款责任金额	账户数	余额	还款责任金额	账户数	余额	关注类余额	不良类余额
保证人/反担保人	0	0	0	173477.24	73	138739.77	12166	0
合计	0	0	0	173477.24	73	138739.77	12166	0

为其他借款人承担的相关还款责任

除贴现外的其他业务   共 73 笔

账户编号	责任类型	保证合同编号	币种	还款责任金额	授信机构/债权机构	业务种类	开立日期/接收日期	到期日	币种
	借款金额/信用额度	余额	五级分类	逾期总额	逾期本金	逾期月数/还款状态	剩余还款月数	信息报告日期	
01H00017 080314	保证人/反担保人	0100123 9100924	人民币元	3520	股份有限分行	流动资金贷款	2021-06-07	2022-06-06	人民币元
	3600	3520	关注	0	0	0	--	2022-04-09	
	保证人/反担保人		人民币元	3000	银行股份有限公司	流动资金贷款	2021-06-16	2022-06-15	人民币元
	3000	3000	关注	0	0	0	--	2022-03-21	
	保证人/反担保人		人民币元	2050	股份有限分行	流动资金贷款	2021-07-29	2022-07-29	人民币元
	2050	2050	关注	0	0	0	--	2022-03-21	
	保证人/反担保人		人民币元	2000	银行股份有限公司	流动资金贷款	2021-12-15	2022-12-14	人民币元
	2000	2000	关注	0	0	0	--	2022-03-21	
	保证人/反担保人		人民币元	1696	股份有限分行营业部	流动资金贷款	2021-07-15	2022-07-08	人民币元
	1696	1396	关注	0	0	0	--	2022-03-21	
	保证人/反担保人		人民币元	80	投资有限分行	流动资金贷款	2021-07-30	2022-07-25	人民币元
	80	80	关注	0	0	0	--	2022-03-20	
	保证人/反担保人		人民币元	80	股份有限分行	流动资金贷款	2021-07-30	2022-07-25	人民币元
	80	80	关注	0	0	0	--	2022-03-20	

图 7-4　JSJ 公司征信报告查询截图——对外担保

案例启示：在尽调过程中，应客观看待建筑企业的对外担保，审慎但不扩大化。在我国现行的融资环境下，担保借款目前仍是建筑业融通资金不可或缺的一种方式。调查和关注的重点是目标企业本身，包括企业经营管理能力、自身的实力和兜底能力、行业口碑和信誉等，预判企业未来的发展。

3）应付账款

调查了解企业近几年的前十大供应商，了解供应商的类型和规模、集中度、合作时间，以及账期条件等。如果企业有长期稳定的供货商，可能会得到一定的免息账期，企业在承接垫资项目的时候可以有一定的余地。近年来，主材价格涨幅明显，付款方式也通常采用现款交割，或者需要提交预付款订货。而建筑企业承接的工程项目，多是先施工、再计量、后付款，大多需要一定程度的垫资，企业的资金压力比较大。

应付账款金额较大时，应调查了解企业应付账款对应的交易方，企业同对方的合作经历，合作的稳定性和集中度，供应商的合作模式如何，交易方是否给予企业一定的账期，账期的取得有无附加条件等。

4）预收账款

一般来讲，预收账款较多代表项目支付条件较好，但金额并非越大越好。如果企业财报预收账款长时间持续金额较大，应调查了解对应项目的进度和预付款抵扣情况，是否存在项目进度滞后的情况。此外，如果企业的预收账款长时间保持较大余额，容易引起税务部门的注意，存在一定的税务风险。

5）其他应付款

该报表项目，常见的内容为企业同集团公司或关联公司之间的往来、存留的保证金、应交的罚款等。金额较大的其他应付款应该引起关注，调查应付内容、是否涉及资金的借贷等。

（3）收入和利润情况

根据企业会计准则，建筑业企业按照完工百分比法确认收入。调查企业合同工程台账和承接项目类型，对照企业提供的财务报表和纳税申报表，结合企业的运营管理模式，判断企业收入、利润的真实和合理性。比如，有些合作型企业，以收取挂靠费为其主要收入来源，却将被挂靠的项目产值全部计入自己的财报收入，收入虚增，违背了实质大于形式的会计准则。

综合评价企业财务状况，也可利用比例分析法，判断企业的偿债能力、盈利能力和营运能力等。受理工程保证担保业务时，分析企业负债情况常用到的两个比率指标：资产负债率和有息负债率。建筑业行业负债率普遍较高，一般将资产负债率超过90%、有息负债率超过30%作为警示线。必要时，调查企业主要账户的银行流水，关注流水量、往来的交易对手方和金额大小，判断企业的经营状况和资金紧张程度。

对企业的财务数据进行纵向和横向的比较：一方面，同企业自己历年数据比较，观察财报项目是否有绝对值特别大的数据、不同时期报表数据是否有异常变动，调查绝对值大或数据变动较大的报表项目，进一步确认企业的财务是否规范、真实、合理，经营是否正常。另一方面，同行业内部其他企业比较，各财务数据是否合理，规模和利润在行业中所处的地位。

4. 外部信息查询

除了客户自己提供的内部信息，应广泛地利用公开信息查询网站，多方面搜索查询企业信息，如查询"全国建筑市场监管公共服务平台（四库一平台）""中国执行信息公开网""裁判文书网""信用中国"和各地的住建局、人社局等监管单位的官方网站，调查了解客户被执行人、股权出质和股权冻结情况，以及各行政单位的处罚等信息，尤其涉及质量安全和农民工工资支付方面的处罚，应予重点关注。也可以参考"企查查"等已经将企业各类信息进行整合过的网站，利用已经经过一定程度整合和分析的信息，再通过各官方网站验证，提高调查效率。

如果调研发现企业有未结清的失信被执行人记录，应调查企业被列为失信被执行人的原因，评估对企业的影响，是否会对企业的正常经营产生重大不良影响；必要时，将其列入黑名单，暂停对其业务的受理。如果企业存在大额或多笔未结失信记录，且企业在保余额规模已经比较大，应时刻关注其他在保项目的完成情况。待失信被执行人结清后，再重新调查、判断担保风险，视情况选择是否受理企业后续的担保申请。

如果企业未结清被执行人信息记录较多，虽然可能还尚未有失信被执行人记录，但仍需高度关注。一旦被诉讼围城，解决不及时，很容易引起失信、账户冻结，将直接影响企业项目的投中标和在建项目的付款等，引发一连串的不良反应。不但未结清被执行人的信息记录要调查了解，过往的被执行人数量和金额，裁判文书的多少，以及近期的开庭公告情况等都应予关注。调查企业诉讼类型、解决方式、历年诉讼金额和数量的变化、处理速度和企业对待诉讼的态度，不仅要分析企业诉讼数量和案件标的金额的绝对数，诉讼规模近几年的发展趋势也应引起关注。企业的诉讼情况，往往从侧面反映着一个企业的经营管理状况。

此外，应调查了解诉讼案件的案由类型。如果有金融借款合同纠纷、民间借贷纠纷、借款合同纠纷和票据纠纷等案由，要引起注意。

在受理保函业务时，常常有种认识误区：企业体量大，兜底能力强，短期内不会倒，做几笔保函不会有问题。但近期某大型建筑企业的表现，为我们提出了警醒。

【案例 7-10】

大型建筑企业 JSJ 公司，2021 年资产规模约 300 亿元，营业收入规模约 200 余亿元，最高资质为建筑工程施工总承包特级；刚性有息负债超 70 亿元，对外担保借款金额近 30 亿元。

近期 JSJ 公司短时间内集中出现大量诉讼，并开始不断陷入失信，且有多笔限制高消费记录。加之，其母公司大规模的地产运营和已经出现的债务违约自身难保，两者风险叠加呼应，可谓"雪上加霜"。JSJ 公司出现了大量票据追索纠纷类的裁判文书，多涉民营地产项目。既有 JSJ 公司自己的商业承兑汇票，也有其他民营地产的商票，其中不乏已经出现债务违约的 DH 地产公司及其子公司。查询近期其相关的法院公告和开庭公告，票据追索纠纷公告依然层出不穷。JSJ 公司自身票据的流通性迅速降低，贴现成本大幅增加。其母公司目前也已深陷管理和债务困境，无法施以援手，正待资产管理公司实施纾困。客户经理调研后决定暂停受理其新项目，待形势好转后视情况合作。

JSJ 公司的母公司 SE 公司，2021 年总资产规模 3000 余亿元，营业收入近 800 亿元。刚性有息负债近 1000 亿元，对外担保 500 余亿元。2022 年初，某评级公司基于其 2021 年业绩预期下滑、短期面临债务本息集中兑付压力等原因，将其主体信用评级由 AA＋下调至 AA，评级展望由稳定调整为负面，引发市场的强烈关注和讨论。两个月之后，SE 公司召开公司债券持有人会议，其中三支债券通过了关于豁免发行人违约责任的议案，合计金额约 20 亿元。但此获准延期的债务金额在其大规模负债中占据极小的比例，可谓杯水车薪。目前，值得庆幸的是，SE 公司已被列入当地政府纾困白名单，或将迎来转机。但企业如此大的债务规模，即使纾困，也需较长时日缓解债务和经营困境。

5. 同被担保人过往合作情况

担保公司在同企业的业务合作过程中，逐步深入了解企业的经营管理情况、过往承接的项目类型和集中度，以及内控机制等，判断企业未来发展趋势、风险管理水平和履约能力。

关注企业在保项目类型和在保余额，尤其在保大额保函对应的项目，定期做好后期检查，了解项目进展、回款情况，排查风险。对企业在保余额进行内部额度管理，既要满足企业发展过程中对保函额度一定程度的需要，又要考虑避免单个企业在保余额的过度集中，减少担保公司的风险集中度。

7.2.2 对保函受益人的尽调

工程保证担保业务涉及的受益人通常为基础交易合同的甲方，常常作为政府基础设施建设的抓手。担保公司的尽调调查对象一般偏单向性，通常以被担保人的尽调为主。因保函受益人在合同中的地位，担保公司对保函受益人的调查以外部公开信息查询为主，结合被担保人协助调查提供的受益人信息做判断。

受益人一般为建设单位或发包人，要重点调查受益人的股东背景、付款的资金来源、支付能力、通常的支付条件和付款方式、运营项目的经验、有无恶意索赔记录、农民工工资拖欠记录等，并进行多方面的公开信息查询，调查过往诉讼情况、诉讼类型和诉讼对象等。

【案例 7-11】

HJ 公司具有建筑工程施工总承包一级资质，经多方面调查，经营情况未见异常。HJ 公司于 2021 年年底承包 SF 公司（以下简称"发包人"）发包的自己的基地建设项目，合同金额约 1.5 亿元。企业就该项目，申请 1500 万元履约保函。经查，该项目发包人已于 2021 年上半年提交了上市申请材料，后中止发行。其招股说明书中明确列明，计划将 IPO 募资用于上述提到的基地建设项目，后经证券交易所多次致函问询，至今仍未发行。经过公开信息查询，发包人的债权债务和偿债风险尚未厘清，建设资金来源或存在不确定性。加之，项目付款条件较差，涉及大量垫资且材料不调差。调研评估后，认为受益人未来的经营情况和项目尚存在较大的不确定性，决定暂不受理该受益人大型建设项目对应的保函。

政府事业单位、国有企业、民营企业和外资企业，有不同的风险特点，担保公司一般更倾向选择受益人为政府事业单位或国有企业的工程项目。民营业主，尤其是民营地产的主体项目，受政策和市场影响较大，不确定性较高，担保公司大多持谨慎态度。

有些保函的受益人独立于基础交易合同，比如农民工工资支付保函的受益人通常为项目所在地的人社局等监管单位，不是基础交易合同的甲方。除了保函申请人和受益人，也要了解当地政府对于农民工工资支付的政策管理要求和严厉程度，综合判断保函担保的风险。尤其关注受益人过往索赔频次、索赔原因等，对于有索赔倾向的受益人，应谨慎受理对应的保函。

前述章节也提到，随着工程保证担保业务的发展，基础交易的甲方也常常成为担保公司营销的客户，对受益人的调查和了解也将越来越深入。

7.2.3　对基础交易项目的尽调

工程保证担保的每笔业务都是基于具体交易事项产生的，担保业务的落脚点是某个具体的项目，对项目本身的尽调尤为重要。

1. 细分行业的尽调

了解受理工程项目所处的细分行业，行业本身存在的特点和风险点。了解不同细分行业的从业企业、行业竞争性、行业壁垒、行业施工特点、项目普遍的付款方式等。以市政公用工程和公路工程项目为例，即便是两者看起来有相似施工内容的道路工程，两者的施工范围是相互补充的，并不重叠。公路工程涵盖的公路范围一般指城市之外的道路，比如县、乡和城市之间的道路，而市政公用工程所涵盖的道路是市区内的道路。因工程建设招标投标的依据、主管部门、建设环境、施工内容、建设地点、预算编制和验收标准等多方面的不同，导致工程项目存在不同的特点。

又如，受政策的影响，某些细分行业在一段时间内不断集中衍生出更多的施工内容，碳减排、新能源发电行情下的光伏发电、风能发电等，成为电力工程行业近年来发展和投资的新趋势。该种项目的交易结构往往比较复杂，施工单位的责任范围比较广，甚至包含了项目前期的征地、拆迁、项目整个过程的审批手续办理等，而且项目供货采购占比大、预付款比例较高、合同额较大、工期较短，对项目的进度时间节点和合规性要求较高。需要充分调研厘清项目的交易结构，如果项目牵扯的利益方较多，交易各方扮演的角色、掌握的资源和履约的能力都需要调研评估，尤其投资方和收购方的资金实力和资金来源，项目背后的资源也需要挖掘，综合以上调研，再确定承保与否。

2. 承发包模式和工程项目承包模式

建设工程项目的招标投标有很多种分类方式，按工程项目承包的范围分类，通常分为工程总承包、工程分承包、专项工程承包等。不同的承包方式对企业的要求也不一样，工程总承包单位对业主直接负责，对企业资质、管理能力、人员结构、融资能力和过往业绩等要求得更高。

3. 基础交易信息

在以上行业和承发包模式尽调的基础上，就具体项目的基础交易信息做针对性地尽调。

（1）工程项目的招标方式

建设工程招标方式常见的有两种，即公开招标和邀请招标。两种招标方式各有利弊，担保公司受理的工程项目大部分为公开招标的项目。公开招标又称无限竞争招标，在程序上更完整、更规范，更加公开透明，是工程建设领域最典型的招标方式，也是该领域通常使用的招标方式。公开招标的项目，结合项目公示的招标公告、招标文件和中标公示等信息，了解项目背景、资金来源、招标要求和投标的竞争性等。比如，有些项目招标公告或招标文件中明确约定的满足条件和限制条件等，中标企业是否满足或受限制。如果不满足或者突破了限制条件，要关注企业中标的合法和合规性，进一步调查其中标有无可靠的依据。再如，通过中标公示的公开投标单位的数量、满足招标文件要求的企业情况、最终中标的候选人履历和投标报价等情况，判断项目投标的竞争性。

邀请招标又称有限竞争性招标，这种招标方式一般不发布公告。招标人根据自己的经验和所掌握的各种信息资料，向具备承接工程施工能力和资信良好的三个以上承包商发出投标邀请书。根据相关规定，经批准在下列情形之一的项目，可以进行邀请招标：

① 涉及国家安全、国家秘密或者抢险救灾，适宜招标但不宜公开招标的；

② 项目技术复杂或有特殊要求，或者受自然地域环境限制，只有少量潜在投标人可供选择的；

③ 采用公开招标方式的费用占项目合同金额的比例过大的。

担保公司业务受理过程中，常见的邀请招标的工程项目，多为商业地产、物流园和央企分包等项目。针对邀请招标的项目，关注受邀人的履约经历、招标人和受邀人的过往合作经历，招标人的资格审查条件等。如有些央企有自己严格的采选流程，并形成名单准入制度，向名单内的施工单位发出投标邀请书。如果基础交易合同的甲乙双方有良好的合作基础，保函担保的风险将大大减小。

（2）评标办法

评标办法，一般是招标人根据项目的特点和要求，依据一定的评标因素和标准，对投标文件进行评价和比较的方法。工程建设领域常见的评标办法主要有两种，即最低评标价法和综合评估法。最低评标价法一般适用于具有通用技术、性能标准或者招标人对其技术、性能标准没有特殊要求的招标项目，是指以价格为主要因素确定中标供应商的评标方法，即在全部满足招标文件实质性要求前提下，依据统一的价格要素评定最低报价，以提出最低报价的投标人作为中标候选供应商或者中标供应商的评标方法。综合评估法一般适用于招标人对招标项目的技术、性能有专门要求的招标项目，是综合衡量价格、商务、技术等各项因素对招标文件的满足程度，按照统一的标准量化后进行比较的方法。

工程建设领域的最低评标价法应用的项目类型和区域具有一定的集中性，比如，世界银行和亚洲开发银行等国际金融组织贷款的项目常采用最低评标价法；再如近年来重庆地区的项目，多采用最低评标价法。对于低价中标的项目，如果中标价同招标控制价或上限价差距较大（一般下浮比例超过15%，即认为下浮比较大），应充分调研分析投标报价的合理性。投标报价清单各子项材料、人工和机械设备的报价，同市场价格进行比较，分析是否合理。低价中标的项目，利润空间较小，对中标单位的施工管理经验和组织能力提出较高的要求。

（3）投标人资格要求

招标人一般对投标人资格有一定的要求，如投标人的施工资质、业绩、拟派项目经理的资格和业绩，以及企业相关信用条件等应满足投标要求。如投标人或相关责任人被列为失信被执行人或在"信用中国"网站有黑名单记录，几无中标的可能性，或中标后被取消中标资格的可能性较大。

涉及联合体中标的项目，核查联合体牵头人及成员单位是否满足招标文件要求，并结合联合体协议的分工及施工总承包协议约定情况，判断项目的合规和合理性。联合体是一个团体，即便是其中的一个联合体成员单位申请保函，也应调查了解其他联合体成员情况。

【案例 7-12】

BJH 公司就外资银行贷款的沙地综合治理项目，申请 2500 万元的预付款保函。该项目为联合体中标，合同总金额约 15 亿元，该企业为联合体成员单位，和另外一个联合体成员单位各负责其中约 2.5 亿元的合同额，联合体牵头人负责 10 亿元左右的合同额。经查，BJH 公司经营正常，此次承接的是其母公司所在地项目，且具同类型项目的施工经验。根据企业提供的联合体协议和施工总承包协议，进一步调查联合体各方情况，发现了一些问题：公开信息查询发现联合体牵头人 BJS 公司存在大量被执行人信息、近 20 笔失信被执行人和 10 余笔限制高消费的记录；进一步调查联合体牵头人的银行征信报告，未结清和近期已结清的银行借款、承兑汇票等信贷记录中，均有关注类记录，见图 7-5。深入调查发现，联合体牵头人出现债务危机，缺乏偿债能力，经营管理面临较大风险。虽然保函申请企业——联合体成员单位 BJH 公司目前正常经营，但联合体牵头人经营出现巨大风险隐患，整个项目的履约难以保证，其他联合体成员单位无法独善其身。尤其外资银行贷款项目，对工程进度节点、付款流程和合规性要求得比较严格，客户经理经过一系列调查评估，拒绝了对整个项目项下所有保函的担保申请。

未结清信贷及授信信息概要

	正常类		关注类		不良类		合计	
	账户数	余额	账户数	余额	账户数	余额	账户数	余额
中长期借款	0	0	1	23100	0	0	1	23100
合计	0	0	1	23100	0	0	1	23100

	正常类		关注类		不良类		合计	
	账户数	余额	账户数	余额	账户数	余额	账户数	余额
银行承兑汇票	3	100.16	3	30	0	0	6	130.16
合计	3	100.16	3	30	0	0	6	130.16

图 7-5　BJS 公司征信报告不良记录（一）

由资产管理公司处置的债务			垫款		
账户数	金额	处置完成日期	账户数	金额	结清日期
0	0	--	68	2794.15	2020-12-09

	正常类账户数	关注类账户数	不良类账户数	合计
短期借款	17	1	0	18
贴现	5	0	0	5
合计	22	1	0	23

	正常类账户数	关注类账户数	不良类账户数	合计
银行承兑汇票	741	65	0	806
合计	741	65	0	806

	正常类账户数	关注类账户数	不良类账户数	合计
银行保函	20	1	0	21
合计	20	1	0	21

图 7-5　BJS 公司征信报告不良记录（二）

（4）合同协议书应关注的主要内容

建设工程施工合同往往包含了大量内容，合同协议书则集中了合同的大部分要点，重点关注项目施工地点、资金来源、合同承包责任范围、合同价、下浮比例和合同工期等。

1）工程施工地点，涉及当地政策、财政收入、经济状况、气候条件、地质地貌、施工难度、社会治安和当地风俗文化等因素影响。比如，有些省份大气污染治理政策比较严苛，经常发布封土令，工期不确定性较强；高原或山区等受地质和气候影响较大，承包方应具备充足的类似项目的履约经验；经济发达和经济落后地区的工程项目，付款的保障性存在一定程度的差异。此外，工程所在地、受益人所在地和施工单位所在地，三者所在省份均不相同的情况，要引起特别的注意：调研企业中标的合理性，企业在项目地是否有过往履约合同，同受益人是否有过往合作经历，项目最终的实际控制人是谁，判断项目实际控制人的履约能力和履约意愿。

2）项目的资金来源非常重要，一定程度上决定着项目的最终完成情况。

常见的资金来源主要有财政资金、自筹资金、债项资金、银行借款和利用外资（如世界银行和亚洲银行贷款）等。一般来讲，财政资金比较有保障，但也因不同区域财政能力的不同而产生较大差别。

3）关于合同承包范围，应关注承包人具体的责任范围，比如，安置区项目是否包含了土地征迁的责任；总承包类的项目，关注项目运营模式，企业承包范围是否包含了项目融资责任、是否承担还本付息的义务，是否负责项目的运营和维护等；近年来比较流行的新能源光伏、风电类项目，主要设备部件是否甲供，承包人是否负责垫资，是否承担土地流转、"路条"审批和并网发电手续等责任。

4）合同金额和工程量，结合承包责任范围估算工程项目的单价是否合理，过高和过低都要引起注意。过高的情况，评估项目的施工难度、使用材料的专用性和稀缺性，或是否有其他未在合同内体现的施工内容，工程设备要求的竣工验收状态等；过低的情况，调研甲供材料的多少、项目单项造价和报价的合理性，分析工程项目的成本，推测获得利润的可能性。

5）关于项目的施工工期，可以根据项目的工程量，判断合同协议约定的工期是否合理。调研工程项目采用的机械设备和建造方式，当地气候条件、现行的疫情趋势和各地的大气污染防控要求等，预判工期延期的可能性，给予保函申请人合理的保函有效期建议。

（5）其他重要条款

除了合同协议书约定的以上主要内容，还要重点关注招标文件或建设工程施工合同以下几个重要条款：

1）变更条款

关注项目是否接受变更，变更估价的约定和计入方式，变更所涉及的材料是否调差，因变更导致的施工工艺和建造方式的变化而增加的费用是否由承包人承担，是否会造成承包人成本的增加。

2）调差条款

应关注工程项目的调差条款，调差与否、调差依据、调差幅度、调差的

材料范围等。尤其近一两年来，随着大宗材料价格的大幅波动，合同的调差
与否和调差范围是项目能否正常履约的重要影响因素。对于约定不调差的项
目，关注项目工期和报价清单，调查材料和人工的报价情况，结合承包方的
采购方式，评估是否为材料波动预留出了一定的空间。工期时间长、合同金
额大、材料占比高的项目，如果材料不调差，未来材料大幅涨价或将导致承
包人降低履约意愿，保函担保的风险较大。

【案例 7-13】

S 省的 ZL 公司最高资质为总承包特级资质，2020 年营业收入规模 20
亿元左右。承接 G 省政府发包的回迁房项目，合同金额 10 余亿元，合同约
定工期 1095 天，并约定施工期间材料不调差，需要提交金额 1 亿元左右的
履约保函。该项目于 2019 年合同签订后，因施工方案调整等因素，实际进
场开工时间为一年后。之后，又因疫情等原因工期不断延后，项目进度严重
滞后，期间项目主材价格大幅上涨，工程进展难以为继，项目陷入越干越赔
的局面，最终项目停滞，保函担保风险隐患突显。

3）计量和支付条款

根据项目类型，预判主材合同占比、主材预先购置的数量等，判断项目
付款条款设置的合理性。如钢结构的厂房建造等，一般需要一定比例的预付
款，用于预制钢构件或锁定钢材价格等。

关于项目的付款，应关注是否有预付款、预付款的比例和扣回方式等。
尤其大额预付款，应调查了解是否有预付款的监管和如何监管，以及甲方支
付预付款的条件等。

关于进度款的支付，应关注支付的时间节点和比例，是按月按季支付、
还是按节点支付。付款进度和付款比例，决定了承包人是否需要垫资、垫资
规模和垫资期限。一般来讲，项目的付款时间节点越密集越好，承包人履约
积极性高、工程进展也更有保证。

需要大量垫资的项目，要关注调查承包人的资产实力和资金融通能力，
用于项目施工的资金来源。调查企业过往承接项目数量和类型，查询在建项

目台账，调查是否有稳定的项目回款。如果企业过往项目不能产生稳定持续的项目回款，现有有息负债规模又偏高的情况下，要充分调研了解企业的融资渠道是否通畅，是否有高成本的表外负债甚至民间借贷。根据调查的具体情况，再判断选择是否为其提供担保，或者在担保方案上做一定限制，以控制风险。

还要关注项目的付款方式，目前常见的支付方式为现金（电汇）支付、承兑汇票、保理等供应链支付方式，以及工抵房等。付款方式在一定程度上影响着企业的履约能力、履约意愿和工程项目的进展，进而影响项目项下保函担保的风险。

现金（电汇）支付，是施工企业最喜欢的付款方式。以非现金形式支付的进度款，如承兑汇票，要关注承兑汇票的比例，调研承兑人的信用、汇票的流动性、承兑期限、贴现的成本及成本的承担者，预判付款条件对工程承包方的影响，尤其要考虑承兑人违约的可能性。前述提到的地产商 DH 公司的商业承兑汇票，目前已无法兑现和流转，施工企业的资金链将受到极大的考验，部分施工企业短时间内即被拉入泥潭。即使承兑人信誉可靠，也要关注承兑期限和贴现成本，资金的时间成本和变现成本通常是由施工企业或其上游企业来承担的。

商业地产类项目，如果支付方式含一定比例的工抵房，根据工抵房的比例，预判项目建设资金的紧缺程度。结合甲方实力和口碑、当地经济发展状况、项目整体的支付条件，以及项目所在地房屋销售情况，综合评判工抵房变现的可能性。将工抵房的比例同企业可能的项目利润率进行比较，推断企业项目获利甚至亏损的可能性。

【案例 7-14】

HBZ 公司，资产规模和营业收入规模较小，承接三线城市民营地产商专业分包的门窗制作安装工程，需要提交 80 万元的履约保函。施工合同约定的合同价约为 800 万元，其中 100 万元约定工程款抵房，并签订了《工程款抵房价款协议》，抵房价款占整个合同价的 12.5%。该工程项目本身的付款条件就不好，按节点支付 35% 的工程款。加之工抵房的付款方式，极大地增加了企业的垫款压力，减少了项目的利润率，降低企业履约意愿，存在较大的风险隐患，经调研后客户经理选择放弃受理该项目保函担保。

4）违约和索赔条款

关注违约和索赔条款的约定，有无霸王条款，有没有甲乙方容易触碰到的条款。例如，有些项目的违约条款按工程时间节点设置得非常详细，每个节点都约定了违约条件，每个工程节点都可能触发违约条款。

另外，关注相关文件中有无保函索赔的条款。目前与基础交易合同相关的文件，大多不涉及保函索赔相关条款。但越来越多的甲方开始将保函的索赔条件在合同文件中做出约定，目前在施工合同中常见的关于保函索赔的约定条件为"未按甲方要求按期将保函延期""未履行合同义务"等相关内容。

此外，还要关注工程项目对应的合同是否有补充协议，补充协议常见的内容是对主合同合同价格、施工范围、付款方式、计划工期和保函条款等的修改或补充，判断补充协议对交易双方可能产生的影响。

4. 项目现状和所处阶段

受理保函业务时，应了解项目当前所处的状态。了解几个关键的时间，如项目招标的投标截止日期、中标通知书下发时间，并关注合同是否签订和签订的时间、是否有补充协议，以及各个节点时间间隔长短是否合理。结合招标文件或合同中相关条款对于保函的要求，判断保函申请的时间是否合理。

如果申请保函距离中标日期较长，了解项目是否进场，项目进展是否合理，工程进度和工程款付款比例是否匹配；如果存在工期滞后的情况，调研项目滞后的原因、采取的措施、预计的最终工期等，评估工期滞后带来的材料价格波动和窝工等对项目造价成本和利润的影响，分析承包人的履约意愿，并关注发包方对于工期滞后的态度，评估保函担保的风险。

涉及工期延期的项目，通常要到项目施工现场实地调查，这样能比较直观地感受工程进展和工地现场管理情况。除了中标单位、项目实控人或负责人等，还应尽量对项目甲方和监理单位进行访谈了解，多方面、客观地了解项目的真实情况。

5. 保函约定条款

基础交易合同的甲方，通常在招标文件或施工合同中约定需要提供的保函品种和金额比例，目前比较常见的约定的保函品种为履约保函、预付款保函、农民工工资支付保函和质量保函，对应的常见金额比例为合同价的5%～10%、5%～30%、2%和3%～5%。对于预付款保函，关注约定的预付款支付金额和支付方式。比如，预付款可能是分批支付，按时间节点或按工程形象进度，但受益人要求按全额一次性提供预付款保函；对于金额比较大的预付款保函，应协助施工企业同甲方沟通，按照预付款支付的节点，分批提供对应金额的预付款保函。其他三种保函，关注受益人要求的担保金额和比例，比如农民工工资支付担保和质量担保，经常要求由保证金和保函相互结合，保函金额占比降低，又因一定比例担保保证金的存在，保函担保的风险也进一步降低。

关于保函格式，通常受益人会在招标文件或合同中给出既定的保函格式，甚至约定了保函格式的性质和出函机构类型。尽调人员应关注保函品种和保函条款的内容，不同的保函品种担保的内容和要求期限不同，风险点也各不相同。比如，履约保函和农民工工资支付保函的期限一般要求覆盖工期，预付款保函的期限要求满足预付款抵扣时间，质量保函的期限一般为质保期两年。不同的保函品种，应恪守各自的职责，其保证的内容范围应同保函品种相匹配。在尽调过程中，为了更好地控制风险，可以有选择性地受理某个项目项下一个或多个保函品种。

关注保函条款约定的内容是否符合该保函本身的品种，如有些履约保函的期限过长，保函条款约定包含质量保修的内容；或预付款保函的内容无抵扣条款，或与履约保函内容过度重合；保函内容有可转让条款，或者转让的限制条件较弱。以上情况的保函，应协助客户同受益人沟通，维护客户和自己的合法权益。实在无法沟通协调的，谨慎评估是否受理或设置受理的条件。

【案例 7-15】

SCG 公司承接 WHW 公司发包的高速公路机电工程施工项目，项目计划工期 9 个月。SCG 公司就该项目同时申请两笔履约保函，一笔合同价 7% 的履约保函期限为 9 个月，另一笔合同价 3% 的履约保函期限为 33 个月，保函格式均为单据易于实现的见索即付的独立保函。查询该项目施工合同，合同约定，"3% 签约合同价的履约保函，在本项目交工验收合格之后 24 个月（缺陷责任期满）的 28 天内将其退还给承包人"。这笔 3% 签约合同价的履约保函实际承担的是质量保函的责任，应根据质量保函担保的要求进行尽调和设置担保方案。

另外，保函格式性质也应明确，是见索即付的独立保函、连带责任保函，还是一般保证责任保函，内容约定应明确清晰，尽量减少争议。

6. 反担保情况

涉及保函反担保的，调查反担保人的资产实力、同被担保企业的关系，查询反担保人履约项目台账，调研过往履约经历。了解其有无同类型、同规模项目的履约经验，同合同甲方过往有无合作经历，外部公开信息查询有无不良信息等。结合保函申请人和项目情况，判断是否提供保函担保或以何种方案提供担保。

另外，关注反担保的有效性。反担保法律资料应落实面签制度，保证签字、盖章的合规性和有效性。反担保人涉及法人单位的，尽调的要点基本同申请企业一致。此外，要核对公司章程及内部决议，确定单位反担保的有效性，避免出现反担保无效或瑕疵。重点调查反担保人披露的财产质量和抵质押情况，比如涉及的房产，查核证照或合同原件，调查房产建造年限、城市地段和市值情况，落实产权所有人签字或盖章，保证反担保措施的完整性。

7.3 方案设计和尽调报告的撰写

不同的担保公司有不同的审批逻辑，担保方案的设计和项目尽调报告的撰写因担保公司和尽调人的不同而不同。

1. 担保方案设计

保函担保方案多种多样，常见的方式有以下几种：

（1）反担保措施的设置

应根据尽调情况进行评估，考虑是否增加反担保或设置反担保措施的强弱。工程保证担保业务常用的反担保措施主要有三种方式，包含保证担保、抵押担保和保证金担保，实际应用中以保证担保最为常见。担保公司应结合企业和项目情况，判断保函金额是否同企业的规模和实力相匹配，与合同额的比例是否合理等。如遇大额保函或风险较高的项目，尽量设置多人反担保，反担保人范围尽量涵盖项目负责人或实控人、企业控股股东、法定代表人和财务负责人等，并落实反担保人的配偶签字，调查披露资产情况。根据反担保人履历和财产情况，判断反担保人的履约能力和兜底能力。

近年来由于索赔风险的不断上升，反担保措施也逐渐升级，保证金、房产抵押、应收账款质押等反担保方式被越来越多地运用到工程保证担保业务中。

（2）保函格式设置

了解基础交易的相关文件中有无保函需求条款，受益人是否给定保函格式，被担保人申请的保函内容是否同相关文件要求的一致。如果受益人对保函格式有一定的要求，且给定了保函格式，担保公司为了控制风险需要修改格式，为了保证受益人对保函的可接受度，尽量在受益人给定的格式上做适当修改。

针对不同的项目，根据对应风险的大小，设计不同的保函格式条款。例如，针对PPP项目的建设履约保函，应尽量在保函格式中明确约定担保范围只包含建设期，不涉及运营期和维护期的担保，不涉及筹融资责任等；又如，受益人有多次索赔历史或恶意索赔倾向的，将保函的索赔条件做一定的约束，加入"需司法机关出具的被担保人应承担赔偿责任的生效判决文书"等条款的索赔条件；再如，如果申请保函的企业实力雄厚，具有足够的兜底能力和意愿，但预判对应的项目存在一定的风险，则可尝试沟通采用一般保证责任的保函格式。

无论采用何种格式，尽量避免保函格式文本内容可能产生的争议。内容约定明确、清晰，并保持保函文本上下文意思表达的一致性。

（3）保函金额的控制和约束

同一项目项下多笔保函申请，保函金额合计较大、担保风险比较集中的，可选择只受理其中一笔保函，或采用联保形式，推荐其他担保公司对其他笔保函进行担保，减少单个项目的担保风险，控制企业在单个担保公司的在保余额。

单笔保函金额绝对值特别大的保函，沟通将保函金额分拆，开具多笔生效日期和到期日衔接的保函，或通过联保形式提供担保。

比如，在预付款保函金额特别大的情况下，可按照预估的预付款抵扣节点时间，沟通将保函分拆，分批次分笔开具保函，既满足甲乙方抵扣预付款的需要，又适当降低保函担保的风险。

【案例 7-16】

民营建筑企业 SHS 公司（以下称"分包方"），最高资质为专业承包一级，2020 年总资产规模 2 亿元左右，营业收入规模 6 亿元左右，无银行借款，拥有约 5000 万元市值的办公楼固定资产，无抵押。此次承接某大型国有企业（以下称"保函受益人"）分包的智慧产业园项目，建设单位为当地政府部门，项目的合同金额约 3 亿元，约定的预付款比例为合同价的 50%，即 1.5 亿元左右，要求的保函格式为无条件见索即付的独立保函，期限为 6 个月。在充分调研项目涉及的各方情况和资金来源，确定预付款可靠和真实后，根据项目施工进度安排和预付款抵扣特点，结合保函受益人和分包方的实际情况，利用受益人担心大额预付款被挪用、分包方心疼大额保函的担保费用高等心理，沟通将该笔 1.5 亿元的预付款保函拆分成两笔保函，保函出具时间和有效期前后承接，单笔保函金额降低的同时，两笔保函的有效期均缩短为3个月。一方面，受益人可以按照预付款保函提供的时间节点分批支付预付款，减少了预付款被挪用的顾虑、降低了支付压力；另一方面，单笔保函金额和有效期同时减少，极大地降低了出函费用。

在受益人和分包方都有意愿和需求将保函拆分的前提下，客户经理将预付款保函格式的各项条款做了进一步的沟通和调整，如下：

（1）保函生效条件："本保函自我行负责人或授权代理人签字并加盖单位印章且被担保人收到合同约定的全部预付款之日起生效"。

（2）索赔条款："被担保人有责任支付你方索赔款且无可供执行财产的生效法律文书"。

（3）担保金额："本保函保证金额将随你方依合同签认的产量累计扣回的预付款金额作等额调减"。

（4）免责条款："因甲方原因、不可抗力原因等导致乙方不能履行义务，我方不承担责任"。

此外，沟通分包企业股东和项目负责人提供反担保，查核其拥有未抵押的合计市值约 1.5 亿元的房产，初判反担保人具有一定的兜底能力和抗风险能力。

案例启示：受理保函时，应综合考虑甲、乙方双方的诉求，根据项目情况设定担保方案。上述案例，通过沟通推荐对担保人有利的保函格式、减少单笔保函金额、夯实担保措施等多个方面入手，一步步减少了担保的风险。即便站在担保人的角度，成功担保方案的设定，绝不仅是对担保人的保全，而是争取共赢、多赢，满足各相关方的诉求。上述案例就是在充分调研分析的基础上，考虑了三方的诉求：甲方有资金支付压力，并且担心大额预付款被挪用，关注风险；乙方关注出函成本，一心降低保函费用；担保公司担心大额保函索赔的风险，为降低风险宁愿减少收费。通过以上方案的设计，一定程度上满足了三方的需求。合作共赢才是行业长久发展的基石，也是工程保证担保行业的艺术和魅力所在。

担保方案最初一般由客户经理设计，作为尽调报告的一部分。如遇特殊企业、特殊项目或金额较大的保函项目，风控审核人员也应提前积极介入，共同参与尽调或担保方案的设计。

2. 尽调报告的撰写

尽调报告一般由负责尽调的业务部门撰写，报告的撰写顺序和撰写重点，通常是先企业，后项目和担保方案。除了常规既定事项的调研披露，应该就企业或项目的具体情况，进行有针对性的调研说明。比如，企业层面，如果是应收账款规模较大、负债率较高的企业，重点关注披露其应收票据、应收账款对应的项目情况和交易对手方等，披露企业融资方式、成本和用途，分析企业负债规模的合理性、偿债能力、是否存在流动性风险等；项目方面，对于延期项目保函，应重点披露项目延期的原因、甲方对工期延期的态度、甲乙方关系、项目付款情况和调差机制等。必要时候，可用PPT等易于直观展示的形式做补充报告。

尽调报告一般包含了本章所提到尽调内容和担保方案，并根据企业和项目的具体情况做有重点的分析和披露，随后进入项目的审核和决策环节。

第 8 章　项目审批与后期管理

8.1　审核、评估、决策

　　项目的审批阶段主要分为审核、评估与决策，在审核、预估和决策中，应始终关注被担保人的基本履约能力及履约意愿，不能因存在充分有效的反担保措施或其他防范措施而放松审核。

　　实际操作中，项目审批一般包括项目初审、机构审核、会议评审和决策等环节，初审阶段是客户经理完成尽调后形成初审意见，机构审核是担保公司的风控人员对项目初审进行审核。如果项目的担保金额较大，还需要经过专业人士作为评审人员进行集体决策，也就是项目的会议评审，评审人员根据已取得或查证掌握到的信息，从不同的角度对项目进行评估，个人独立分析、预估，最后发表个人的独立意见；在具体操作中，每个评审人员应尽量全面客观地了解、分析、评价担保项目，包括但不限于申请企业资质、经营状况、财务信息、信用状况、项目业主、项目总包方、保函受益人、项目情况和反担保措施等，综合分析主要的风险因素，对各个维度关联勾稽印证，评估已有风险事项的影响和发展趋势，为决策提供依据。待评审会人员出具项目意见后，最终由项目的终审人进行决策。这些环节中包含了多项管理功能，如果执行恰当，各环节可赋予放大发挥多功能的综合作用，实现诸如：风险偏好的引导、风险政策的落实与发布、业务制度的执行与监督、风险口径的统一与协调、业务方向的指引与交流、业务学习与培训等。例如：在审批中依据经济形势、风险偏好要求补充调研企业和项目情况；对风险政策要求严控的项目从严审核审批；定期召开不限人员参加的公开会议评审，实现充分交流指引与学习培训等。

评审结论主要依靠评审人员和决策人员的分析判断得出。项目评估的思路有两个方面：一是以评审时点为原点，对企业和项目进行归类鉴别，准确定位画像；回溯历史沿革，基于数量和数据，分析确认企业履约经历及能力等，评估判断风险发生的概率与损失。二是展望未来，预测项目履约的进程进展，评估判断项目履约的实现路径和结果。在实践中一般综合两方面的因素进行评估分析。

评估与决策中的多维度结合：动态和静态分析相结合，过去经历和未来预测相结合，横向同行对比和纵向产业链分析相结合，定量和定性分析相结合；组织结构设置上，形成制衡机制，除个人独立分析判断外，增强审核评价的多层次、多角度地采集、分析、判断。

8.1.1 项目审核

1. 对项目类型建立分级审核

（1）常规项目准入制

将过往的保证担保业务进行统计分析，筛选出风险较低的项目，进行总结归类。这类项目的特点主要包括：资金来源为政府或国企投资、工程付款方式较好（如按月支付计量工程款的70%以上）、申请人无不良信用情况、被担保人诉讼数量或整体诉讼金额处于行业较低水平、过往履约经历良好、单笔保函金额相对企业规模较小等。项目符合这些条件，即可判断为常规项目。对常规项目主要开展合规性审核，快速审批，在控制好风险的同时兼顾效率。

（2）项目负面清单制

将风险较高、风险损失较大的项目分析总结，建立项目负面清单，负面清单的主要内容有：项目类型为民营或外资甲方发包的房地产、厂房、园区工程项目，需要大量垫资的民营甲方项目、供货类项目、境外项目、合同条款对被担保人非常不利（如最低价中标、主材无调差）、保函格式苛刻、被担保人存在失信或重大信用不良、被担保人诉讼数量或整体诉讼金额处于行业较高水平等。如项目中有一条或多条符合负面清单内容，出风险概率较高，需谨慎受理甚至不予受理。

负面清单的设置，避免客户经理在高风险项目上浪费太多时间和精力，有利于快速应对批量化的保证担保业务，控制业务风险，提高运行效率。

2. 对资料的完备性和合规性进行审核

1）常识性合规审核

常识性审核包括但不限于：是否对企业、项目、甲方及其他因素进行了调研、查核相关资料，是否按照内控制度规定提供了必要的项目资料，是否符合项目的受理条件，如信用条件、对应资质匹配度条件、财务条件、企业征信记录、失信记录、对企业经营造成重大不利未执行诉讼记录等。

审核项目是否符合担保公司的风险偏好，即是否属于内控制度规定限制受理的项目，如果是限制受理的项目，是否经过充分调研补充及审批。

例如，对于联合体中标项目，要调查其他联合体中标成员资质、诉讼、失信等情况。常识性审核还包括，在内控制度项下财务合规性复核。

又如，关于资质匹配度审核，需要仔细甄别本次项目与企业对应资质的匹配度；若不匹配，要考虑对应资质的覆盖原则；若不能覆盖，则本次项目资质不合规；审核中需据实提出审核意见，为决策层决策提供依据。

2）对尽调过程的复核

根据公司内控制度，对前期尽调的过程及资料进行复核，包括对应照片、工作底稿，对法律文件面签过程的合规性进行审核等，逐一落实。

3）反担保措施复核

设定某种反担保措施，目的是分散风险，增加项目兜底能力。因此，对于反担保措施的审核极为重要，其审核的范围主要包括：

（1）反担保措施与内控制度规定的是否一致。

（2）所有反担保资料的真实性。

（3）反担保人与企业或项目的真实关系；

在实践中，一般要求反担保人为企业实际控制人、企业法定代表人、企业股东、项目实际控制人等，以此评估反担保措施的有效性，企业或项目实控人对项目的信心和担当。

8.1.2　项目评审与决策

1. 评审和决策相分离原则

实行项目"审核与决策相分离"的原则，规避内部的道德风险，建立内部制衡机制。

2. 分级授权原则

项目审核依据项目特征，设置三级审核制度：（1）项目 AB 角和部长初审；（2）机构审核人独立审核；（3）会议评审。

3. 总量控制原则

一般而言，保证担保业务的总量控制原则包含以下总量控制概念，即：单一项目金额上限控制、申请企业总量控制、担保人自身总量控制，三个总量控制原则始终贯穿项目审核全过程。

1）单一项目金额上限控制

单一项目金额是指同一个工程合同项下所有保函的合计担保金额，包括但不限于：履约保函、预付款保函、农民工工资支付保函、质量保函等。

同一个工程项下，可能签订多笔多项合同，而同一甲方控制项下的履约保函、预付款保函、农民工工资支付保函、质量保函之间的互相影响是难以避免的，其中的两笔或多笔保函同时办理开具，需要综合考虑多笔担保叠加之后，风险损失的叠加，一笔保函发生索赔，可能导致其他保函发生风险，且不限于同一合同。如果履约施工中出了问题，首先影响工期、质量，而后影响预付款的抵扣，继而影响利润和企业的履约意愿，致使现场的相应改善不力，甲乙方关系恶化，多种因素叠加，诱发双方的矛盾和冲突，最终导致保函出现索赔风险和赔付损失。

单一项目金额上限的控制原则：如申请企业单一项目金额上限不超过担保公司净资产的 15%，且不超过申请企业的净资产。随着担保公司注册资本的增加，净资产规模明显增大，15% 的限额是否需要修正，可根据具体情况具体分析。另外，施工企业也是千差万别，企业资产质量参差不齐，单一项目金额上限需根据企业资产质量做出修正。

2）对申请企业的担保总量控制

担保总量包括：在保项目保函金额＋在审项目保函金额。对单一申请企业担保总量控制的原则，例如，保函担保总量不超过担保公司净资产的 30%，且不超过申请企业净资产的 2 倍。

担保总量控制，目的是考量被担保企业的总体兜底能力，一个重要的参考指标是企业的净资产。由于施工企业的报表大多不规范，企业资产负债表中的净资产规模是不确定的变量，需要客户经理对企业有效净资产规模予以调查、核实。在具体操作中，本着谨慎性原则，对单一申请企业担保规模尽量控制在企业净资产的 2 倍以下。

担保总量控制应根据申请企业业务结构的特点予以修正，根据企业承接的项目类型予以区别对待，承接的主要是政府投资项目还是民营（含外资）投资项目，是垫资项目还是非垫资项目等因素加以区分及修正：（1）路桥、市政类施工企业，承接的基本是政府投资的公路、市政工程，这类工程一般付款比较及时，工程出现索赔风险的概率相对较低，对这类企业担保总量的控制可以向上修正。（2）有些企业，承接的主要是某细分、某特定行业的项目，如房地产项目、物流仓储项目。房地产项目的特点：工期紧、垫资多、成本控制严、保函格式苛刻。物流仓储项目的特点：合同条款苛刻需严格执行，甲方对工期、进度、质量、文明施工、保函格式等要求较高。如果企业承接的都是这类型项目，担保总量控制应向下修正。如浙江某企业，承接的基本是外资甲方物流园区建设项目；而该企业的净资产规模只有 2 亿，当担保规模接近 2 亿时，担保公司果断暂停受理该企业外资物流园区、外资厂房项目，这种控制和调整是非常有必要的。

同时，担保总量控制也需要根据某些工程行业的特点予以修正。如公路、市政工程，可能涉及大量的征地拆迁及赔偿事务；由于征地拆迁的居民、村民比较分散，协调赔偿的难度较大，周期普遍比较长，此类项目经常超过合同工期，工期延误会导致保函延期。大量保函延期致使企业的在保量较大，某些企业的总量可能逼近总量控制的上限。工期延误，影响工程利润和企业履约意愿，可能影响甲乙双方的合作，需要根据企业的履约能力、管理能力、项目分散度等因素来综合考虑担保总量控制。有些基本面好、很少工程诉讼纠纷的企业，可以酌情向上修正担保总量；但有些基本面较差、负债高企、对外担保规模较大、诉讼纠纷较多的企业，需要酌情向下调整担保总量，甚至不宜再新增担保。

3）担保人自身总量控制

在我国，工程保证担保的担保人暂不涉及自然人，主要是银行、担保公司和保险公司。对于银行而言，保证担保业务属于中间业务，总体额度上限受银保监会约束，同时也受到自身资本金充足率的限制，从审慎安全原则出发，每家金融机构均有严格的上限限制。

随着工程保函赔付风险增加的趋势愈发明显，担保公司需要对自身的担保总量进行控制，担保总量过大，会导致风险发生的概率增加。作为专业的工程保证担保公司，在控制担保总量的基础上，还需要将其他维度纳入综合考量范畴。例如优化工程保函的业务结构，提高受益人为政府或国企的项目比重，降低受益人为民营或外资企业的项目比例，提高企业为一级以上资质的保函项目占比，降低申请企业为二级以下或无资质企业的保函项目占比，提高常规保函的比重，降低非常规保函的比重等。

4. 项目决策流程

设置评审委员会，主要功能是对项目进行评价和决策；评审委员会由高级管理层、资深业务人员、风控人员、专业技术人员和法务人员等组成，年度优选确定名单，定期召开评审会时随机抽取成员，由5～7人以上奇数组成，评委中设置主持人，负责主持会议。

会议由秘书组织召集，参加人除评委外还有项目经理、申请听会人等；评委会前阅读项目报告等资料，会中听取项目报告及相关说明，充分、独立、慎重发表意见，意见不同时可讨论，每个评委对所做出的结论均需说明，最后投票表决；依据投票表决结果，给出结论：通过、暂缓、补充、否决等。

8.1.3 项目会议评审典型案例

类型1：评审中对项目有疑虑时，优化担保方案，确认特殊事项，增加担保措施。

【案例8-1】

JSL建设集团有限公司，履约保函金额4700万元，期限25个月，受益人：SLW人民政府某街道办事处。

企业为建筑工程总承包特级资质、市政公用工程一级资质企业，注册资本约5亿元，上年财报显示，企业总资产约9亿元，净资产约5.2亿元，营业收入32亿元；本项目为：SW县安置小区三期项目（EPC），设计、采购、施工总承包，新建安置小区及其配套设施，总建筑面积17.68万 m^2，共建安置房11幢，每幢26层；按合同付款条件，项目需完工验收后才支付合同价50%，垫资金额较大，约垫资2.3亿元一年期；低价中标，单位平方米造价比当地平均价低400多元；上会后，评委要求补充调研；风控人员到现场调研确认造价和筹融资方式方案的落实等相关事项，增加企业法定代表人反担保。

补充调研后二次上会，增加反担保措施，评审通过。

类型2：评审中发现企业在保过多、有息负债较高，补充调研，暂缓。

【案例8-2】

ZMY建筑工程集团有限公司，履约保函，期限36个月，保函金额1亿元，工程内容：NH市轨道交通4号线工程土建施工06标段，包括4个地下车站、3个地下盾构区间的全部工程施工安装等；受益人：NH市轨道交通有限公司。ZMY建筑工程集团有限公司具建筑工程施工总承包特级、市政公用工程施工总承包特级、钢结构工程专业承包一级、建筑机电安装工程专业承包一级、公路工程总承包、路面和路基专业工程施工一级资质等多项资质，民营企业，注册资本约31亿元。企业财报显示，上年主营业务收入50亿元、净利润约1.4亿元、总资产约23.4亿元、负债合计约12.5亿元、净资产约10.9亿元、资产负债率53.54%、有息负债率36.74%；因企业规模较大，对外投资较多，关联企业和对外担保企业较多，会议评审结论为暂缓，补充调研：（1）补充对外担保企业的经营情况以及具体的担保金额和期限；（2）补充企业长期股权投资的具体情况，包括投资金额、占比情况、投资标的企业的经营情况；（3）沟通企业实际控制人配偶个人反担保事项；（4）因企业在保额已有超3.5亿元，加上此次的1亿余元，共有超4.5亿元，调研补充企业在保项目近况。

项目二次调研补充后，经再次评审通过。

类型3：评审中对企业有疑虑时，修改担保方案，增加反担保措施，保函分期分金额开具。

【案例8-3】

项目为FZ市市政道路工程及各安置区配套设施工程，申请企业：FZN建筑工程有限公司（下称"乙方"），民营企业，具备市政工程一级资质，受益人：ZXY区城市建设投资有限公司（下称"甲方"），甲乙双方同为FZ市注册的企业。项目中标价：4亿元，工程内容：涵港大道涵江段西侧道路长6.8km（包括11座桥梁及5座涵洞），宽30m、安置区建筑面积约9万 m²。项目付款条件：3年内分四期支付回购。即：工程竣工验收合格后交付甲方使用或甲方实际投入使用（以先发生为准）的次日起进入回购期，即为回购期起始计算日，并支付第一期的回购款（工程合同价款的40%）及建设期的利息（建设期利息计算基数按工程合同价款的60%，年利率15%计算）；满一年后支付第二期回购款（付至工程合同结算价的70%）及工程合同结算价的60%×中标投资年回报率；满两年后支付第三期回购款（付清工程合同结算价的30%）及工程合同结算价的30%×中标投资年回报率；满三年后支付第四期回购款（付清工程合同结算价的30%）及工程合同结算价的30%×中标投资年回报率。

企业由现任法定代表人在两年前用现金购买，注册资本由1亿元逐步增加至1.5亿元，财报显示近期采购多台大型机械设备，固定资产短期增加6000余万元，财报中其他科目金额也大幅增加，总资产由5亿元增加至约8亿元，营业收入由8亿元增加至12亿元；资产来源存疑，有故意做大资产规模，用于承接本项目之嫌。项目初期甲方要求开具保函金额为1亿元，期限3年；经评审会讨论，建议乙方与甲方沟通，担保方案根据合同付款方式为分三期开具，第一期仅开具3000万元18个月，后期视现场进度情况逐步开具。后续甲方不同意分三期办理保函，项目放弃。

该项目在开工一年后，企业未能筹集到足够的资金，现场停工；开工一年后，在公开信息中查询到，企业负责人涉多笔民间借贷诉讼，证实了项目评审阶段的怀疑；当时会议评委建议采取随项目进展逐步开具保函、金额逐期增加，期限逐步减少的设置是非常适当的。

类型4：申请企业公开信息不良，项目否决。

【案例8-4】

LNO股份有限公司，具备市政一级资质，企业注册资本金15亿元，财报显示，当期总资产约140亿元，净资产约42.8亿元，上年主业营收约79.5亿元；现申请担保额4000万元、期限12个月的履约保函，项目名称为：GZO生态景观及配套功能优化提升工程施工。上会评审过程中，评委查询到近期公开舆情中，该企业办公所在地门口发生"保安误杀上门调查的纪检干部"事件，事件的原由影响不确定，结合企业诉讼案件数量多、对外投资失利、下属企业严重亏损等其他信息，对企业的经营规范性、盈利性有疑虑；评审投票结果，超过两位评委投了否决票，最终该项目被否决。

类型5：申请企业规模与项目金额不匹配，且垫资较高，项目否决。

【案例8-5】

SDP路桥工程公司，就工程2019—2020年**市县级公路养护工程项目施工申请履约保函，受益人：DSQ 地方公路建设养护中心；保函金额 900 万元，担保期限 18 个月；该企业具公路工程总承包、路面和路基专业工程施工一级资质，民营企业，注册资本 6000 万元。上年财报显示，总资产约 5.9 亿元，营业收入约 3.6 亿元，短期借款无，长期借款约 2000 万元；本项目工程内容为：对 9 条县级公路进行养护改造，改造里程长约 197.777km（其中包含 2 座桥梁，桥梁总长约 17.9m）；14 座乡、村级公路桥梁，桥梁总长约 399.6m；接至 G206（C338）7 条村路，共计 6.792km，总投资约 19728.857 万元；根据已签订的合同条款，施工单位需全垫资施工至工程验收合格，明确约定为：工程交工验收合格后开始支付工程款（5 年无息付清），每年按总价的 20% 支付工程款。

基于企业规模相对较小、实力较弱，相对垫资金额较大，企业筹融资方式方案不明确等因素的考虑，经讨论放弃该项目。

类型 6：企业与项目存疑，多次上会，最终否定。

【案例 8-6】

QJL 建设集团，就 QJ 县棚改安置区项目工程总承包项目，申请担保金额 1500 万元、期限 24 个月的履约保函；保函受益人为：QJ 县房地产管理局。

QJL 建设集团，成立于 1995 年，注册资金 30 亿元。企业在吉林、内蒙古、广东、新疆、福建、安徽、贵州、河南、云南、海南等地设有分公司。QJL 建设集团，是经住建部核准的具有建筑装修装饰工程专业承包一级、建筑工程施工总承包一级、建筑机电安装工程专业承包一级资质企业。公司以城市建设为主要业务，2017 年城市建设收入占比为 70.84%，为公司营业收入的主要来源，公司承建的城市建设项目以房屋建设为主，包括保障房、商品房和商业地产、学校等。上一年度主营业务收入 40 亿元、净利润约 3.3 亿元、总资产约 184 亿元、负债合计约 110 亿元、净资产约 74 亿元，资产负债率 59.81%。

工程内容：新建安置房 784 套，总建筑面积 10 万 m^2，配套建设道路、绿化、亮化、供配电、给水排水、消防等辅助工程。项目范围：工程勘察、工程设计施工；建筑及结构设计施工；红线范围内外的室外工程设计施工（包括室外道路、与市政工程连接、雨污水管网、雨水调蓄池、消防管网、室外供电管沟、管网综合等）。项目期限：730天。

经查核公开信息，该集团公司控股或下辖90余家企业和分支机构，对外投资和持股200余家企业，经营多元化，涉及多种产业经营；历史诉讼案件超3000件，多笔强制执行和失信；集团经多次股东变革，疑为个人控制的假央企，参与多项PPP项目，因筹融资能力不足烂尾；表面看起来具一定规模实力，但经营中具较大不确定性；经多次上会讨论后否定。企业被列入拒绝担保的黑名单。

【案例8-7】

SDR公司中标MK机场旅客航站楼、综合换乘中心、停车楼及综合服务楼屋面工程三标段，预付款保函金额3000万元，保函受益人：BJU集团有限公司，期限6个月。

该企业为钢结构及屋面工程专业设计加工安装企业，具备建筑金属屋（墙）面设计与施工特级资质、钢结构工程专业承包一级及建筑幕墙工程专业承包二级等资质；注册资本为3亿元，财报显示，上年主营业务收入14亿元、净利润约3亿元、总资产约17亿元、负债合计约8亿元、净资产约8亿元、资产负债率49.65%、有息负债率1.52%。

在上决策会时，查核企业利润率相对同行业较高（超20%），利润来源存疑，涉嫌财报利润造假；上会被否定。

类型7：项目多次上会，企业存明显缺陷，被否定。

【案例8-8】

HNA建设集团有限公司就"FG县智慧谷项目（一期）"申请履约保函，金额为1亿元，期限为24个月。保函受益人为：FG县科技局。企业成立于1995年，注册资金30亿元。上一年度审计报告显示，企业主营业务收入48亿元、净利润约4亿元、总资产约150亿元、负债合计约70亿元、净资产约82亿元、资产负债率46.67%。

（1）项目情况：智慧枢纽中心、会展中心及路网、水电、给排水、绿化等基础设施建设。合作期限：15年，其中建设期2年，运营期13年。（2）回报机制：政府付费。合同金额：建设总投资11亿元，其中，项目建设投资9.5亿元，建设期利息近1亿元。（3）项目融资情况：项目贷款约7.5亿元（已向银行申请贷款）。项目已纳入财政部政府PPP项目库。（4）回款情况：本项目采用政府付费机制，具体包括可用性服务费和运维绩效服务费。费用支付方法为：工程进度款按每月完成实际工程量产值的85%支付；工程完工验收合格后10日内，支付至累计完成工程总产值的90%，工程结算审计后10日内支付至结算总价的97%，剩余结算总价的3%作为质保金，待工程完工验收合格满2年后7日内一次性支付。（5）甲方情况：本项目甲方为FG县科技局。FG县总面积2431.8km^2，总人口18万，其中少数民族人口占92.7%。上年度县地区生产总值从20.88亿元增加到50.47亿元，财政总收入从3.02亿元增加至6.32亿元，主要经济指标均保持两位数增长，连续三年在全省同类县市测评中位列第一名。

该项目多次上会，经评议，企业诉讼案件数量较多、案值金额较大，累计诉讼案值金额较大，资金实力存疑，筹融资能力不确定；该项目所在区域为经济欠发达地区，需中央财政每年大额补贴，项目效用效益、运营、政府付费等项具不确定性；最终会议结论为否定。

类型8：企业高负债，项目垫资，上会否定。

【案例8-9】

申请企业为XGB集团有限公司，项目名称为省道及县公路建设工程专业分包工程，保函受益人为GZW集团有限公司，担保金额2600万元，期限21个月，履约保函；该申请企业具市政公用工程总承包一级资质，港口与航道工程总承包二级及桥梁专业一级，公路、交通、路面和路基等专业工程二级资质；财报显示，上年主营业务收入约7亿元、净利润约3000万元、总资产约11亿元、负债合计约6亿元、净资产约5亿元、资产负债率45.83%、有息负债率23.82%。

查企业近期征信报告发现，除银行短期借款外，企业有较大金额的票据融资，总体筹融资金额已接近净资产，实际有息负债率约45%，属高负债经营企业。通过履约历史和在施项目合同核查验证，企业承接多项垫资施工项目，在施多项工程付款条件为全垫资或延后支付；当地政府项下的项目常见付款方式有433、532、622等多种方式或比例，以433付款条件为例：项目完工验收支付总价40%，一年后支付30%，两年后支付30%，简称433付款条件。

基于当地付款条件的特殊性，企业普遍负债高企且较难查证，企业资产规模和经营收入均较小，相对负债较高，筹融资能力不确定，多次上会评审否定而放弃。

类型9：担保金额超限额，多次上会否定。

【案例8-10】

GZD爆破工程有限公司中标GX省航道工程断面爆破服务项目申请办理履约和预付款保函，担保金额均为2000万元，履约保函期限24个月，预付款保函期限6个月；企业为国企改制企业，具建筑工程施工总承包三级和爆破作业单位许可二级资质；注册资本1000万元，实收资本1000万元，企业财报显示，上年主营业务收入约3000万元、净利润-9万元、总资产约4000万元、负债合计约3000万元、净资产约800万元、资产负债率78.44%、有息负债率无；因行业特性，该企业具一定的专业性及施工能力；本项目的反担保为企业全部股东及配偶、项目经理个人反担保，两家关联企业单位反担保。最终考虑到企业规模较小，资产实力较弱，担保金额超企业净资产的两倍，同时又超过单笔担保金额限额；会议充分讨论后出具了否定意见。

类型10：项目具较多不确定性，上会否定。

【案例8-11】

ZWD建设有限公司因AD市拆迁安置房代建开发项目（第一批）申请担保期限为48个月、担保金额为6900万元履约保函，受益人为AD市建设有限公司。ZWD 建设有限公司为建筑工程总承包特级资质、市政公用工程一级资质企业，注册资本约 2 亿元，财报显示，企业总资产约 3 亿元，净资产约 2 亿元，营业收入约 11 亿元。合同金额 6.9 亿元，主要工程内容：住宅和地下室（车库、储藏室）、配套公建（社区服务用房、居家养老用房、物业管理用房、物业经营用房、体育健身场所等）、小区配套（市政、道路、绿化、景观、开闭所等）。项目为总包合同，不调差；会上考虑到企业营收规模相对本项目较小，担保期限长，从反担保人列示资产来看，实力较弱，过往履约经历多为 1 亿～2 亿项目，无大型项目管理和运营经验，主材不调差，存在诸多不确定，最终否定。

8.2 后期管理

8.2.1 保后管理的意义及作用

保函办理完成后，进入保后跟踪环节。保后跟踪是指在承保之后，对被担保人（在保企业）的整体经营状况及在保项目的履约情况进行定期或不定期的、例行或随机的检查，及时发现风险隐患并预先采取应对措施，消除在保企业及项目的潜在风险，避免保函出现索赔。建设部在 2006 年发布的《关于在建设工程项目中进一步推行工程担保制度的意见》中明确要求："担保人应当建立健全对被担保人和项目的保前评审、保后服务和风险监控制度，加强内部管理，规范经营。担保人对于承保的施工项目，应当有效地进行保后风险监控工作，定期出具保后跟踪调查报告"。由此可见，保后跟踪是工程保证担保业务开展的重要环节。

从全过程风险管理的角度出发，工程保证担保业务的风险管理应贯穿整个业务过程，同保前的尽职调查一样，保后跟踪也是工程保证担保业务风险管理必不可少的一环。目前，工程保证担保公司普遍存在着"重业务承揽、轻风险管理""重保前、轻保后"的现象，保后跟踪流于形式，作用效果大打折扣。然而总结许多风险代偿项目原因可以发现，有相当一部分是因为保后跟踪跟不上，在项目承保之后没有及时把握在保企业和项目的动态变化，对承保后出现的风险因素没有及时做出预警、报告和处理，最终导致索赔，这都说明了保后跟踪的重要性和必要性，其意义和作用主要体现在以下几个方面。

1. 风险早发现、早预警

工程保证担保的保前尽职调查，是基于历史和现状对施工企业履约能力做出的一个提前预判，只是一个静态的结论，但企业的经营情况是动态变化的，且建筑工程施工项目具有体量大、周期长的特性；在工程保函开具后，往往出现许多可能会影响项目履约的不确定因素。诸如企业面临重大不利诉讼、银行借款或对外担保出现重大不良影响、工程因甲方资金未到位等原因导致无法开工或延误等，都有可能导致保函出现索赔风险。因此，工程保证担保的风险管理不能仅停留在项目保前尽职调查和评审环节，在保函出具之后，不是对企业和项目置之不理，而是必须通过保后跟踪，及时发现承保之后企业或项目可能会出现的各种不利因素，提前识别并预警风险，及时做出应对措施。否则，一旦发生保函索赔，担保公司直接面对的就是"代人受过、不得不赔"的不利局面。

2. 强化在保企业的履约意识

在社会信用体系尚未建立、企业守信重诺不彰、遵纪守法意识不强的现状下，部分建筑施工企业对工程保函的风险认知往往是模糊的，对自己的履约能力又经常表现得过分自信，一方面对经济环境预测和施工履约风险估计不足，认为保函是低风险甚至是零风险的；另一方面，对施工合同履行过程中的甲乙双方的纠纷和摩擦没有足够重视，以致双方产生严重矛盾，引起保函索赔，给各方造成难以挽回的巨大损失。企业履约意识的建立不是一蹴而就的，除了用细致专业的保前尽职调查让企业感知风险之外，保后跟踪也是提高企业风险认知水平、强化企业履约意识的重要途径。同时，由于目前建筑企业"空心化"运营严重，存在着大量挂靠、转包、违法分包等行为，导致建筑企业整体利益与单个项目利益并不一致，企业与项目之间逆向选择的情形大量存在。鉴于此，担保公司在提供担保时，有针对性增加反担保措施，由企业的管理层或项目的实际施工人提供个人反担保，通过保后跟踪环节与反担保人的沟通联系，使反担保人更清晰地认识到其与在保项目的利益关联性、法律确定性，进而促使其认真履职，确保项目正常履约，切实享有权力承担应尽义务，尤其在项目履约出现问题时，可以及时督促其出面协调，解决纠纷，在索赔保函前化解矛盾。

3. 后续项目尽调、审核及决策的改进

由于工程施工项目的类别多种多样，施工企业的状况千差万别，项目业主对保函要求也各有差异，加之诸多外部因素的影响，决定了工程保函担保方案的设计和担保决策的做出是一个多重因素叠加、综合考量的过程。要提高担保方案设计和决策的科学性，就必须在保后跟踪环节，对方案设计和决策时的预期进行验证总结，以便为后续的方案和决策改进提供经验积累。

随着社会的不断发展，新事物不断涌现，建筑施工领域也出现了许多新趋势、新变化，比如光伏、风电项目的广泛推广、"一带一路"倡议下建筑企业的走出国门、"营改增"背景下建筑企业经营方式的转变等。这些新趋势和变化反映在工程保证担保领域，就出现了许多新型的担保需求，如光伏、风电项目项下的各类保函需求，"一带一路"沿线国家的境外保函需求。面对这些新需求，整个工程保证担保行业也处于"摸着石头过河"的经验摸索阶段，要使针对此类项目的担保方案更合理、决策更科学，严谨细致的保前尽职调查必不可少，保后跟踪环节的验证、总结和调整也非常重要。

4. 在保企业与项目管理的信息化

目前，社会经济活动已经高度信息化，信息成为重要的生产力要素。对于担保公司来说，实现在保企业与项目的信息化管理，对提高担保公司的风险管理水平和业务拓展效率有着重要作用。工程保证担保的风险管理和业务

拓展必须基于大量历史数据的分析检验，包括保前尽职调查环节企业提供的静态数据和保后跟踪环节获取的动态数据两个方面。通过对保后跟踪环节获取的在保企业和项目相关信息的收集、整理、筛选和分析，建立完备的企业和项目信息库，可以为后续的担保决策提供依据，保障工程保证担保业务的持续健康发展，同时也能更精准地分析企业的后续需求，促进担保公司的业务拓展和业务创新。

8.2.2 保后跟踪的工作流程与基本内容

1. 基本流程

工程保证担保的保后跟踪工作，一般以项目跟踪和企业跟踪相结合的方式进行，跟踪的方式包括信息收集、电话访谈、资料查阅和实地调查等多种方式，访谈或调查对象包括但不限于企业、项目、合作方（实际施工人）、反担保人、甲方和监理单位等。

项目跟踪主要是为了跟踪单笔保函项目，了解项目进展情况，识别和发现不利于项目履约的风险因素，防患于未然。项目检查可依据单笔项目的保函金额、保函类型和工程类型做针对性检查，关注项目进展及资料取得。企业跟踪主要是为了检查企业的经营现状，识别和发现企业经营过程中可能出现的经营、财务、信用方面的风险因素，避免其影响企业项下项目的正常履约；企业检查也可依据企业资质等级和在保余额进行分类检查。

保后跟踪完成后，需要汇总资料信息，撰写形成保后跟踪报告进行分析，给出结论。如果发现风险点，需尽快上报并预警，及时采取合理的应对措施和处置。如果项目进展正常，也应给出明确结论。担保公司的风险管理部门需要对保后跟踪的情况进行监管，定期对保后跟踪情况进行抽查，并建立合理的奖惩激励机制。

整个保后跟踪工作的流程示意图如图 8-1 所示。

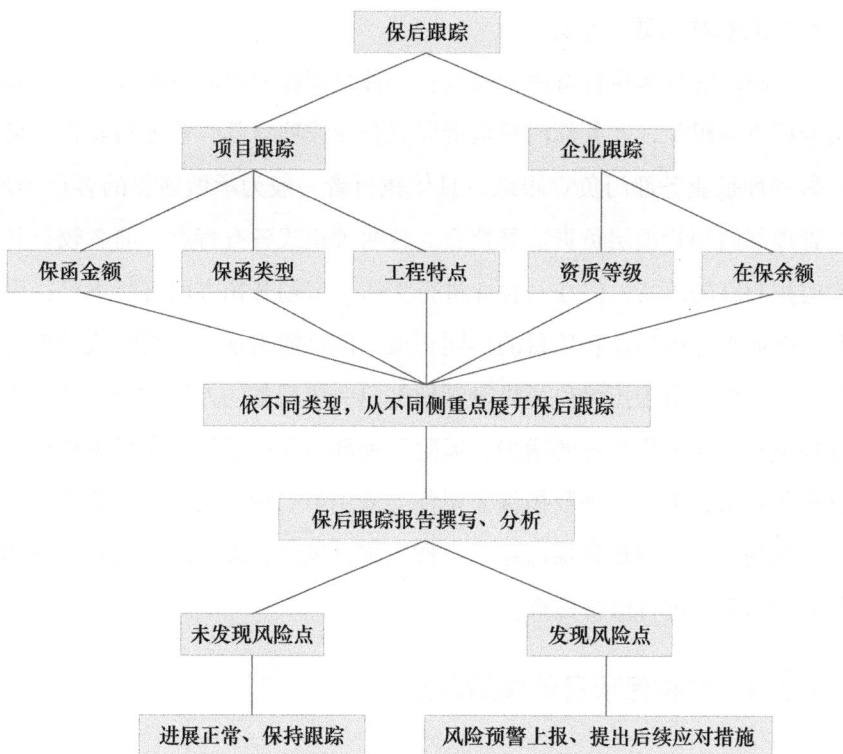

图 8-1　保后跟踪流程示意图

2. 时间点选择

保后跟踪根据时间节点的选择可分为：日常的定期检查和随机的不定期检查两种。日常定期检查是指结合项目的保函金额、保函种类、工程类型、企业资质等级、在保余额等因素，设定不同的检查频次和标准，对在保企业或项目进行例行的日常跟踪检查。

随机的不定期检查是指在某个时间点，因某种特殊需要或突发因素，对部分在保企业或项目，采取电话访谈或实地调查的形式，进行系统性的风险排查。比如在临近春节等风险高发期，对在保余额较大的客户、即将到期的大金额在保项目等进行集中检查；因某业主或某细分行业近期密集发生索赔的情况，对其项下所有项目的履约情况进行系统排查；由于某区域钢材水泥等主材价格涨幅较大，集中对该区域材料不调差的项目进行跟踪检查等。

3. 执行机构与职责划分

保后跟踪的具体执行有两种模式：一种是担保公司的风险管理部门和管理层专项负责跟踪，业务部门只负责联系企业或项目部，业务与监管严格分离；另一种是业务部门负责跟踪，具体执行者一般为承做项目的客户经理，风险管理部门和管理层负责监督核查。这两种模式各有特点，前者较有利于风险监控制度的落实，但在与企业进行沟通、市场开拓方面有所不足；后者有利于企业沟通维护及新项目的协同拓展，但可能出现保后跟踪流于形式的情况。实践中，由于担保公司风险管理部门一般配备的人员较少，随着担保业务规模和担保客户数量的增加，风险管理部门人员承担的项目审核任务本身已经很繁重，因此大多数担保公司都会采用第二种模式，即由负责项目开发及尽调的客户经理负责保后跟踪工作实施，风险管理部门定期对业务部门的保后跟踪工作进行监督检查。

8.2.3 对在保项目的保后跟踪

在保项目的保后跟踪方法分三个要点：一是按照项目担保金额大小，设定不同的跟踪检查频次；二是根据保函品种类型的不同，关注不同类型保函的责任义务要点；三是根据在保工程项目的特点，有针对性地进行重点检查。

1. 根据保函金额分类跟踪

单笔担保项目的跟踪，可以根据保函金额大小，设定不同的检查频次。对于保函单笔金额较小的项目（一般为500万元以内），可设定在项目到期前一个月，进行一次跟踪检查，主要是为了避免保函到期前，由于施工企业自身或非自身原因导致工程未完工，企业未及时续保或与甲方产生分歧，导致保函索赔情况出现。

对于保函单笔金额中等的项目（一般为500万～3000万元），除了到期前的跟踪检查，应在项目进行中再抽检1～2次，以保证对项目的适度跟踪了解，检查相比于小金额的项目要更加细致。

对于保函单笔金额较大的重点项目（一般为 3000 万元以上），此类保函一般对应金额大、工程周期长、不确定因素多、施工难度相对较高的项目，检查的频次要相对更高些，一般需要每隔半年进行一次保后跟踪检查，保函到期前一个月再进行一次全面跟踪。此类项目一般以了解项目的进展情况为主、核查企业经营状况为辅进行考察。除了要关注项目本身的情况外，也要关注企业的经营状况及资金流情况，避免因项目较大、企业管理经营不善、资金周转不畅而对项目产生影响。

当然，保函金额大小的划分不是绝对的。同样大小金额的保函对于一家施工履历丰富、具备特级资质企业和一家成立时间不长、只有二级资质的企业来说，两者的风险是完全不同的。所以，负责保后跟踪的客户经理作为最熟悉客户情况的一线人员，在保后跟踪的环节，应以风险控制作为第一原则，综合考虑成本效益，结合企业整体实力和担保公司的实际情况，合理安排保后跟踪检查的频次和力度，尤其是对于在项目审核环节匹配度和企业履约能力水平较低的项目，应视情况增加跟踪检查的频次。

2. 根据保函品种类型分类跟踪

不同类型的保函，因索赔条件的不同导致保函发生索赔的风险点也是有差异的，因此在保后跟踪检查环节，应该根据在保项目保函类型的不同，有所侧重，有的放矢。常见几种保函类型保后跟踪的侧重点大致如下：

（1）投标保函。对投标保函的保后跟踪，需要结合投标保函所承保的条款，重点跟踪被担保人在投标过程中是否存在违反保函条款的情形，如投标人在投标有效期内撤销投标文件、投标过程中提交了虚假资料、围标串标、不按照招标文件规定提交履约担保、签署合同时提出附加条件等情形，可通过招标网站上的公告公示、中标通知书、施工合同等资料进行检查。

（2）履约保函。重点在于跟踪检查施工合同的履行情况，如是否按期开工、项目的进展是否正常、工程款支付是否正常、能否按期完工、有无质量问题、保函是否有延期可能。可以通过开工报告、监理报告、三方会议纪要、乙方进度款申请表等了解项目的施工进度是否如期、施工中是否存在问题、是否存在争议；通过进度款审批表、回款凭证等了解甲方的支付情况、是否存在工程款拖欠；如在检查时发现异常，必要时需要到项目地实地考察，并拜访监理、业主多方面综合考察以了解情况。一旦发现工程施工与甲方要求严重不符，则需要从多方面调查原因归属，分清甲乙双方的责任，了解甲乙双方的关系态度。

对于因中标价过低而额外提交的差额履约担保，保后检查时应特别关注项目材料、人工、管理和融资成本变动情况，防范因施工成本波动吞噬项目利润导致履约意愿下降造成违约的情况。

（3）预付款保函。要重点关注预付款的支付情况、抵扣情况和监管情况，检查是否存在挪用情形，判断预付款可否在保函有效期内抵扣完成。可以通过预付款支付申请书、支付凭证检查预付款的支付情况；根据工程进度款申请书检查其中预付款的抵扣情况，并结合工程进度判断预付款保函是否有延期可能；对于预付款资金是否存在挪用，可以了解预付款是否设定三方监管，监管是否到位，并且可以通过检查预付款支付账户的资金流向，了解预付款的使用情况，判断是否存在挪用。

（4）农民工工资支付保函。重点关注农民工工资的发放情况，判断是否存在严重拖欠。可要求企业配合提供农民工工资支付账户的银行流水，结合每月的农民工工资发放名册核实工资的发放情况，必要时可通过工地现场问询的方式，向农民工直接核实，也可通过查看会议纪要、新闻报道，或者与监理方、发包人进行访谈，直接或侧面了解是否有因拖欠农民工工资，发生怠工、停工甚至堵门、闹事的情况。

（5）质量/维修保函。应重点检查质保期内所完工工程是否出现重大的质量瑕疵或质量安全隐患，同时结合质量保修协议，检查企业质保期保修责任的履行情况。

（6）延期和置换保函。履约和预付款保函经常会因为项目工期延误，导致原保函在工期内失效，出现保函需要续保的情况。相比于正常保函，延期保函的风险本身较大，对于延期保函的保后跟踪，应重点检查导致保函延期的不利因素是否已经解决，保函延长期内乙方的履约情况和甲乙双方的关系情况。同时，随着工程担保制度的加快推广，用保函置换保证金的情况日益增多，对于置换担保，保后跟踪时应重点防范道德风险，即发包人和承包人串谋用保函置换出保证金后，再利用保函索赔现金的情况。

另外，需要注意的是，合作项目或者设定了反担保的项目，对项目实际施工人和反担保情况的跟踪检查也必不可少。合作项目需要跟踪检查实际施工人的资金情况、在建项目履约情况、新承揽项目情况、信用情况等。对设置了反担保的项目，要检查反担保人的信用情况、反担保财产的变动情况、抵（质）押物价值情况等，如果出现了重大变动或不利因素，应及时预警上报，采取措施。

3. 根据工程项目特点进行针对性的跟踪

不同的工程类型，由于在施工环境、技术、组织、合同条款、利润结构等方面具有不同的特点，导致保函发生索赔的风险因素也会有所差别，故在保后跟踪环节，也应该像尽职调查环节一样，根据具体工程类型的不同，关注工程的特殊性，进行针对性的跟踪检查。如外资业主的厂房项目，常采用EPC总承包模式、签订总价合同、合同期内不调价且对工期要求严格，此类项目应重点关注工程主要材料的价格波动情况和工期管理情况；房地产项目本身付款条件较差，需要企业垫资较多，如果在施工过程中工程款再出现拖欠，会对工程进度造成影响，同时也易发生拖欠农民工工资的情况，故在保后跟踪环节应重点关注发包人的工程款支付情况，同时了解承包人的筹融资情况和农民工工资支付情况；西藏、新疆等偏远地区，气候原因导致每年适宜施工的时间很短，项目的工期管理要求很高，一般签订施工合同时发包人和承包人都会对此重点考虑，此类工程的保后跟踪应格外注意对工程进度检查，因为一旦工程进度管理存在问题，出现需要额外跨年施工的情况，会严重影响项目利润，极易出现工程烂尾或因赶工期而导致质量缺陷；境外保函受项目所在地的政治风险、宏观经济风险等因素影响较大，故对此要额外检查。

工程的特殊性经常就是项目的缺陷点、风险点，往往会成为保函发生索赔的引爆点，在项目的尽调、审核环节，可能对此已经进行了特别提示，保后跟踪作为工程保证担保风险管理的一个重要环节，应该特别重视尽调、审核环节所指出的项目缺陷，在保后跟踪时，对项目的缺陷进行重点检查，避免其变成实质风险点。

8.2.4　对在保企业的保后跟踪

对在保企业的保后跟踪，是指通过对在保企业的经营状况、财务状况和信用状况进行跟踪检查，判断企业的持续经营能力、项目履约能力和兜底能力，进而评价其项下在保项目的风险程度，并针对出现的风险因素进行预警和应对。企业经营状况包括企业的在建项目进展情况、新签合同情况、股东及管理层变动情况和合法经营情况等，这些情况可以通过企业对口部门、工商信息网、招标投标网站、建设主管部门网站、"企查查"和"信用中国"等渠道获得。财务状况可以通过与企业财务部门沟通对接，收集财务报表、纳税申报表、征信报告、银行流水等材料，了解企业的资产、负债、营业收入、筹融资、利润及现金流情况。财务状况检查应关注企业经营性现金流的连续性，对于企业大额的固定资产投资或股权投资，应分析其合理性和对现金流的影响；对于企业银行借款，要关注后续还款来源，分析银行抽贷的可能性。企业的信用状况主要通过征信报告、法院网站等渠道了解，关注征信是否出现重大不良信息、是否有涉及重大不利诉讼、有无被列入"失信被执行人黑名单"等情况。

因企业的情况各有差异，每次保后跟踪的目的或关注点可能也有所不同，故一般可根据企业的资质等级和在保余额大小，有选择性和针对性地进行在保企业的保后跟踪。

1. 根据企业的资质等级分类跟踪

我国对建筑施工企业实行资质许可制度，建筑施工企业的资质等级可以客观反映其基础实力，故在保函跟踪检查过程中，根据企业不同的资质等级，设定不同的检查标准，有利于提高保后跟踪工作的效率。比如要求在保函开出后 3 个月内，对二级资质金额 200 万元以上项目必须进行一次保后检查，一级或特级资质企业的要求则放宽至 500 万元。

由于我国建筑市场准入门槛较低，行业集中度较低，建筑企业数量庞大，市场竞争激烈，整个建筑业属于过度竞争性的状态。随着资质审批门槛的降低和审批流程的简化，市场上拥有一级乃至特级资质的企业迅速增加，在建筑资质稀缺性问题得以改善同时，部分资质出现了过剩的情况，建筑资质的价值正在逐步降低。因此，作为依托建筑业发展起来的工程保证担保行业，应该也必须顺应建筑业的发展趋势，在担保业务尽调、审核和保后跟踪环节，淡化资质等级的权重，多从企业的持续经营能力、履约能力、技术管理水平和有效资源等硬实力方面做实质性审核和检查。

2. 根据在保余额分类跟踪

在保企业是担保公司业务开展的重要资源，但也必须看到，其也是担保公司的风险直接来源，风险的大小与在保企业的在保余额呈正相关，过高的在保余额也意味着过大的潜在风险性损失。要解决这一问题，一方面需要在保前审批环节，对申请企业的担保额度进行总量控制，根据企业情况设定合理的担保限额；另一方面便是在保后跟踪环节，根据在保余额对企业进行分类管理，对在保余额较大的企业（如在保余额超过 3000 万元或 5000 万元），要投入更多的关注度。针对在保余额较大的企业，除了常规的定期检查外，还要增加不定期检查的频次，检查方式除了公开信息收集、电话访谈外，必要时应该采取实地调查的方式。

8.2.5 保后跟踪调查报告撰写与分析

保后跟踪调查报告是保后跟踪工作的成果反映。通过对在保企业和项目的跟踪检查，获取相关资料，根据记录和了解的实际情况撰写报告，进行分析并给出结论，上报发现的风险预警因素，及时应对处理，是降低保函索赔概率的有效手段。

保后跟踪调查报告包括报告撰写、结论分析和风险预警三个步骤，整个过程应坚持公正、客观、独立、审慎的原则，实事求是地陈述调查情况，严谨、客观地分析总结，揭示项目真实面貌，提示风险点，并根据风险情况提出缓解方法和规避措施。

1. 报告撰写

经过保后跟踪调查，需要将了解的信息情况详尽真实记录，独立完成保后调查报告。为突出重点，保后跟踪调查报告一般以表格的方式明晰呈现。

保后跟踪调查表应包括企业名称、资质等级、企业性质、在保余额、工程名称、工程类型、工程造价、工期、保函金额、保函种类、出函银行、保函起止日等关键性信息，重点体现企业基本情况和项目进展情况两方面是否发生重大或异常变化。

（1）企业基本情况

企业基本情况包括企业经营状况、财务状况和信用状况三个方面。

经营状况方面主要反映企业在建项目进展情况，近期中标和新签合同额情况，是否有发生兼并、分立、停业、停产的情况，是否有大额股权或固定资产投资，企业管理层是否有重大调整，有无发生重大经济纠纷、违法经营行为、安全生产事故等。通过对企业经营情况的检查，分析企业经营情况，判断经营是否正常，同时要与项目尽调、审核时的预期进行比较，判断是否存在超出预期的经营状况，预测企业经营是向好还是趋恶。

财务状况方面需在报告里反映的要点有：企业营业收入是否大幅下滑、资产负债率、经营现金流是否恶化、银行贷款是否大幅增加、有无涉及民间借贷、是否有新增大额对外担保等。调查说明承保之后主要财务指标和数据发生变化情况和原因，判断企业现金流是否充足，能否持续经营。

信用状况方面主要反映企业是否有新增不良的银行、税务和商业信用信息，是否有新增重大法律诉讼，是否被列入"失信被执行人黑名单"等情况，如果存在异常，应在报告中描述详细原因并判断影响。

（2）项目进展情况

项目进展情况反映工程进度、质量等内容，需了解项目是否按时开工、项目实际进度与计划进度是否有差异、工期是否延误、工程款是否按进度收到、是否有拖欠工人工资、工程双方合作关系是否恶化、是否存在质量问题纠纷等要点。

对企业的非自营项目，要在报告里反映实际施工人的经营、信用状况是否正常。针对设置反担保措施的项目，在调查报告里要反映反担保的变动情况，如反担保人资信状况、财产信息是否有变化、抵（质）押物是否出现大幅贬值、反担保个人的婚姻状况是否发生变化等。

监理方、发包人提供的信息是对企业提供信息的验证，可通过采取查看监理报告、三方会议纪要，或者监理方和发包人访谈等形式，在报告里反映监理和业主方对项目进展、工程质量等情况的态度，判断甲乙双方的合作关系是否存在恶化趋势。

2. 结论分析

根据撰写的报告，对企业是否持续良好发展经营和项目是否正常进展均要做透彻分析，甄别风险，得出结论。对于出现风险因素或异常情况的企业或项目，应视风险或异常情况的严重程度做出预警上报，并给出风险控制和化解建议。对于运转正常的企业和项目，也要给出如"项目进展正常、保持跟踪"等类似清晰、明确的结论建议。

3. 风险预警

保后跟踪环节如果发现重大的风险点，应在调查报告中及时指出并预警风险，常见的风险预警信号可归为以下几类。

（1）企业经营状况恶化类：如在保企业出现主业或主要项目亏损，实际控制人、管理层变动导致管理混乱、投资失败、涉及重大诉讼等。

（2）企业财务状况恶化类：如在保企业现金流量不足、主要财务指标下降、应收应付款项暴增、有息负债大幅增加、甚至涉及民间借贷等。

（3）企业信用状况恶化类：如在保企业被列入"失信被执行人黑名单"、银行贷款出现欠息或逾期、在建工程出现重大问题被通报处分、同一时期出现大量未结被执行案件等。

（4）企业在保项目异常类：如项目工期延误、质量纠纷、拖欠工人工资、工程双方合作关系趋恶、项目严重亏损、实际施工人经营和信用情况恶化、反担保发生重大变动等。

针对发生风险预警的在保企业和项目，一般可以针对性地采取以下措施。

（1）若在保企业在担保公司有授信额度，应及时冻结其授信额度，在此期间在保企业如果有保函需求，应该不论金额大小，均需要通过评审会或决策会集体决策，如有必要，可以暂停受理其业务。

（2）建立预警客户保后跟踪管理台账。对于预警客户应加大保后跟踪的力度，增加跟踪检查的频次，如每月或者每三个月报告后续跟踪检查的情况。

（3）如果出现重大预警信号，极有可能发生索赔和代偿的，应联合业务部门、风控部门和法务部门，成立专门的风险化解小组，制定风险化解措施和方案，并落地实施。

8.2.6 保后跟踪的监督检查

1. 稽核检查

担保公司的风险管理部门应对保后跟踪工作进行监管，定期对保后跟踪的情况进行稽核检查，通报检查情况，并视完成情况给予相应的奖惩。同时，风险管理部门对出现风险因素的项目要形成台账，进行综合分析，制定合理的规避化解风险方案，并督促方案落实。

2. 奖惩激励

保后跟踪监管是落实保后跟踪制度的重要手段，担保公司应当制定合理的奖惩激励机制，促使责任人能尽职履责，扎实检查，保质保量完成保后跟踪工作。可以将保后跟踪工作纳入客户经理的绩效考核，对未尽职检查的责任人，制定相应的处罚措施；对按要求完成保后跟踪且项目没有发生风险的客户经理，应给予一定的精神或物质奖励；对保后检查敷衍了事甚至弄虚作假的，应视情节严重程度给予相应惩处；尤其是因没有尽职履责，导致项目发生风险并造成损失的，要进行严肃处理。

保后跟踪流程完成后，对于保函到期未发生索赔的正常项目，应在保函到期后发起保函解除流程，办理保函解保手续。如果期间出现重大预警信号或发生索赔，应迅速启动索赔响应与处置机制，进行风险化解与处置。

3. 实际案例分析

在业务实践当中，后期检查有助于及时发现风险，提前介入甲乙双方的协调磋商，从而避免甲乙双方交恶，甚至动用保函索赔。下面两个案例供参考。

【案例 8-12】

项目为 MZ 市道路综合整治主体结构及土方工程，受益人：MZ 人民防空办公室（下称"甲方"），申请企业：ZDE 建设有限公司（下称"乙方"）。项目为政府市政地下人防及道路综合整治、主体结构及土方工程，履约保函，担保金额 6000 万元，期限 5 个月，格式为见索即付独立保函格式。

乙方为民营企业，企业具有建筑工程施工总承包一级、建筑机电安装工程专业承包三级、市政公用工程施工总承包二级、建筑装修装饰工程专业承包二级等资质。注册资本约 1.2 亿元，财报显示，上年主营业务收入约 24 亿元、净利润约 3000 万元、总资产约 4 亿元、负债合计约 1 亿元、净资产约 3 亿元、资产负债率 23.39%、有息负债率 20.46%。

项目具体情况：

（1）项目地位于 MZ 市核心商务区，实际为 BY 路地下人防工程，平时为地下商业街，战时为地下人防，且该人防工程与周边商业设施及地铁 1 号线无缝对接。

（2）该项目实际业主为 YNE 投资有限公司，项目中标时间为 2013 年，因政府批复及政治因素等，拖延至 2017 年开发建设。2017 年 YNE 投资有限公司与保函受益人签订项目合同的补充协议。

（3）因该项目地位于MZ市的核心商务区，交通压力较大，又有2017年底MZ市需参加"全国文明城市"评选的原因，市政府要求该路段必须在2017年年底前恢复交通，补充协议约定由YNE投资有限公司向甲方开具6000万元履约保函及缴纳4000万元现金保证金（已核查保证金缴纳凭证），履约保函和保证金的唯一目的为保证道路按期恢复交通。

（4）该项目采用地下逆作施工工法，路面恢复完全可以在业主要求的期限内完成。

按规定及项目审核中的要求，项目在到期前三个月及临到期前两次后期检查发现进度滞后，未达预期，未能按进度计划开展，已不可能在2017年12月31日前完成路面恢复通车。具体原因有三：（1）地下市政管道管线等需改迁耽误多日。（2）土方开挖运输需办理交管、路政、环保和城管等多部门多项手续，耗费时日。（3）极端天气，当年下半年遭遇连降暴雨或大暴雨天气，致使土方开挖运输受阻而多次多日停运。12月份气温连续多日低于5℃，致使现场浇筑混凝土因气温过低而不能水化凝固停工。

后期检查核查现场资料时发现，在会议纪要中，甲方已经对乙方严重不满，并提出比较严厉的批评，可能要采取保函索赔措施。

在现场获此信息及经多方核实情况后，担保公司立即督促乙方搜集天气信息资料，收集现场日志、记录、照片和信函等多项资料，向甲方说明解释造成现状的客观原因，并向甲方承诺在文明城市检查期间一定把施工现场的文明施工措施做足，保证现场的卫生整洁。同时积极组织各方参与协调，在会议上沟通情况及进展，充分表达诉求，说明具体情况和困难，提出解决问题的最佳方案方式，寻求各方谅解及合作等。经努力沟通，最终推进了项目的进度及手续办理，也消除了工程滞缓对文明城市检查的不利影响。

【案例8-13】

项目为BZF高速公路工程项目连接线工程土建施工，受益人：SCS高速公路有限责任公司（下称"甲方"），申请企业：ZDJ交通工程有限公司（下称"乙方"）。该工程为政府市政高速公路工程，履约保函，担保金额600万元，期限 12 个月，保函历经 2 次延期。

乙方为民营企业，具有桥梁工程专业承包一级，公路工程施工总承包一级，隧道工程专业承包一级等资质。注册资本约 3 亿元，财报显示，上年主营业务收入约 21 亿元、净利润约 7000 万元、总资产约 11 亿元、负债合计约 6 亿元、净资产约 5 亿元、资产负债率 53.82%、有息负债率 37.16%。

该项目在第一次保函到期前检查，发现现场进度严重滞后，并严重影响其他标段施工和后续各项工作开展，甲方已开始咨询索赔事项。该项目于 2012 年 10 月 19 日签署开工令，合同工期 8 个月，合同完工日期为 2013 年 6 月 19 日，实际完工通车日期为 2016 年 1 月 10 日，工期滞后 935 天，期间甲方确认图纸、修改设计耽误工期，恶劣极端天气影响现场施工，乙方自身管理混乱、内部纠纷严重等。按合同条款要求，延误工期逾期违约金 5000 元 / 天，乙方需交预期违约金 4675000 元，甲方拟动用保函抵偿工期罚款。

获此信息后，担保公司立即组织人员到现场，召集施工企业相关人员与甲方沟通，准备工程过程资料，尤其是影响工期的资料及证据。一方面，做乙方工作，了解工期延误的确切原因，共同准备过程资料，尤其是甲方、监理公司确认延期的信函等书面资料。晓以利害，明确保函赔付对企业信用的严重影响，强调消极对待、被动诉讼、被告的全面损失。另一方面，安抚甲方，确认影响工期的因素，分清客观原因影响与企业自身原因，理清事实与结果形成过程，表明客观公允解决问题的立场，倡导实事求是的诚恳态度，寻求各方利益的最大公约数，求得部分谅解，协商违约金事宜。

经多方努力，甲方与乙方达成协议，违约金赔付 300 万元，分两期一年内支付，担保公司办理延期保函，索赔风险成功化解。后续，乙方一直负债高企，项目仍以合作挂靠为主，多笔诉讼陷强制执行直至失信，已列入担保公司黑名单。

第 9 章　保函索赔处置和风险化解

按照前述章节的审核评审来看，项目的风险点是多元的，不仅来自承包人、发包人（受益人）、基础交易合同，而且受宏观经济、相关政策及大环境影响，会有更多不可控的因素造成承包人不能履约。在中国裁判文书网查询到，2014—2020 年涉及工程建设合同纠纷的判决文书有 1019285 笔，是逐年递增的，见图 9-1。

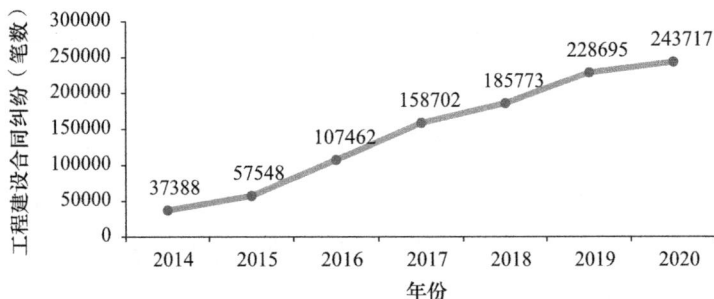

图 9-1　2014—2020 年工程建设合同纠纷统计

其中有关履约保函的判决文书 1377 笔，预付款保函 271 笔，投标保函 40 笔，尤其是在 2016 年独立保函司法解释出台后，工程建筑合同纠纷中关于独立保函的判决文书数量大幅增高（图 9-2）。独立保函具有见索即付的属性，无疑对担保机构的风险控制能力提出了更高的要求。

随着各担保机构的在保金额及在保项目数量的增加，外部环境的不稳定性导致项目发生风险的概率增大，保函发生索赔的次数也在逐步上升。

工程保函的索赔主要是甲乙双方在合同履约过程中发生纠纷引起的，受益人进行保函索赔，一方面是为保障自身的权益，得到担保赔偿；另一方面，希望引起担保人的重视，发挥好其第三方协调沟通的作用，客观、公正地帮助双方解决矛盾，督促和帮助承包人继续履约，以利后续工程顺利开展。作为各类开具保函的担保人，面对业主索赔的处理方式也不尽相同。

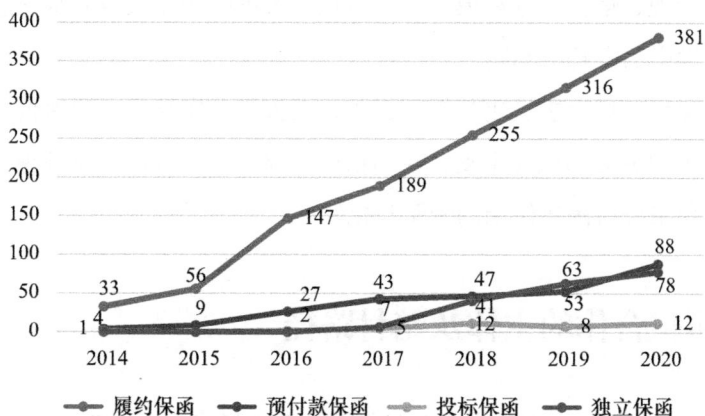

图 9-2　2014-2020 年各类保函判决文书数量统计

从保函索赔处理的时效分析，保函受益人和承包人最初出现矛盾争议时，担保人介入承包人、受益人之间，及时沟通化解，此为最佳方式与时刻。如保函受益人开始出现索赔意向，但担保人不能及时感知，未能介入，承包人也没有有效地化解，那么保函受益人向担保人提出索赔。若担保人为银行，银行则主要根据保函文本中设置的条款来进行认定，一旦索赔条件成立，银行则会直接赔付，再去找被担保人追偿；若担保人为保险公司，而保险公司通常开具的保单为连带责任的保单，一般需要认定实际损失后才能进行赔付。如果受益人对保险公司的核损结果意见不一的，可能需要法院判决或者双方认可的评估机构进行损失评估认定，双方根据结果共同协商。当双方意见达成一致后，保险公司才会支付理赔款项。而专业从事工程保证担保业务的担保公司，在受益人咨询索赔事项时，就会积极介入项目，深入分析和核实甲乙方矛盾和纠纷的原因，通过自身的影响力和专业团队的谈判能

213

力，采取劝解、帮扶、督促、引导等方式，积极协调甲乙双方重回谈判桌，求同存异缩小分歧，客观合理地划分责任边界，寻求最大公约数方案，采取各类有针对性、切实可行、各方接受的方案帮助和督促乙方继续履约，以非资金赔付的方式来化解风险。这类担保公司一般资本实力较强，内部有成熟的管理机制和风控体系，索赔化解人员有工程、法律的专业背景，既熟悉施工企业的管理、运营、盈利模式，又对建筑市场的法律政策非常熟悉，能够有效地帮助甲乙方解决问题。

鉴于保函市场上主流仍是银行保函，而银担合作模式中担保公司处理索赔的方式更加灵活和积极主动，在本章中主要以银担合作的业务模式，从担保公司视角来分析阐述保函的索赔与化解。

9.1 银担合作的主体及赔付路径

如图9-3所示，在银担合作开具保函的业务形式中，一般分为四个主体，申请人（下称"乙方"）、受益人（下称"甲方"）、担保公司和银行。首先，甲乙双方签订基础合同，按照合同约定，乙方需向甲方提供一份银行保函。乙方向担保公司申请出具受益人为甲方的银行保函，该项目在担保公司内部审批通过后，同乙方签订担保协议，约定给乙方提供该项目保函担保，在担保协议签订好后，担保公司向银行出具该项目的反担保函，最后由银行开具保函，交予甲方。若甲方和乙方就工程履约发生争端，则可能导致索赔事项发生，受益人向银行发出索赔通知，在索赔事实确认后，银行要求担保公司根据额度协议中的约定进行代偿，这时担保公司收到消息后，立即组织人员、开展工作化解索赔。若保函最终发生代偿，则担保公司赔付给银行，银行赔付给甲方，然后担保公司向乙方及项目项下的其他反担保人（若有）进行追偿，追偿权的范围包括履行保证债务所支付的财产、所受到的损失、所支付的费用及利息等。担保公司可以通过催促被担保人归还欠款、司法诉讼申请财产保全、支付令及强制执行等方式，及时行使追偿权以挽回损失。

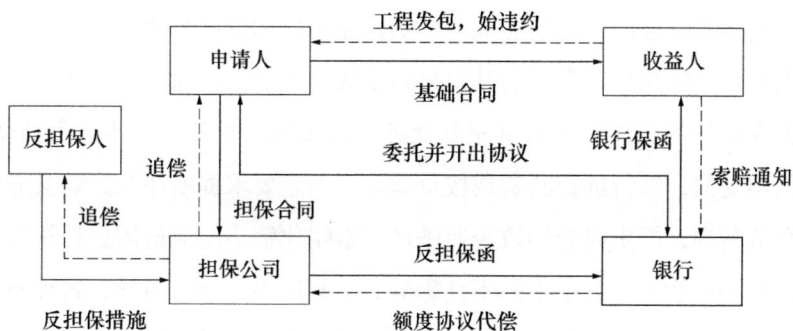

图 9-3　担保流程及索赔路径图

9.2　索赔事项的应急处理

9.2.1　组建专业化解团队

索赔事项的发生通常是受益人电话咨询索赔或将索赔文件送达银行，那么银行会第一时间通知担保公司，而担保公司会在第一时间组建索赔化解小组，小组成员由项目对应的客户经理、法务经理、风控经理和索赔处理负责人等构成。

客观来说，保函的代偿对甲乙双方都是不利的，甲方一般是基于项目履约中发生的一些诉求得不到乙方回应或者满足，再寻求索赔保函来维护自身的权益。在现实中，大部分甲方索赔的初衷是想让乙方作出让步，满足其核心诉求，并不是简单地想拿到赔偿金。如果索赔成就，甲方虽然会得到担保人的一笔赔偿金，但是对原项目的工程进展没有帮助，甲乙双方的矛盾还是没有得到解决，工程还是会继续停滞，甚至甲乙方的矛盾还会继续扩大，乙方继续停工或者拒不配合撤场，会造成工程无法按时完成甚至烂尾，尤其涉及一些民生工程，会造成巨大的社会资源浪费甚至农民工闹薪等群体事件，这是甲方万万不愿意看到的。对于乙方而言，担保人在代偿后会向乙方追偿，大额的诉讼、强制执行案件会给企业的经营造成巨大不良影响，比如企业的账户被法院冻结，失信惩戒会影响企业的招标投标行为，法院对企业法定代表人的"限高令"会影响其出行和生活，甚至银行保函代偿还会直接影响乙方在银行的信用，导致其贷款业务受到影响。尤其是一些高负债企业，一旦信用受损，银行抽贷断贷或按贷款合同约定要求提前还款，就会导致企业资金链断裂，严重时会导致企业破产。索赔化解小组成员需要让甲乙双方认识到保函代偿对各方带来的不良影响和不利后果，加以引导，督促双方重回谈判桌，设计更好的解决方案，力争使损失降到最低，对项目和双方的影响最小。

当索赔事件发生时，化解小组成员的应对方法及工作要点主要有以下几方面：

（1）及时向乙方预警，尽量内部沟通解决，避免书面索赔。当甲方电话咨询银行人员如何办理索赔时，担保公司得知情况后应立即向乙方反馈，让乙方主动找保函受益人，了解保函被索赔咨询的原因。针对施工过程中出现的问题，承诺一定时间内整改或解决，争取得到甲方谅解，避免发出书面索赔通知书。当甲方派专人送书面索赔资料到达银行时，担保公司及时派专人赶到银行，向对方人员了解项目进展情况、索赔原因，和银行相关人员一起检查索赔资料是否满足索赔成立和赔付条件。在此过程中，应及时将情况反馈给乙方，同时请乙方立即与甲方主管领导沟通，传达尽快解决问题的意愿，说明索赔并不是最好的解决方式，通过细致的工作和良好的沟通，争取理解与支持。从保函索赔处理的历史经验来看，督促乙方继续履约往往是最佳方案，对双方的影响和损失最小；如能达成共识，索赔经常会出现转机，甲方收回或暂缓递交拟送达的索赔通知书，为项目化解赢得时间和机会。

（2）企业现场走访，约谈实际控制人。及时赶到企业，要找到企业的最高决策者或高管，包括企业实际控制人、财务总监、主管经营的副总等，澄明保函代偿对企业和其法定代表人的重大不利影响，倾听乙方的核心诉求。了解企业的实际经营情况，届时需要准备的资料一般包括：企业财务报表和近期审计报告、企业资产台账、企业和项目实际控制人签订的分包合同、企业向项目部支付的材料及工程款凭证等。查询企业还有无其他重大不利事件，包括但不限于：企业跨行经营、投资亏损、抽调项目资金用作他途；企业疏于内部管理、项目多为挂靠、缺乏监管体制；涉及重大法律诉讼或经济纠纷；被执行案件过多或案值过大，导致项目付款账户被查封；银行贷款逾期等。向企业实际控制人落实企业处理项目矛盾的解决途径和相关计划，通过访谈分析企业有无解决问题的能力和意愿。

（3）及时通知项目反担保人和反担保单位。要求相关利益方迅速介入，调动一切资源发挥正面积极的力量。

（4）项目实地走访，约谈项目负责人。第一时间赶到项目地找项目经理、项目实际控制人访谈，就项目纠纷和矛盾分析原因核查现状，听取乙方的核心诉求和关注点，了解工程实际情况，现场收取的资料包括：招标文件、合同、监理会议纪要、进度付款证书及相关付款凭证，乙方购买设备、材料的相关合同和付款凭证等。关注现场是否停工，查阅工程进度付款证书，了解甲方进度款支付情况，核实项目资金是否被挪用，甲方有无拖欠工程资金，项目上有无拖欠农民工资和供应商材料款，调取和留存有利于乙方观点的项目资料。

（5）约谈甲方。代表银行和甲方进行访谈，了解甲方真实诉求，告知甲方我方会尽最大努力维护甲方的合法权益不受损，客观、公正、严谨地评估责任和损失，督促乙方积极应对，调取和留存支持甲方观点的书面材料。

（6）约谈监理单位。深入了解甲乙方纠纷的原因，查阅和取证近期监理会议纪要，关注历次工程整改内容和整改措施，印证甲乙双方的意见观点，查核分析客观事实。

（7）注意谈判技巧，建立甲乙方信任。在和甲乙方沟通时，一定要有同理心去倾听对方想法，赢得对方信任。在了解双方的底线后，适时协调，态度温和，言辞诚恳，动之以情，晓之以理，引导各方寻求最大公约数，争取各让一步，缩小分歧，最终达到各方共识。

（8）及时和银行保持信息互通。第一，通报处理索赔的进展，让银行

第9章　保函索赔处置和风险化解

217

了解情况，做好配合；第二，必要时也需要通过银行与甲方的沟通，了解他们的真实意图，如：对索赔处理方案是否认可，确认赔偿的支付方式等，有部分甲方只认可保函出具单位——银行，不愿意与其他第三方联络；第三，后期发生赔付时，不管是乙方自行赎回保函，还是转账给银行，由银行代为支付担保款项，都需要银行方面配合。

9.2.2 索赔材料识别和认定

如果业主的索赔资料已经送达银行，索赔化解小组成员需要配合银行，核定索赔资料的真实性及有效性，确定索赔和赔付的关键时点，确认保函格式的类型、后续处理的方案方式等。银行要求的索赔材料一般包括：

（1）索赔通知书；

（2）保函正本原件；

（3）营业执照正本复印件；

（4）法人代表证明书；

（5）法定代表人身份证复印件；

（6）施工合同复印件；

（7）保函本文中要求的其他材料。

索赔资料是否完备有效，索赔有效性识别包括但不限于：

（1）核验甲方公章和保函原件的真实性；

（2）索赔通知书须载明乙方违约的事项，保函编号，支付索赔金额，公司账户信息（户名、开户名、账号）；

（3）索赔时间是否超出担保期限或保函文本中明确的期限；

（4）查看保函文本，对应基础事实，确认索赔理由是否在担保责任范围内；

（5）确认赔付付款的范围和数额；

（6）确认甲方和乙方签订的基础合同是否有效及执行情况；

（7）其他保函文本中约定的索赔须提供的材料和单据是否满足要求。

如果索赔材料不齐备或者有效性难以判断，银行应予以退回并告知具体原因。在工程保函市场发展到今天，也出过形形色色的虚假资料事件。如某甲方提交保函原件到银行索赔时，经银行鉴定，虽然银行确实开具过这一份保函，保函编号、格式文本、要素没有问题，但提交索赔的保函不是正本原件。经查核，该项目的原保函是本银行出具，但已过期，承包人模仿原保函文本，伪造了一份履约保函提交给了业主，构成欺诈。由此可见，保函索赔有效性的识别是尤为重要的。

9.3 索赔原因分析

我国建筑施工企业数量众多，行业进入壁垒较低，竞争激烈。施工方作为项目的"第一线实施方"，控制着整个工程事项的进度和流转，大部分保函索赔是因施工方原因造成的。在化解索赔的事项中，一定要了解清楚企业不能继续履约的原因再对症下药。一般来说，造成索赔的情况主要分为以下几种。

9.3.1 履约能力不足造成索赔

企业总部经营不善，项目资金周转出现困难。这类索赔事件主要体现为：施工方大量应收账款无法及时收回，又无法再从银行借款，资金无法满足全公司各项目周转所需，最后挪用项目部款项，造成工程怠工、停工。例如，ZJA 建筑公司承建当地一家大型纺织民营企业的房建项目，公司总部跨行经营挪用项目资金，项目部缺乏流动资金，现场进度缓慢无法满足甲方要求，被欠薪的工人围堵甲方办公楼，造成甲方国际订单流失、工厂停产等重大影响与损失。甲方动用保函索赔，企业法定代表人和项目挂靠人未能及时纠正失误、修复关系、减少损失；最后，甲方坚决索赔，企业法定代表人也因多项违法事实被当地警方拘留。

企业多元化经营投资导致亏损，经营难以为继。企业盲目投资，多元化经营，投资金额过大，远超企业资产规模及借贷能力，造成施工企业主业资金流向其他投资项目，从而出现材料供应商诉讼、拖欠工人工资的现象。如SJB实业公司承接公司所在地电力安装项目，企业耗费巨资修建现代化的加工车间，而且还在异地投资房地产项目，资金链断裂，拖欠材料供应商、半成品加工商的款项；半成品加工厂扣留即将发往工地的材料，造成无法满足对应项目材料供应，最终严重延迟项目进度，甲方索赔。

企业疏于内部管理，"挂靠项目"缺乏监管。 在这类索赔案件中，企业多对"挂靠项目"缺乏有效监管，对"挂靠方"的履约能力和信用水平未进行充分评估，除派驻项目经理、财务经理和安全员少数几人外，其余项目管理人员和技术人员都由当地项目实际施工人自行安排或临时聘请，拼凑组建项目部，企业总部对项目资金也未进行有效控制和监管。如DGC公司中标QC市某医院项目，企业事前未能认真谨慎考察评估项目实控人的实力，仅在中标后收取一定比例的管理费，签订自认为严格的分包合同，以包代管，放任当地项目实控人自行施工，最终项目实际施工方履约能力不足，项目质量、进度无法满足甲方要求，甲方动用履约保函索赔。

企业内部的股权纠纷，经营不善。 如果企业股权结构设置不合理，未设置恰当的决策机构和治理结构，原股东与新股东出现转让费纠纷、股东之间经济纠纷，理念不合造成各自为政、互相掣肘等，有可能会造成管理涣散、诉讼缠身、企业银行账户被查封，无法顾及工程施工。如DGD公司中标FS市写字楼装修项目，企业新旧股东诉讼纠纷，第一次诉讼新股东上位，接手公司经营管理，财务人事大调整；但经过二审旧股东胜诉，重新夺回控制权，重新人事大调整。在此期间，管理层无暇管理工程施工。索赔发生后，企业基本上停止经营，最终破产。

施工经验不足，缺乏工程管理能力。 项目管理人员施工能力、经验不足，缺乏工程管理能力，使得项目进度、质量、安全等无法满足合同要求。如JZE公司中标JX省电联产项目的分包工程，企业具有"建筑工程总承包"二级资质，主要从事房屋建筑施工，缺乏对电厂工程施工经验，而且现场技术人员力量薄弱，工序安排明显错误，关键工序施工工艺不熟悉，内业资料管理混乱，造成工程施工进度严重滞后其他标段，于是总包方两次向银行索赔。

多层分包，利润层层压缩，最终导致工程失控。如 NHF 公司中标东北某医院项目分包项目，层层转包后，最终实际施工方为个人，挂靠 NHF 公司东北分公司。在施工过程中未办理建筑工程相关报建手续无证施工，缺乏有经验的技术工程师管理项目，造成周边基坑局部变形，造成经济损失，于是总包方动用保函索赔分包方。

技术难度超过中标企业现有施工能力。SZH 公司中标 SZN 区写字楼的灯光工程，因该灯光照明设计采用一种新工艺的设施，企业以前没有接触，也没有重视此项工艺，后续施工又没有主动与设计方、甲方沟通，于是甲方认为施工方野蛮施工，最后动用保函索赔。

投标人参与围标串标及提供虚假材料。企业参与市场上的围标串标，为投标费等蝇头小利，罔顾法律法规，最终因非法经营被索赔、被处罚。DS省 H 学校作为招标人，对多家投标施工方以"提供虚假投标资料"为由索赔，向每一家投标人索赔金额 55 万元。招标人索赔不成功，通过法院对施工方、银行保函开立人进行起诉。媒体上也流传有当事银行内部的警示文件，内容显示 69 家投标人被起诉，索赔金额合计 3795 万元。

9.3.2 合同条款不利最终造成索赔

与其他行业相比，建筑产品、建筑生产过程比较复杂，工程本身和外部环境有许多不确定性，在工程实施中会有很大变化。这些情况都会对工程实施产生干扰，直接影响工程施工的计划和实施，进而影响工期和成本。如果合同条款严苛，严重不利于乙方，在工程施工过程中遭遇不可控因素导致工程施工困难时，也会造成索赔事项，具体见以下情况。

材料价格大幅上涨，合同无调差机制。SSI 工程有限公司中标省道生命防护工程，合同造价采取固定单价方式计价，乙方拟将进场施工，却遭遇

221

新冠肺炎疫情导致材料价格大幅上涨，2020年10月材料信息指导价钢板价格为每吨4400元，但是在2021年7月材料信息中为每吨5960元，涨幅35.5%。乙方认为，根据省《建设工程量清单计价规范》第9.7.1条"规定材料、工程设备单价变化超5%，则超过部分的价格应予调整"，乙方向甲方申请调整材料差价，甲方回复表示理解但不予调整。企业此前已与甲方沟通多次，甲方建议他们提起诉讼，废止合同。如果项目尽快重新招标，工程往前推进，可以保证省道顺利通车。甲乙双方都认为提起诉讼的话，乙方会赢，甲方也接受这种结果，但乙方一直以各种理由拖延。最后甲方以乙方不愿按合同约定进场施工为由，向银行发起索赔。

总价合同，合同漏项缺项太多。 DGJ建筑公司承接民营开发商的房地产项目，履约保函金额超千万元。合同金额近5亿元的房建总承包项目，合同条款规定"合同总价并不因施工期间人工、材料、机械、设备等价格变动，工程量的多算、少算、漏算的调整而调整，工程项目或工程量、设备、材料和配件少算或漏算的部分，由承包人自行承担全部责任，并且要如期完成全部工程项目，合同价款不增加"，后续因中标价中缺项漏项过多，实际施工成本超出合同价过大，乙方放弃施工、停工退场而发生保函索赔。

低价中标，履约意愿下降。 部分企业在投标时，为确保中标，采用低于成本价的报价投标而中标签约，拟在施工中和甲方谈条件博取调差、修改设计和增加数量等增加合同额，最终带来不利后果。某企业项目低价中标后，履约意愿一般，两年时间才完成工程量40%，在施工过程中反复与甲方讨价还价进行漏项增加、材料调差，博取合同增量和工程款增加，但甲方坚持按招标文件和合同文件执行，不同意调差调价。最终甲乙方矛盾重重，甲方动用保函索赔。

合同条款严苛，对乙方不利。 如JZK建设集团中标当地政府项目，银行保函开出2月后即被索赔，合同文本中对项目经理在岗、工期逾期都有相当严格的要求："1.项目经理或项目总工未经发包人同意擅自离开工地10天

（含）以内的，每天课以违约金 2000 元／人；擅自离开工地 10～15 天（含）的，每天课以违约金 5000 元／人；擅自离开工地 15～21 天（含）的，每天课以违约金 10000 元／人。若项目经理或项目总工每月在工地天数不足 21 天（特殊情况经监理人批准报发包人同意例外）者，每不足一天课以违约金 1000 元／人；其他主要管理人员，每月在工地天数不足 21 天（特殊情况经监理人批准报发包人同意例外）者，每不足一天课以违约金 600 元／人。2.未按发包人的进度逾期 15～30 天（含）的，课以 10 万元的违约金；逾期 1～3 个月的，课以 50 万元的违约金；逾期 3 个月及以上的，课以不超过合同价 5% 的违约金。"并约定上述违约金将在履约担保中索扣。由于企业项目经理没有达到"每月不少于 20 工作日在岗"的要求，企业没有重视，甲方动用保函索赔。经担保人提醒，企业主动找甲方，立即整改和严格按合同规定执行，最终甲方撤销索赔。

9.3.3 甲方原因造成的索赔

近年来，地方政府负债过大，地方城投公司投融资监管趋严，加上 PPP 项目清库，信用紧缩，疫情停工等因素，全国固定资产投资增速有所下滑。如在合同实施过程中，非乙方原因导致承包商未履行或者未正确履行合同责任，部分甲方为了自身利益，也会索赔保函。

项目报建手续不完善，无法备案。甲方提前让施工方进场，但后期无法办理各种报建手续，甲方为减少自身损失，将风险转嫁给施工方，对施工方苛刻要求，甚至"鸡蛋里挑骨头"，动用履约保函进行索赔。如 NHL 建设公司中标港资房地产项目，项目位于当地著名风景区，房地产公司自认可以办理工程合法用地手续，让施工方提前进场施工。施工方不仅没有收到合同约定比例的进度款，还垫资超 3000 万元。当后期项目无法完善各种报建手续，已确定是烂尾工程时，甲方立刻动用履约保函索赔。

甲方资金不到位，无力支付工程款。NMM 工程公司中标风力发电站供货项目，利用建筑市场"粥少僧多"过度竞争的特有现象，项目采用邀请招

223

第 9 章　保函索赔处置和风险化解

标，甲方给乙方承诺较高金额合同额、较高项目利润，但收取乙方一定金额的保证金并要求垫资施工；乙方进场按照合同约定完成一定工程量后，甲方仍未按原计划时间节点付款，乙方停工要求甲方付款，因国家风力发电政策发生变化，甲方资金未到位，无力支付施工方工程进度款。最终，项目拖欠农民工工资、材料供应商货款，引发工人围堵项目部索薪，甲方以"维稳"的理由启动索赔。

因不可控因素项目被叫停，甲方无意支付工程款。如 QCN 建筑公司中标重庆某发电厂项目分包工程，因国家环保标准提高而要求该项目暂停，甲方未支付工程款给总包方，总包方拖欠分包商，分包商拖欠工人工资，农民工不断上访并围攻总包方办公室，最后总包方动用保函索赔。

甲方恶意索赔。如 ZSO 园林绿化公司中标某房地产的景观工程，甲方强制摊派乙方施工合同外的工程内容，但要求免费施工，乙方不同意，最后甲方动用保函索赔。

9.4　索赔事件处置和典型案例分析

在化解索赔事件当中，可以了解到甲乙方虽通过招标投标的方式结成合同关系，背后可能还有千丝万缕的联系。一定要找到甲乙双方之外的利益相关方，通过第三方沟通协调建立互信，一同去解决问题，才能通畅而高效。担保公司对于保函索赔风险的化解一般有以下几种方法。

1. 开具延期保函

最常见的化解索赔风险的方式就是办理保函延期。在保函索赔情景当中，大部分甲方索赔的目的是维护自身权益，督促乙方及时办理保函延期。保函受益人大多会要求履约保函的到期日必须覆盖工程竣工验收之日，甲乙双方一般会约定履约保函开具的到期日覆盖招标文件中明确的工期，预付款保函的期限按合同条款约定扣减情况来确定。但是在合同履约中，会发生各种各样的情况导致工期延长，如在房建、土建工程中征地、拆迁的问题比较复杂，迟迟得不到解决会导致工期延误；又如环保的问题，某些城市因环保天数不达标，会暂停工地开工；加之，2020年疫情的突然暴发，鉴于管控措施，很多工地没有办法及时开工，不能保证工程进度。发生索赔咨询的情况往往是因为各种原因工期延误，保函快到期，受益人要求施工方办理延期保函，而施工方没有重视甲方诉求，态度不积极，保函即将到期，保函受益人为保证自己的权益不受损害而发起索赔。

在这种情况下，担保公司应及时通知被担保企业高管，重视保函索赔带来的不利后果，督促企业办理延期保函，应尽快启动办理延期项目的资料准备；同时，告知受益人保函延期正在全力督办中，申请暂缓或撤销索赔。对于这类延期保函，有一些情况必须要关注，包括：

（1）随着时间的流逝，被担保企业也在不断变化，如银行借款问题、诉讼突增、失信记录不断增加、互保企业之中某一家企业出现资金短缺造成银行贷款业务中出现不良记录等，这样原开立保函的银行有可能不再受理保函延期。这样，需要提前向施工企业说明，尝试让企业找自己开户银行办理出具该笔延期保函，或者让企业沟通保函受益人能否接受其他担保机构开具的保函。

（2）如果确定需要续开保函的，应做好反担保措施。密切关注乙方的经营情况，并督促乙方调配好相关的人员、材料、设备保证工程的继续履约。

（3）有可能原开立银行内部政策发生较大变化，不能再受理此延期保函的，担保公司必须提前做好替代银行的准备。

2. 澄明利害，帮助甲乙双方达成和解

保函索赔对于甲乙双方都是不愿见到的结果，对于担保公司而言，要迅速找到甲乙双方的决策者，凭自身专业知识和较强的风险化解能力劝导双方重回谈判桌，达成和解。

【案例9-1】

QHD公司（下称"乙方"）为国有改制的民营企业，有30多年历史，

225

具有市政房建双一级资质，年营业收入约 30 亿，有息负债为 0，典型特征为股权分散，工会持股占 20%，剩余有 20 余个股东。保函受益人为 ZH 环保公司（下称"甲方"），2017 年 7 月成立，主营工业固体废物利用和处理，甲方有上市计划。本项目主要施工内容是 TS 市污水处理工程，包含土方工程、桩基工程、钢筋混凝土单元格结构工程、雨水收集和导排系统、电气、渗滤液导排系统、废物提升设备、操作平台、活动雨棚，施工难度不大。甲方资金来源为政府资金和企业自筹。保函格式为见索即付独立保函格式，担保金额 1000 万，工期 6 个月，在到期前 2 个月甲方派专人向银行送达书面索赔文件，经核验，索赔材料符合赔付条件。

接到索赔咨询后，担保公司派遣化解团队成员，紧急赶往项目现场会见项目包工头，了解到了矛盾起因：合同采取固定单价合同，由于当时人工费、材料费有一定上涨，于是包工头想找甲方调差，甲方不同意，包工头便消极怠工，最后甲方认为乙方施工严重滞后要求乙方退场，双方也同意解除合同，但是在退场合同中还有争议，甲方认为已完成工程量大概是 1400 万，而包工头自行核算是 2000 万。甲乙双方对工程量的最终鉴定数额达不成一致意见，最后甲方动用保函索赔。经现场调研后，化解团队成员分析认定了几个关键点：1. 甲方痛点，如乙方不愿意签署解除施工合同协议和主体变更说明，不愿意退场，后期工程进度跟不上，则项目融资受阻，严重影响甲方声誉，加之甲方在上市辅导期间，也不愿多生事端。2. 乙方痛点，1000 万保函赔付会给企业后续经营带来严重不良影响。3. 包工头情况：已经是失信被执行人，不在乎多一个官司。签署的连带责任反担保已无法震慑包工头，唯一的目的就是回本，甚至可以从甲方身上多赚取一些利润。所以，从包工头身上做工作难度很大，只能将化解重心放回甲乙双方决策层的谈判。

在认识到各方的利益关切点后，化解团队及时行动，一方面和乙方董事长进行会面，在交谈中发现其已经快到退休年龄，公司股权占比不高，兜底意愿不强。乙方财务总监赵总对企业征信情况比较关注，后续和主管法务副总王总沟通后，发现他也对企业的信用比较重视，期间通过企查查发现王总是企业占股最大的股东，这个项目是挂靠的项目，他作为大股东应该比较关心代偿会对企业后续经营产生的不良影响；化解团队在继续沟通并澄明利害后，王总建议找其他班子成员沟通，尤其是主管经营的陈总，随后找了主管经营陈总，通过他积极劝导包工头。在不懈努力反复与企业高管沟通后，企业认识到了保函代偿对企业的不良影响，基本形成了统一意见，就是争取积极和甲方沟通，化解分歧。

另一方面，化解团队成员也在和甲方的董事长直接沟通，告知乙方也有尽快解约退场的意愿，希望继续谈判，如果索赔保函，乙方更加不会配合退场，到时甲方也会损失很大。最终说服甲方派高管到乙方公司进行合同解约谈判。谈判过程也很艰辛，历时4天，期间几次差点谈崩，甲乙双方各执己见，甚至争吵、拍桌子。当对某一论点争论不止时，化解团队成员及时提出休会，场下继续做各方工作。待双方冷静下来再继续谈；同时，把双方每天达成一致的结论及时形成文字供双方确认，逐步寻求共识；最后一轮谈判，是将前面的一致结论汇总定稿，甲乙双方也在磋商中各退一步，谈定数额为1700万。待解约合同签订后，甲方同时出具放弃保函权益的说明，最终银行注销该笔保函。

本案例中，乙方虽然有一定的兜底能力，但是股权分散，企业的高管团队对索赔代偿的认识和看法都是不一样的，需要多层次、多维度地向企业相关领导宣贯说明保函索赔形成的不良后果，故担保公司在受理业务时不仅要评估兜底能力，还得调研企业的管理水平及对信用的重视程度。在甲乙双方的谈判中，彼此博弈，协商过程可能会非常激烈，担保公司要反复引导和劝导甲乙双方，清楚地认识到各让一步，是既有损失下的最佳选择，是双赢。谈判过程中应及时锁定当天谈判成果，并形成书面文件让各方确认，有助于推进谈判进度。

3. 敦促乙方自行赔付或赎回保函

甲乙双方出现合同履约纠纷，原因是多方面的，担保公司需了解出现问题的根源，乙方有无能力按甲方要求整改纠正；乙方企业总部怎么支持项目部，来满足甲方对工程进度、工程质量、组织管理等要求；如果企业整体经营情况良好，自身兜底能力强，在项目亏损预期较大，不愿意继续履约，希望和甲方解约时，则可以澄明保函代偿的利害，请乙方自行偿付或向甲方赎回保函。

【案例 9-2】

ZZS 公司（下称"乙方"）与 ZGX 县人民医院（下称"甲方"）签订"世界银行贷款统筹人民医院门急诊综合大楼工程建设项目土建工程"施工合同，合同金额 4037 万元，保函金额 400 万元，项目资金来源是世界银行（简称"世行"）贷款资金，项目利润率较低，且是总价包干合同，不接受材料调差。乙方为 ZZ 市民营龙头建筑企业，近 5 年年均营业额在 20 亿～30 亿元之间，年均净利润 8000 万元左右。

项目索赔原因：随着材料价格的上涨，项目实控人发现会出现亏损，故想以设计变更的名义与项目甲方协商增加合同金额，但被甲方拒绝，故实控人无继续施工的意愿，项目停工，甲方索赔。

在得到消息后，化解团队第一时间通知企业做兜底准备，否则会给企业的正常经营及银行授信带来不可挽回的影响，并向企业发送索赔函，赴企业进行沟通。前期，乙方仍然致力于与甲方及世行代表进行沟通来撤销索赔，甲方在索赔过程中非常专业，其索赔团队一直蹲守银行 3 天，最终甲乙双方的沟通还是没有进展，化解团队认为甲方无意撤销索赔，故及时告知乙方甲方对于索赔的坚决态度，敦促其做好自行偿付的准备，并向其说明公司目前存量的银行融资业务及未来可能在港上市的计划等都有可能受到保函索赔的不良影响，建议乙方向甲方支付保函金额的款项，把保函从甲方手中"赎回"。乙方对于项目赔偿损失的考虑：（1）项目拖延比较严重，按照合同约定的罚款金额较大，且经过与甲方及世行的沟通，减免罚款并无协商可能；（2）项目地离总部较远，如采取跨区域调配人力继续施工，成本较高，亏损严重。综合以上两点考虑，乙方在权衡之后，主动承担解约带来的损失，在化解团队的斡旋下，乙方通过自己账户向甲方支付索赔金额，甲方向乙方出具放弃保函索赔权益的函件，并退回保函原件。

4. 注入资金，助力企业继续履约项目

如企业仍有持续经营意愿，只是目前资金周转困难无力履约，为了帮助企业走出困境复工，有实力的担保公司也可以向企业提供经济、管理或技术等方面支持，包括提供流动资金和银行贷款担保，使其可以继续履约完成。这样工程也不用烂尾或重新招标，同样是甲方所愿意见到的结果。

【案例 9-3】

ZSP 建筑公司（下称"乙方"），总资产约 3.2 亿元，总负债约 1.1 亿元，有息负债 6251 万元，有息负债率 19%。财报显示，上年度营收 3 亿元左右，中标环城路市政工程 D 标段项目，合同金额约 1.2 亿元，工期 38 个月，履约保函 2800 万元，期限 38 个月。项目业主为 ZS 市建设局（下称"甲方"），工程内容为包含但不限于土石方工程、挡墙护坡、软基处理、城市道路、道路改造、路基、路面、给水管道、排水管道、排水箱涵、电信管道、电力管道、路灯照明、交通安全设施、交通监控、燃气工程、交通疏解工程、照明外线接驳、绿化迁移、路灯拆除、交通设施及监控的拆除、红线内现状混凝土路面及建（构）筑物基础拆除等，无工程预付款，工程进度款按月支付，承包人应在每月 25 日前申报期中结算书，并提交经监理工程师审核合格的本次工程量计量报告，经发包人审核后，发包人按审核价（不含变更价款）的 85% 支付进度款。施工一年后，已经多次出现停工，引起市政府的高度关注。甲方已向乙方发出严重警告和书面通告，并向银行咨询索赔事宜。

在得知相关情况后，担保公司迅速组织化解团队前往乙方公司总部及项目现场了解情况。在乙方公司总部会谈得知，公司实控人李某因投资 BT 项目，相应应收款项难以如期收回，企业自身拖欠大量应付款，企业实控人李某个人挪用本项目工程进度款共计 1000 多万元，用于偿还债务，致使本工程进度款未能如期支付给供货商和施工人员，故当年多次出现停工。在项目地了解到：项目已完成约 80% 进度，本项目相关欠款（包括工程款和材料款）共计约 1200 万～1500 万元，而确保项目正常完工的资金需求约为 2000

万～2500万元，项目负责人表示近期就需要400万～500万元工程款到账用于支付材料款等开销，不然项目就会再度停工。同时，甲方表示已支付工程进度款至合同约定的上限，未结算工程款仅1500万元，无法额外提供工程款以确保项目完成，并要求项目须于12月底前完成。而甲方的核心诉求是为了督促企业复工，按期完工，否则就算拿回索赔款和企业解约，也需要重新招标，且手续繁琐，对工期进展仍然很不利。

鉴于上述情况，化解团队在掌握和了解第一手信息和材料后，及时出面组织企业实控人李某、甲方代表、材料供应商、分包商会谈，一方面督促李某退还一部分挪用款用于本项目；另一方面，帮助项目负责人做材料供应商、分包商的工作，鼓励继续供货施工。也让甲方认识到企业的实际情况：企业现阶段已无流动资金，当务之急是保证工程款专款专用，保证工程复工，索赔保函不是最佳途径。考虑到本市政道路为市内重大工程，企业目前资金困难，但仍在努力经营，为帮助企业顺利渡过难关，工程顺利复工，担保公司最终给予乙方公司人民币680万元的借款以解燃眉之急，并设置资金监管账户确保借款专款专用于本项目。在和乙方及实控人李某签署相应借款协议后，项目部得到救急资金，甲方也非常认可和感激担保公司作出的努力，没有索赔保函，最终该工程也顺利完工，并交工验收。

5. 针对恶意索赔及时拒赔

个别项目存在保函受益人恶意索赔或索赔条件不成立的现象，对此，担保公司应及时了解情况，收集真实材料，果断拒赔。

【案例9-4】

JFQ公司（下称"乙方"）中标GD工业厂房项目，甲方为GD公司（下称"甲方"），预付款保函金额2000万元，保函格式为连带责任格式，在项目保函到期前2个月，甲方向银行递送了"预付款保函资金收回申请函"，原因是乙方在合同履约过程中违反双方签订的《建设工程施工合同》及《补充协议》的相关条款，需承担工期延误的违约责任。化解团队在项目现场收集的资料中发现，合同规定对应预付款用于"办公楼、宿舍、食堂"的施工，而且这三部分工程按合同约定抵扣的工程款已超过支付的预付款金额，受益人向银行发出预付款收回索赔通知书后还另外支付500万元进度款给施工方；本工程的履约保函已另外由其他银行出具，甲方不申请索赔履约保函，只向预付款保函出具银行来索赔。保函格式内明确载明，预付款保函承担的只是预付款被挪用的风险责任，不应该承担工期延误的违约责任，最终银行拒绝赔付。

6. 涉及保函欺诈及时提起刑事诉讼，向法院申请止付令

【案例9-5】

DSR公司（下称"乙方"）中标JF省高速公路联络线工程5标段，企业总资产约7.2亿元，总负债约2万元，有息负债约1.5亿元，有息负债率20%。公司具有公路工程施工总承包一级资质，财报显示，上年度主营收入5亿元。项目为BOT模式，项目建设单位由JFN市政府、SXA路桥集团及JF工贸公司共同出资组建。建设资金来自项目发包人出资和国内银行贷款，出资比例为项目发包人出资35%，银行贷款65%，其中SXA路桥集团为负责工程建设的总包单位（下称"甲方"）。乙方向甲方提交了1500万元的履约保函和1500万元的预付款保函，保函为见索即付独立保函格式。在开具保函一个月后，乙方分公司负责人孙某便咨询保函如何索赔，随即保函的开立银行接到甲方意向索赔通知，甲方以人员不到位、工程质量问题为由，要划拨两个保函费用赔偿他们的损失，随后正式递交索赔通知书。

化解团队在项目实地调研时发现蹊跷：（1）项目实为JF工贸公司的实际控制人许某挂靠SXA路桥集团，中标JFN市的BOT项目，其中许某占70%的股份，市政府占30%的股份。SXA路桥集团不参与施工，但参与工程管理，赚取挂靠费。（2）许某先与包工头翁某签署《高速公路工程分包意向书》并允许其先进场施工。当时，翁某无企业资质，故通过乙方分公司负责人孙某签订合作协议，最后以SXA路桥集团与DSR公司的名义签署《高速公路工程分包合同协议书》。（3）保函一经开出便被索赔，并且首先是乙方分公司负责人孙某咨询如何索赔，后续甲方正式发起索赔，甲乙双方有串

通保函欺诈的嫌疑。后续化解团队在乙方总部沟通了解情况，乙方企业实控人秦某大惊失色，并不知晓分公司负责人孙某签订本项目分包合同，并开出履约保函，企业立即向当地公安部门报案，以公司公章被伪造为由，请求处理。后续公安部门抓获分公司负责人孙某，乙方以伪造国家机关公文、证件、印章罪，伪造事业单位、公司印章罪，伪造居民身份证罪，以及骗取金融票证为由申请刑事拘留分公司负责人孙某。同时向法院提出撤销保函效力的申请，并申请在该案判决前冻结保函。

案例启示：翁某找到持有乙方虚假证件的孙某，以 DSR 公司的名义和 SXA 路桥集团签署《合同协议书》，实质仍为翁某施工，虽签署合同但仍属于上述违法事实的延续，仍为违法分包行为。因"伪造国家机关证件、印章罪""伪造公司、事业印章罪""伪造居民身份证罪"构成证据链，孙某为达到个人牟利目的，违反法律和行政法规的强制性规定，擅自伪造他人证件与对方签订施工合同，属于《合同法》第 52 条规定的无效合同情形之一。另外用伪造的合同骗取金融机构开具独立保函，属于独立保函欺诈，银行自然不承担担保责任。

保函受理在先，索赔滞后，担保公司应该从企业的经营管理模式上判断其未来经营稳定性。经营管理稳定的企业，后期办理延期保函也会顺利，即使出现索赔，化解过程也会容易；项目管理规范的企业，在各个合同履约过程中也会较好控制项目的风险，从源头上减少索赔事件发生。

独立保函司法解释出台后，担保公司更要重视企业的兜底能力，有实力的优质企业才可能更有担当地有效解决问题，因为保函索赔的化解最终还是靠乙方，如果乙方失去兜底能力和意愿，则保函化解几无可能。结合建筑企业和保函风险特点，担保公司应选取经营稳健且有一定兜底能力的企业合作，万一保函在到期前的某一时点出现索赔时，企业有足够的能力和担当来化解风险，我们认为此类施工企业具备以下主要特征：

（1）企业实控人具丰富的行业经验，管理团队稳定，企业技术、财务等专业人员流失率低；

（2）专注于建筑施工行业，不盲目进行跨行和多元化投资；

（3）营收规模稳定，不盲目扩张规模，项目多为自营且付款较好的项目；

（4）公司管理规范，对各分公司、各项目部以及项目挂靠人能有效控制和监管；

（5）财务报告相对规范，税务报表比较真实，有息负债和资产负债合理；

（6）企业重视信用，敢于担当，被执行诉讼较少、无失信记录、征信报告无不良情况。

如保函索赔无法化解，则担保公司需要代偿，担保公司承担赔付责任后，依照双方签订的担保协议书内容有权向被担保人进行追偿。如果该项目项下还有反担保人或反担保单位，可以一并提出赔偿诉求。

担保公司在代偿后，应尽快启动追偿。担保公司一般根据保函前期受理阶段的《担保协议书》《个人反担保函》《单位反担保函》等法律文件进行诉讼和追偿。在保函追偿阶段，客户经理必须尽职尽责完成下列事项工作：

（1）定期排查债务人的经营现状和债务纠纷等情况，并按季度提交情况说明；

（2）积极查找和提供债务人有价值的财产线索；

（3）配合法务部门参与债务人重组和追索等工作，包括但不限于债权催收、参加债权人会议等追索方案的谈判和执行。

第 10 章　工程保证担保行业展望和建议

2022 年 4 月 26 日召开的中央财经委员会第十一次会议以及中共中央政治局会议上，提出了"全面加强基础设施建设"的要求，为构建现代化基础设施体系指明了方向。基础设施建设是国民经济基础性、先导性、战略性、引领性产业，是经济社会发展的重要支撑。基础设施建设是经济稳定增长的重要抓手，可以带动相关领域内整个产业链的发展，对经济发展和改善民生起着至关重要的作用。

随着国家对基础设施建设的持续投入，尤其对新基建投资的不断加大，我国建筑业总产值将持续增长。依托基础设施建设的大发展和工程保证担保制度的政策支持，工程保证担保市场需求将不断增加，工程保证担保行业将迎来新的发展机遇，同时行业发展的问题也将集中显现。

基于工程保证担保行业发展的趋势和问题，本章提出了一些行业发展建议，希望促进和规范行业的发展，提升工程保证担保行业的社会影响力，为中国建筑行业和工程保证担保行业的发展做出更多的贡献。

10.1　工程保证担保行业展望

我国工程保证担保行业近几年来获得了持续快速的发展，在行业发展的同时，产生了诸多不可回避的问题，也逐渐呈现出比较明显的发展趋势。

10.1.1　工程保证担保的推广趋势

自 1998 年建设部发出《1998 年建设事业体制改革工作要点》的文件，明确提出"逐步建立健全工程索赔制度和担保制度"以来，此后的 20 多年间，关于工程保证担保制度的探索和推广从未停止。2005 年选定工程担保试点城市以及 2006 年配套的《关于在建设工程项目中进一步推行工程担保制度的意见》发布后，工程担保制度的应用以点及面，持续推广应用开来。

2016 年国务院办公厅发布的《关于清理规范工程建设领域保证金的通知》，将工程保证担保制度在建设领域推广的速度和应用范围提高到了新高度。此后多年，多部门多次联合印发相关文件，不断完善工程担保制度，加大推广力度。全国各省市也相继出台了推行工程保证担保制度的规定和配套措施，与国家政策有机结合，互相促进，不断完善。

经过多年的实践，工程保证担保制度的实施已经取得了可喜的成绩，有效地为建筑企业降本减负，同时保障了发包方权益。随着建筑行业需求的不断增加和国际信用体系的不断发展，政府层面对于工程担保制度的推广将进一步加强，并提出更高的要求，工程保证担保制度也将得到进一步推广并不断完善。

10.1.2　工程保证担保的市场供需和竞争趋势

我国建筑行业仍存在较大的发展空间，尤其新基建的发展空间巨大，建筑行业规模增长趋势仍将长期持续。随着建筑业规模的不断发展和政策引导下的工程保证担保制度的持续推广，工程保证担保市场的需求量和保函品种将不断增加。近年来银行、担保公司、保险公司持续不断涌入工程担保行业，担保机构之间的竞争也愈演愈烈。

长期以来，工程保证担保中的保函品种以投标保函、履约保函和预付款保函为主，其他保函品种占据的市场份额较小。近年来，农民工工资支付保函和工程质量保函等保函需求在政策推广下呈现爆发式增长。而且，住房和城乡建设部就部分工程和保函品种，在担保保额和保函性质方面提出了明确要求："采用最低价中标的工程实行高额履约担保；农民工工资支付保函全部采用见索即付保函。"住房和城乡建设部还发文建议，各地应积极鼓励开展符合建筑市场需要的其他类型的工程担保品种。

面对众多的市场需求，各担保机构在客户、工程项目和保函品种方面，有自己的选择标准。比如，担保公司在受理工程保证业务时，普遍对施工资质有严格的要求，一般要求申请企业具有二级资质及以上。受理的项目，多集中于付款条件较好的政府事业单位或国有企业发包的项目；而融资类 PPP 项目、上游企业供货类项目和民营企业发包的地产类等项目，担保机构多持谨慎态度。保函品种也多倾向于受理投标保函、履约保函和预付款保函，对质量保函、支付类保函的受理意愿较低。诸多企业或保函品种，虽然有强烈的市场需求，但经常存在担保机构不愿意承保的现象，部分细分市场总需求大于总供给。

我国工程保证担保市场竞争范围比较集中，市场供需在不同细分市场出现两极分化的现象。供需矛盾短期内无法得到解决，供需矛盾将进一步加剧。

10.1.3　工程保证担保行业的风险趋势

由于国家对工程保证担保的大力支持，工程保证担保行业在近几年得到了快速的发展，尤其工程保证担保公司数量大幅度增加，据"企查查"显示2021年从事工程担保的公司有 4 万余家，其中成立时间 1 年以内的3574 家，成立 1～2 年的4616 家，成立 2～3 年的4669 家，近三年成立了 10000 余家工程担保公司。目前成立的工程保证担保公司大多数是非融资担保公司，无牌照要求，成立门槛较低，缺乏行业监管，市场竞争激烈，风险意识不足，行业整体风险控制能力较弱。行业快速发展过程中，担保数量和担保余额迅速增加，风险不断累积。

自独立保函司法解释出台后，发包人对保函的认识越来越深刻，对承包人提交的保函格式文本要求愈加严苛,很多发包人明确要求保函格式为无条件见索即付独立保函格式,进一步增加了担保人被索赔的风险。受新型冠状病毒肺炎疫情影响,工程建设成本持续上升,施工进度普遍受到影响,因材料调差和工期滞后引起的纠纷和保函索赔明显增多。

近年来,随着工程保证担保业务量的大幅度增加,风险也快速累积。由于保函期限非即时性,风险的出现往往存在一定的滞后性。工程保证担保业务虽然不属于高风险的融资担保业务,但是保函发生风险索赔的概率有进一步增大的趋向,行业担保风险增加的趋势明显。

10.1.4　工程保证担保产品的数字化趋势

工程保证担保行业经过近二十年的发展,取得了一定的成果,并形成了一定的经验积累。在数字经济的推动下,近年来工程保证担保行业开始了多方面数字化、电子化的尝试,如线上获客、线上签约、产品标准化审批和电子保函等。尤其疫情新形势下,人们的生活和工作方式发生了极大的变化,进一步推动了工程担保行业的数字化进程。

目前,部分头部的专业工程保证担保公司已开始将业务数字化应用于实践,将个性化的工程保证担保产品进行初筛、分类、分层,通过不断完善和升级标准化审批模型和核心算法,部分业务产品采用风险模型智能审批,既控制好风险,又能有效地节省成本,提高效率,将科技赋能金融得到了更好的体现。行业内部更多数字化的尝试仍在不断地发展推进中,相关各方都体会到了切实的好处。一方面,提高效率、降低成本,适应疫情新形势,极大地提升了客户的体验度;另一方面,数字化有利于更好地实现信息的收集、分析和挖掘,为行业的发展提供重要的数据支持。

工程建设领域的招标投标越来越多地采用"不见面"、无纸化投标,同工程担保行业的电子化互相促进,越来越多的工程保证担保产品实现了电子章、无纸化、线上回传、便捷查询真伪等。得益于全国范围内的招标投标全流程电子化改革,在政策支持下,众多担保机构、科技公司积极同各地公共资源交易中心展开合作，投标电子保函已先行进入实践应用阶段。2022 年 1 月 19 日，住房和城乡建设部发布《"十四五"建筑业发展规划》，明确提出，"大力推行电子保函，研究制定保函示范文本和电子保函数据标准，加大保函信息公开力度。"有了政策层面的支持，未来行业内电子保函的品种和应用范围也将进一步扩大。

10.2 工程保证担保行业的发展建议

工程保证担保制度实施以来，有效地减少了建筑业的合同信用风险，保障了合同的履行，发挥着积极的市场功能，取得了一定成就。但因我国工程保证担保制度起步较晚，并且缺少明确的法律依据和监管制度，行业快速发展过程中出现了诸多不可回避的问题。基于行业现状和存在的问题，提出如下建议。

10.2.1 建立行业统一的信用评估体系

2018 年 7 月，住房和城乡建设部办公厅征求《关于加快推进实施工程保证担保制度的指导意见（征求意见稿）》的函中明确指出："制定统一的资信评价标准，对工程保证担保公司、银行、保险机构开展信用评价工作。"信用评估体系作为行业评价和监管的工具抓手，应尽快由权威部门或单位组织建立。应制定专门适用于工程保证担保业务的相关评测标准，从事工程保证担保业务的担保机构都应纳入监管和评估。通过建立行业统一的信用评估体系，约束和规范从业者的行为，使之可以在准入管理、风险防控、优胜劣汰中发挥重要作用。

10.2.2 建立行业监管

1. 明确监管单位，并制定行业相关管理制度

我国的融资担保公司和融资担保业务，有对应的《融资担保公司监督管理条例》(国务院令第 683 号,以下简称《条例》),并有四项配套制度——《融资担保业务经营许可证管理办法》《融资担保责任余额计量办法》《融资担保公司资产比例管理办法》和《银行业金融机构与融资担保公司业务合作指引》,各地在此基础上制定对应的监督管理制度。但是融资公司办理工程保证担保这种非融资担保业务,国家并没有出台相关的监督条例和管理办法。《条例》中第四条规定"省、自治区、直辖市人民政府确定的部门(以下称监督管理部门)负责对本地区融资担保公司的监督管理。"目前,通常由各地市的金融监督管理局作为融资担保公司的监管单位。而对于从事工程保证担保业务的非融资担保公司,各地政府目前没有明确准入条件和完善的监管机制。

工程保证担保行业发展至今仍没有出台权威的管理制度,没有明确的监管部门,无规可依,无人担责。没有规矩不成方圆,应尽快制定适用于工程保证担保行业的监督管理制度,并确定相应监管部门;使行业发展有指导和参考依据,监督管理有制度抓手,并有具体的责任单位和责任人,形成对行业发展的有效引导和监管。

2. 设定行业风险准备金制度,保障担保人的偿付能力

考虑到建筑业和工程保证担保行业两个行业目前的发展状况和存在的问题,以及工程保证担保行业的风险趋势,担保人的偿付能力未来将受到极大的考验。

工程保证担保行业可以借鉴融资担保行业执行的准备金制度,按照担保机构的资产规模和质量、在保情况、代偿情况和信用评级等,按照在保余额的一定比例,强制提取风险准备金。提高行业的风险意识和抗风险能力,保障受益人和被担保人的合法权益,提高行业公信力和稳定性,减少系统性风险。

3. 建立行业进入和退出机制

在建立了前述有效的信用评估体系后,有了评估行业和从业企业的抓手,可以为行业的有序进入与合理退出提供信息和技术支持;监管制度和监管单位明确后,便可以推进建立行业进入和退出机制。

进入机制,为行业进入设定一定门槛要求,从源头开始管理。工程保证担保行业可借鉴融资担保行业相关管理办法，针对从事工程保证担保业务的非金融机构，颁发专门的执业牌照，敦促各担保公司合规持牌经营。

退出机制，则可以起到行业警示和保护作用。针对工程保证担保行业，制定退出制度，并设定相应的退出方式。触发退出制度的红线后，按制度规定的退出方式退出工程保证担保市场。有效的退出机制，既是对从业企业的警示，也是对相关利益者的保护。有效的行业退出机制，可以增强担保机构的辨识度，促进整个行业的健康长远发展。

10.2.3　组建工程保证担保协会

行业发展到一定阶段，通常会成立自律性的行业协会，用以规范和促进行业发展。例如融资担保行业，就有全国性颇具影响力的中国融资担保业协会。工程保证担保行业在发展过程中，在个别地区成立了区域性的协会，但规模较小，影响力有限。工程保证担保市场和行业正在快速发展，亟需成立全国性的工程保证担保行业协会作为政府行政管理手段的有利补充，规范行业的发展。

工程保证担保行业协会应以促进协会会员的共同利益和行业规范、健康发展为目标，发挥政府和工程保证担保行业之间沟通的纽带和桥梁作用，弥补监管的空缺，减少市场失灵带来的风险。成立全国性的工程保证担保行业协会有更多更具体的作用，如：倾听行业需求，代表行业同政府机关单位沟通和交流，推动政府相关部门不断完善行业相关的法律法规，促使尽快明确行业的监管单位；在行业内部进行自律监督管理，减少恶性竞争，规范行业发展；组织行业内的培训和学习，提高从业者职业素养和业务技能；组织本行业同其他行业的沟通交流，取长补短，促进行业发展；促使行业形成合力，共同对抗行业风险。

以上结合工程保证担保行业的发展趋势和存在的问题，本章针对性地提出了一些行业发展建议，希望引起社会各方的思考和重视，共同推进我国工程保证担保行业和建筑行业的稳步、健康发展。

参 考 文 献

［1］邓晓梅. 中国工程保证担保制度研究［M］. 2 版. 北京：中国建筑工业出版社. 2012.

［2］方桐清. 建筑工程保险机制的研究［D］. 西安：西安建筑科技大学，2004.

［3］张杰辉. 银行业工程保证担保机制研究［D］. 上海：同济大学，2008.

［4］周文刚. 论强制性建筑工程担保制度［D］. 大连：大连理工大学，2007.

［5］中研普华管理咨询公司. 2019—2025 年中国工程担保行业市场全景调研与竞争格局预测报告［R］. 深圳，2019.

［6］米文通. 金融深化背景下我国担保机构的监管体系研究［J］. 上海金融，2011（11）：5.

［7］张书臻. 我国工程保证担保制度的理论与实践研究［D］. 天津：天津大学，2004.

［8］刘安，陈立文. 基于制约和谐论的工程保证担保模式研究［J］. 技术经济与管理研究，2012（3）：4.

［9］黄小雁，章凌云. 美国与日本工程保证担保模式分析［J］. 山西建筑，2010，36（32）：2.

［10］王龙华. 关于建立我国建筑业工程保证担保制度的研究［D］. 重庆：重庆大学，2005.

［11］刘伊生，王小龙，陈忠林. 国外工程担保制度及其启示［J］. 工程管理学报，2010（1）：5.

［12］盛春奎. 工程担保运行机制和适用性研究［D］. 上海：同济大学，2004.

［13］林熹. 我国业主支付保证担保制度研究［D］. 重庆：重庆大学，2004.

［14］沈红雨，张勇健.《关于审理独立保函纠纷案件若干问题的规定》的理解和适用［J］. 人民司法（应用），2017（1）：23-29.

［15］尚润涛，孙晓波，马玉宝，等. 工程建设蓝皮书中国工程建设行业发展报告（2020）［M］. 北京：社会科学文献出版社，2020.

［16］曹士兵. 中国担保制度与担保方法［M］. 3 版. 北京：中国法制出版社，2015.

［17］张利胜. 信用担保管理概论［M］. 北京：经济科学出版社，2011.

［18］刘新来. 信用担保概论与实务［M］. 北京：经济科学出版社，2013.

［19］陈津生. 建设工程保险实务与风险管理［M］. 北京：中国建材工业出版社，2008.

［20］杨晖. 王梅. 马忆. 信用担保管理与实务教程［M］. 北京：经济科学出版社，2011.

［21］狄娜. 叶小杭. 信用担保实务案例［M］. 北京：经济科学出版社，2007.

［22］约翰·弗雷泽（加），贝蒂·西姆金斯（美），迪利斯蒂娜·瓦埃斯（美）. 企业风险管理全球最佳实践与案例精选［M］. 孙文友，等译. 北京：经济科学出版社，2021.

［23］弗兰克·奈特（美）. 风险、不确定性与利润［M］. 郭武军，刘亮，译. ［M］北京：华夏出版社，2011.

［24］马丁·鲁斯摩尔（澳大利亚），约翰·拉夫特瑞（英国），查理·赖利（澳大利亚），戴夫·希岗（澳大利亚）. 项目中的风险管理［M］. 刘俊颖，译. 北京：中国建筑工业出版社，2011.

［25］邹小燕，张璇. 银行保函［M］. 北京：机械工业出版社，2013.

［26］西尔万·布泰耶（美），戴安·库根-普什恩（美）. 著. 信用风险的产生、评估和管理［M］. 于建忠，方雅茜，译. 北京：经济管理出版社，2016.

［27］保罗·霍普金（英）. 风险管理：第 2 版［M］. 蔡荣右，译. 北京：中国铁道出版社，2014.

［28］美国 COSO·企业风险管理——整合框架（2017 年修订版）［M］. 方红星，王宏，译. 大连：东北财经大学出版社，2017.

［29］顾勇新，胡建东，徐镭. 建筑业可持续发展思考［M］. 北京：中国建筑工业出版社，2012.

［30］William Schwartzkopf. PRACTICAL GUIDE TO CONSTRUCTION CONTRACT RURETY CLAIMS (Third Edition). 2017.

［31］中华人民共和国住房和城乡建设部. 建筑业企业资质管理文件汇编［M］. 2 版. 北京：中国建筑工业出版社，2018.

［32］魏济民，朱小林. 建筑工程法律实务与案例精选［M］. 北京：法律出版社，2012.

［33］蒋琪. 中国独立保函法律实务精要与判例详解［M］. 北京：法律出版社，2020.

［34］李志远. 全晶晶. 施工项目会计核算与成本管理［M］. 4 版. 北京：中国市场出版社，2009.

［35］刘安，陈立文. 建设工程项目保证担保理论与实践研究［M］. 北京：经济科学出版社，2016.

［36］周红军. 国际担保［M］. 北京：中国金融出版社，2014.

［37］汪辉. 邓晓梅. 构建工程担保安全网的关键要素研究［M］. 北京：中国建筑工业出版社.

［38］章建荣. 建筑施工企业内部承包合同：制度防范与风险防范［M］. 北京：法律出版社，2017.